KB105495

한국의 토익 수험자 여러분께,

토익 시험은 세계적인 직무 영어능력 평가 시험으로, 지난 40여 년간 비즈니스 현장에서 필요한 영어능력 평가의 기준을 제시해 왔습니다. 토익 시험 및 토익스피킹, 토익라이팅 시험은 세계에서 가장 널리 통용되는 영어능력 검증 시험으로, 160여 개국 14,000여 기관이 토익 성적을 의사결정에 활용하고 있습니다.

YBM은 한국의 토익 시험을 주관하는 ETS 독점 계약사입니다.

ETS는 한국 수험자들의 효과적인 토익 학습을 돕고자 YBM을 통하여 'ETS 토익 공식 교재'를 독점 출간하고 있습니다. 또한 'ETS 토익 공식 교재' 시리즈에 기출문항을 제공해 한국의 다른 교재들에 수록된 기출을 복제하거나 변형한 문항으로 인하여 발생할 수 있는 수험자들의 혼동을 방지하고 있습니다.

복제 및 변형 문항들은 토익 시험의 출제의도를 벗어날 수 있기 때문에 기출문항을 수록한 'ETS 토익 공식 교재'만큼 시험에 잘 대비할 수 없습니다.

'ETS 토익 공식 교재'를 통하여 수험자 여러분의 영어 소통을 위한 노력에 큰 성취가 있기를 바랍니다.

감사합니다.

Dear TOEIC Test Takers in Korea,

The TOEIC program is the global leader in English-language assessment for the workplace. It has set the standard for assessing English-language skills needed in the workplace for more than 40 years. The TOEIC tests are the most widely used English language assessments around the world, with 14,000+ organizations across more than 160 countries trusting TOEIC scores to make decisions.

YBM is the ETS Country Master Distributor for the TOEIC program in Korea and so is the exclusive distributor for TOEIC Korea.

To support effective learning for TOEIC test-takers in Korea, ETS has authorized YBM to publish the only Official TOEIC prep books in Korea. These books contain actual TOEIC items to help prevent confusion among Korean test-takers that might be caused by other prep book publishers' use of reproduced or paraphrased items.

Reproduced or paraphrased items may fail to reflect the intent of actual TOEIC items and so will not prepare test-takers as well as the actual items contained in the ETS TOEIC Official prep books published by YBM.

We hope that these ETS TOEIC Official prep books enable you, as test-takers, to achieve great success in your efforts to communicate effectively in English.

Thank you.

입문부터 실전까지 수준별 학습을 통해 최단기 목표점수 달성!

ETS TOEIC® 공식수험서
스마트 학습 지원

www.ybmbooks.com에서도 무료 MP3를 다운로드 받을 수 있습니다.

ETS 토익 모바일 학습 플랫폼!
ETS 토익기출 수험서 어플

구글플레이 　　앱스토어

교재 학습 지원
- 교재 해설 강의
- LC 음원 MP3
- 교재/부록 모의고사 채점 분석
- 단어 암기장

부가 서비스
- 데일리 학습(토익 기출문제 풀이)
- 토익 최신 경향 무료 특강
- 토익 타이머

모의고사 결과 분석
- 파트별/문항별 정답률
- 파트별/유형별 취약점 리포트
- 전체 응시자 점수 분포도

ETS 토익 학습 전용 온라인 커뮤니티!
ETS TOEIC® Book 공식카페

etstoeicbook.co.kr

강사진의 학습 지원　토익 대표강사들의 학습 지원과 멘토링

교재 학습관 운영　교재별 학습게시판을 통해 무료 동영상 강의 등 학습 지원

학습 콘텐츠 제공　토익 학습 콘텐츠와 정기시험 예비특강 업데이트

✳ toeic.

토익® 스피킹 기출 최신개정판 단기공략

토익®스피킹
기출 단기공략
최신개정판

발행인	허문호
발행처	YBM

편집	윤경림, 정윤영
디자인	김혜경
마케팅	정연철, 박천산, 고영노, 김동진, 박찬경, 김윤하

초판발행	2019년 10월 10일
개정1판 4쇄 발행	2024년 11월 11일

신고일자	1964년 3월 28일
신고번호	제1964-000003호
주소	서울시 종로구 종로 104
전화	(02) 2000-0515 [구입문의] / (02) 2000-0463 [내용문의]
팩스	(02) 2285-1523
홈페이지	www.ybmbooks.com

ISBN	978-89-17-23888-4

*toeic®

토익® 스피킹

기출
단기공략

최신개정판

PREFACE

Greetings to all TOEIC® Speaking test takers in Korea!

Thank you for selecting <토익®스피킹 기출 단기공략> to help you prepare for the TOEIC® Speaking test. The TOEIC® Speaking test enables you to demonstrate your spoken English communication ability, and with a TOEIC® Speaking score on your résumé, you will have a useful credential that lets companies know that you have the skills to communicate effectively in English in real world situations. Proficiency in spoken English can offer opportunities throughout your life-time, and a TOEIC® Speaking score can help provide evidence of that proficiency.

In choosing this book to help you prepare for the test, you have selected the only official test-preparation product with real test questions from Educational Testing Service, the company that makes TOEIC®. Using this new resource will enable you to become familiar with the format and content of the TOEIC® Speaking test. You will also be able to practice answering questions that meet ETS's rigorous standards of quality and fairness and that were written by the same assessment specialists who develop the actual TOEIC® Speaking test.

Some of the features of <토익®스피킹 기출 단기공략> include:

- Test questions from five TOEIC® Speaking tests recently administered in Korea
- Test questions developed by ETS test developers according to the highest standards of reliability, fairness, and validity in assessment
- Authentic responses reviewed by ETS and rated as "high level" responses

---

In preparing for the test with this book, you can be confident that you are taking the best approach to maximizing your TOEIC® Speaking test score.

We are delighted to provide learners with this high-quality resource, and we wish you all the very best success.

목차

기출로 단기간에 고득점 도전!

출제기관이 개발한
토익스피킹 공식 수험서!

토익스피킹 최신 기출 경향 완벽 반영

출제기관이 개발한 국내 유일의 토익스피킹 수험서로, 최근 개정된 시험과 최신 기출 경향이 완벽히 반영되어 있습니다.

최신 기출 시험 문제 5회분 제공

최신 기출 시험 문제(ETS Final Test) 5회분이 수록되어 있으며, 실제 시험처럼 온라인상에서 풀어볼 수 있습니다. 실전처럼 연습해보세요.

출제기관 ETS가 제공한 모범 답변 수록

출제기관에서 직접 제공한 모범 답변을 원어민 음성과 함께 수록하였습니다. 모범 답변을 참고하여 자신의 답변을 완성해보세요.

토익스피킹 기초 정보

1. *TOEIC*® Speaking Test 소개

- **문 항 수** 총 11개의 문제로 구성되어 있으며, 5개의 문제 유형으로 나뉩니다.
- **난 이 도** 문장을 따라 읽는 쉬운 문제부터 자신의 의견을 제시하는 문제까지 다양한 난이도의 문제가 출제됩니다.
- **시   간** 약 20분 정도 소요됩니다.
- **평   가** 1-10번 문제는 0-3점, 11번 문제는 0-5점 범위 내에서 각각 1점 단위로 평가됩니다. 같은 유형 내에서는 쉬운 과제보다 어려운 과제에 가중치가 적용되고 총점은 0점에서 200점의 점수 범위로 환산됩니다.

문제 번호	문제 유형	답변 준비 시간	답변 시간	평가 항목	채점용 점수
1 ~ 2	Read a text aloud 문장 소리 내어 읽기	각 45초	각 45초	- 발음 - 억양과 강세	0-3
3 ~ 4	Describe a picture 사진 묘사	각 45초	각 30초	(위 항목들 포함) - 문법, 어휘, 일관성	0-3
5 ~ 7	Respond to questions 듣고 질문에 답하기	각 3초	5번: 15초 6번: 15초 7번: 30초	(위 항목들 포함) - 내용의 관련성 - 내용의 완성도	0-3
8 ~ 10	Respond to questions using information provided 제공된 정보를 사용하여 질문에 답하기	정보 확인: 45초 준비 시간: 각 3초	8번:15초 9번:15초 10번:30초	위 모든 항목들	0-3
11	Express an opinion 의견 제시하기	45초	60초	위 모든 항목들	0-5

- TOEIC Speaking and Writing Tests는 한국TOEIC위원회의 Computer-based test (CBT) 방식으로 실시합니다.
- ETS 인증 센터 네트워크를 통해 문제가 송신되는 것으로, 수험자는 기존의 TOEIC 시험과 같은 지필 방식이 아닌 컴퓨터상에서 음성을 녹음하는 방식으로 시험을 치르게 됩니다.
- CBT 방식으로 효율적이고 표준화된 공정한 방법으로 수험자의 답변을 기록하고 시험 후 피드백을 할 수 있습니다.

*toeic®

토익® 스피킹

기출
단기공략

최신개정판

해 / 설 / 집

PART 1 기본 다지기

PRACTICE   본책 _ P.20

1 A member of our staff will be with you shortly.
저희 직원 중 한 명이 바로 답변해 드리겠습니다.

2 How did you become such a great designer?
당신은 어떻게 그렇게 뛰어난 디자이너가 되셨나요?

3 We want to welcome everyone to our annual company picnic.
연례 회사 야유회에 오신 여러분을 환영합니다.

4 Enjoy the tour and I'll see you at the main entrance of the museum at 4.
즐겁게 관람하시고, 박물관 정문에서 4시에 뵙겠습니다.

5 We'll be handing out free samples and copies of our hair care newsletter.
무료 샘플과 저희 모발 관리 소식지를 나누어 드리겠습니다.

PRACTICE   본책 _ P.21

1 We are celebrating the grand opening of Supreme Supermarket.
[súːpərmàːrkit 쑤퍼ㄹ마킷]
우리는 수프림 슈퍼마켓의 대개장을 축하하고 있습니다.

2 Join us this Sunday for the Fifth Annual Springfield Marathon Race.
[mǽrəθàn 매러쏜]
이번 주 일요일에 열리는 제5회 연례 Springfield 마라톤 경주에 참여하세요.

3 We will drive around the island's most popular places.
[áilənd 아일런드]
차로 섬의 가장 인기 있는 장소들을 돌아보겠습니다.

4 For questions regarding our membership or gym facilities, please press two.
[fəsílətiz 퍼실러티즈]
회원제나 체육관 시설에 관한 질문이 있으시면, 2번을 눌러 주십시오.

5 You can easily find recipes for quick dinners and party foods.
[résəpìːz 레써피즈]
간단한 저녁 식사와 파티 음식들의 요리법들을 쉽게 찾을 수 있습니다.

PART 1 전략 이해하기 본책 _ P.25

1

Good evening! \ // This is the eleven o'clock Chicago News. \ //
In tonight's news broadcast, / we will cover / the mayoral election
campaign, / / the opening ceremony of the new city hall, / / and
our city high schools' baseball games. \ // But first, / let's go to
Rachel Carson / for our traffic report! \ //

안녕하세요. 11시 Chicago 뉴스입니다. 오늘 저녁 방송에서는 시장 선거 캠페인과 신 시청 개관식, 시내 고등학교 야구 경기에 관한 소식들을 다루겠습니다. 우선 교통 정보를 듣기 위해 Rachel Carson을 연결해 보겠습니다.

해설 - 단어 나열 구문(~ campaign,/ ~ new city hall,/ ~ baseball games\)의 억양을 바르게 표현하여 읽습니다.
- the eleven과 the opening ceremony에서 the는 모음 앞에 있으므로 [ði](디)로 발음합니다.
- news[njuːz] (뉴-ㅈ O, 뉴-ㅅ X)

2

Your attention, / please. \ // In order for planned repairs and
maintenance / to take place, / the company recreation center will be
closed / this Friday, / Saturday, / and Sunday. \ // During this time,
/ the pool will be cleaned / and the front doors will be replaced. \ //
Next week, / the center will reopen / at its regular time. \ //

주목해주시기 바랍니다. 예정되었던 수리와 보수 작업을 위해 회사 레크리에이션 센터는 이번 주 금요일과 토요일, 일요일에 문을 닫습니다. 이 기간 동안, 수영장을 청소하고 정문을 교체할 예정입니다. 다음 주 정규 운영 시간에 센터는 다시 문을 열 예정입니다.

해설 - 단어 나열 구문(~ Friday,/ ~ Saturday,/ ~ Sunday\)의 억양을 바르게 표현하여 읽습니다.
- recreation [rèkriéiʃən] 발음은 [레크레이션]이 아니라 [레크리에이션]임에 주의합니다.

3

On tonight's weather report, / we'll tell you what to expect / for the
upcoming weekend. \ // Through Saturday afternoon, / it will continue
to be hot, / humid, / and overcast. \ // But then, / big changes are
coming. \ // So whether you are staying in the city / / or taking
a trip to the beach, \ / you won't want to miss this report. \ //

오늘 저녁 일기예보에서는 다가오는 주말에 예상되는 날씨를 말씀 드립니다. 토요일 오후까지 내내 덥고, 습하며, 흐린 날씨가 계속될 예정입니다. 그러나, 그 후 큰 변화가 다가옵니다. 그러니, 도심에 머무르거나 해변에 가실 계획이 있으면, 이 일기예보를 놓치지 마세요.

해설 - 요일이나 오전, 오후, 날씨 상태 등은 일기예보에서 중요한 정보이므로 강조하며 읽습니다.
- But then, big changes ~ 날씨 변화의 전환점을 알리므로, 각 단어를 연이어 강조해서 읽습니다.
- 단어 나열 구문 (be hot,/ humid,/ and overcast\)과 (staying in the city/ or planning a trip to the beach\)의 억양을 바르게 표현하여 읽습니다.
- weather [wéðər]와 whether [wéðər]는 발음이 같습니다.

PART 1 유형 공략하기

PRACTICE 본책 _ P.26

Congratulations / on your **Prime Electronics purchase.** ↘ // In this video, / we will **demonstrate** / how to **set up** your new **printer.** ↘ // **Before we begin,** / make sure, / you have your **printer,** ↗ your **computer,** ↗ and the **green connection cable.** ↘ // **First,** / **connect** the printer and the **computer** / using the **green cable.** ↘ // **Then,** / **turn on** the printer / and **wait** for the **options** menu / to **appear** on the printer **display.** ↘ //

Prime Electronics 제품 구입을 축하 드립니다. 이 비디오에서는 새 프린터의 설치 방법을 보여 드립니다. 시작하기 전에, 프린터와 컴퓨터, 녹색 연결 전선을 준비하십시오. 우선 프린터와 컴퓨터를 녹색 전선으로 연결하세요. 그리고 나서, 프린터를 켜시고, 옵션 메뉴가 프린터 화면에 나올 때까지 기다리세요.

해설 - 단어 나열 구문(~ printer,↗ ~ computer,↗ ~ connection cable↘)의 억양을 바르게 표현하여 읽습니다.
- turn on에서 '켜다, 작동시키다'의 의미를 강조하기 위해 on을 강조해 읽습니다.
- the options에서 the는 모음 앞에 있으므로, [ði](디)로 발음합니다.
- 다음 단어의 발음에 특히 주의하세요.
  purchase[pə́ːrtʃəs](펄쳐스 O, 펄체이즈 X)
  congratulations에서 -s를 놓치지 말고 발음합니다.

어휘 demonstrate 보여주다, 설명하다 set up 설치하다 turn on ~을 켜다

PRACTICE 본책 _ P.27

This morning, / I'm going to **discuss an** interesting **housing trend.** ↘ // Because you're in the **real estate** business, / you **know** / that **fifteen years ago,** / people were thinking **big** / when it came to **buying homes.** ↘ // **Now,** / however, / **smaller homes** are becoming more **popular.** ↘ // They are **cheaper** to **buy,** ↗ **easier** to **maintain,** ↗ / and more **economical** to **heat** and **cool.** ↘ //

오늘 아침에는 흥미로운 주택 공급 경향에 관해 이야기해 보겠습니다. 여러분은 부동산 중개업을 하시니까, 15년 전에는 사람들이 주택을 구매할 때 큰 규모의 집을 고려했다는 점을 아실 겁니다. 그러나, 이제는 점점 더 소형 주택들이 인기를 얻고 있습니다. 소형 주택들은 구입이 저렴하고, 유지하기가 쉬우며, 냉난방에서 경제적입니다.

해설 - 주의를 끌만한 주요 단어가 없고, 억양의 변화가 다양하지 않아 전체 문장이 단조로울 수 있는 강의 소개문입니다. 문장의 단어 강약을 조절하여 리듬감 있고 자신감 있게 읽습니다.
- 열거되는 부분(cheaper to buy,↗ easier to maintain,↗ and more economical to heat and cool↘)의 억양을 바르게 읽습니다.

어휘 real estate 부동산 when it comes to ~에 관한 한 economical 경제적인

PRACTICE 본책 _ P.28

Are you **feeling left behind** / in today's **world** of **technology?** ↗ //
Well, / **then,** / **come** to **Vermont Computer Center** / this **Saturday**
at **11 o'clock** / for a **class** on **using the Internet.** ↘ // You can
learn / **how** to **surf the Web** / and **e-mail friends,** ↗ **relatives,** ↗
and **businesses.** ↘ // Even though **most** people **find** these **skills**
invaluable, / the class is **offered** / **free** of charge! ↘ //

오늘날 기술 세상에서 뒤처진 느낌이 드시나요? 자, 그렇다면, 이번 주 토요일 11시에 인터넷 사용법 수업을 위해 Vermont 컴퓨터 센터로 오세요. 웹서핑법과 친구들, 친척들 그리고 업체들에게 이메일 보내는 방법을 배울 수 있습니다. 대부분 사람들이 이 기술들을 매우 유용하다고 하는데도 수업은 무료로 제공됩니다!

해설 - Be동사나 조동사로 시작되는 의문문은 Yes/No의 답변을 기대하므로, 문장의 끝부분을 올려서 읽습니다.
- Well, then, come ~에서는 말하듯이 자연스럽게 각 단어를 연이어 강조해서 읽습니다.
- 단어 나열 구문 (friends, ↗ relatives, ↗ and businesses ↘)의 억양을 바르게 표현하여 읽습니다.
- the Internet에서의 the는 모음 앞에 있으므로, [ðə](더)가 아닌 [ði](디)로 발음합니다.
- 다음 단어의 발음에 특히 주의하세요.
  friends, relatives, businesses 복수형 발음을 주의합니다.
  relatives [rélətivz](렐러티브즈 O, 릴레이티브즈 X)
- this Saturday와 these skills는 단어의 끝과 시작이 /s/이므로 연음해서 붙여 읽습니다.

어휘 feel left behind 뒤처진(남겨진) 느낌이 들다 relatives 친척들 invaluable 귀중한, 매우 유용한

PRACTICE 본책 _ P.29

Thank you / for calling **Triumph Distributors.** ↘ // If you know the
extension of the **associate** / with **whom** you'd like to **speak,** /
please **enter it** now. ↘ // **Otherwise,** / **press one** for the **sales**
division, ↗ / **two** for **customer service,** ↗ / or **three** for the **billing**
department. ↘ // For other **inquiries,** / please **remain** on the **line** /
and the **next** available **representative** will **assist you shortly.** ↘ //

Triumph Distributors에 전화 주셔서 감사합니다. 통화를 원하는 관계자의 내선번호를 아시면, 지금 누르십시오. 그렇지 않으면, 영업부는 1번을, 고객 상담부는 2번을, 요금 청구부는 3번을 누르십시오. 다른 의문 사항은 수화기를 들고 계시면, 다음 통화 가능한 상담사가 곧 도와 드리겠습니다.

해설 - 열거되는 부분 (~ division, ↗ service, ↗ department ↘)의 억양을 바르게 표현하여 읽습니다.
- the extension, the associate 앞의 the는 [ði](디)라고 읽습니다.
- inquiry [inkwáiəri](인콰이어리)에서 qu-는 [k]가 아니라, [kw]로 발음합니다.

어휘 associate 관계자, 동료 representative 직원, 대표자 assist 돕다 shortly 곧

PART 1 MINI TEST 본책 _ P.30

1

Thank you / for calling the **Norton Art Center**. ＼ // For more information / about our **upcoming** student **sculpture exhibition**, / **please** press **1**. ＼ // For the **schedules** of the **winter dance**, ／ **painting**, ／ and **instrumental music** classes, ＼ / press **2**. ＼ // This information can also be **found** on our **Web site**. ＼ // If you would like to **speak** with a center **representative**, / **please remain** on the line. ＼ //

Norton 아트 센터에 전화 주셔서 감사합니다. 곧 있을 학생 조각 전시회에 관한 자세한 정보를 원하시면 1번을 눌러 주십시오. 겨울 댄스, 그림, 악기 수업 등의 일정을 원하시면 2번을 눌러 주십시오. 저희 웹사이트에서도 같은 정보를 찾으실 수 있습니다. 센터 직원과 통화를 원하시면 수화기를 들고 기다려 주십시오.

해설 - 전화가 연결된 업체명이나 장소명 등을 강조해서 읽습니다.

- 나열된 3개 단어(winter dance, ／ painting, ／ and instrumental music classes ＼)를 정확한 억양으로 읽습니다.
- 연결할 내선번호나 다이얼 숫자 등을 강조해서 읽습니다.
- 명사 exhibition[èksəbíʃən] (엑서비션)과 동사 exhibit[igzíbit] (이그지빗)을 구별하도록 합니다.

2

In **entertainment** news, / director **Norah Galton** accepted the **Film Award** / for her **documentary** *Natural Wonder*. ＼ // The **film** is about the way / our country **protects** natural **resources** / such as the **water supply**, ／ **forests**, ／ and **wildlife**. ＼ // In her **acceptance** speech, / Ms. Galton **thanked** her **father**, / who is **also** a **director**. ＼ // If you **haven't** seen her film yet, / be **sure** to **catch** it soon. ＼ //

연예계 소식으로, Norah Galton 감독이 다큐멘터리 영화 〈Natural Wonder〉로 영화상을 받았습니다. 이 영화는 우리나라에서 상수도와 숲, 야생동물 같은 천연 자원을 보호하는 방법에 관한 내용을 담고 있습니다. 수상 연설에서 Galton 감독은 역시 감독인 아버지에게 감사 인사를 전했습니다. 아직 그녀의 영화를 보지 못하셨다면, 어서 보시길 바랍니다.

해설 - 프로그램에서 소개되는 사람의 이름(Norah Galton)은 중요하므로 강세를 주어 읽고, 특히 주요 업적이나 작품을 강조해서 읽습니다.

- 단어가 열거되는 부분(water supply, ／ forests, ／ and wildlife ＼)의 억양을 바르게 읽습니다.
- 명사 nature[néitʃər] (네이쳐)와 형용사 natural[nǽtʃərəl] (내춰럴)의 발음을 구분하도록 합니다.
- news[njúːz] (뉴-ㅈ O, 뉴-ㅅ X)

3

After a **long** time away, / the **Wildcats** amateur **soccer** team / is **returning** home. ＼ // **Tickets** for games / this **Friday**, ／ **Saturday**, ／ and **Sunday** ＼ / are now **available** at the **stadium box** office. ＼ // Whether you want a **night** out with **friends** / or a **night** your **family** will **always** remember /, a **Wildcats** game is a **great choice**. ＼ //

오랜만에 Wildcats 아마추어 축구팀이 돌아왔습니다. 이번 주 금요일, 토요일, 일요일 경기 티켓이 현재 경기장 매표소에서 판매되고 있습니다. 친구들과의 저녁 모임이나 가족들과 오래 기억에 남을 저녁을 보내고 싶다면, Wildcats 경기가 바로 탁월한 선택입니다.

해설 - 단어가 열거되는 부분(Friday,↗ Saturday,↗ and Sunday↘)의 억양을 바르게 읽습니다.

- 광고문에 자주 사용되는 whether A or B 혹은 great choice 등에 강세를 주어 읽습니다.

- 외래어 amateur[ǽmətʃùər] (애머츄어ㄹ O, 아마추어 X) 발음에 유의하세요.

4

Good **evening**, / **ladies** and **gentlemen**. ↘ // **Welcome** to the **Woodsworth Theater**. ↘ // Tonight's **show** will **begin** / in **just** a few minutes / so **please** take your **seats**. ↘ // We also **request** / that all **mobile** phones be **turned off** / at this point. ↘ // In **addition**, / please **remember** / that **talking**, ↗ **photography**, ↗ and **sound recording** ↘ are **not** permitted during the show. ↘ // **Again**, / the performance will **start shortly**. ↘ // **Thank** you for your **cooperation** / and **enjoy** the show. ↘ //

안녕하십니까, 신사 숙녀 여러분. Woodsworth 극장에 오신 걸 환영합니다. 몇 분 후에 오늘밤 공연이 바로 시작되오니, 좌석에 앉아 주십시오. 또한 지금 바로 휴대폰을 모두 꺼주시길 부탁드립니다. 덧붙여, 공연 동안에 대화나 사진 촬영, 녹음은 금지됨을 기억해 주십시오. 다시 말씀드리면, 공연이 곧 시작됩니다. 여러분의 협조에 감사드리며, 공연을 즐겨 주십시오.

해설 - 듣는 사람들이 주목하게 하는 ladies and gentlemen과 극장 이름 Woodsworth Theater를 강조해서 읽습니다.

- 3개 단어가 열거되는 부분(talking,↗ photography,↗ and sound recording↘)의 억양을 바르게 읽습니다.

- Woodsworth Theater에서 [θ] 발음을 정확히 하며, 두 단어를 연결해서 한 단어처럼 발음합니다.

- 동사구 be turned off에서 off를 강조해 읽어, '끄다'의 의미가 부각되도록 합니다.

어휘 cooperation 협조, 협력

5

You've **reached** the **law** office / of **Lewis Spencer**. ↘ // Our **office** is currently **closed**. ↘ // If you have an **urgent** question, / please **hang up** / and **call** our answering service / at **555-0913**. ↘ // To **make**, ↗ **change**, ↗ / or **cancel** an appointment, ↘ / please leave a **message after** the **tone** / or **call back** during **regular** business hours. ↘ // In **addition**, / **questions** may be **submitted** / through our **Web site**. ↘ //

Lewis Spencer 법률사무소에 연결되셨습니다. 저희 사무실은 현재 업무가 종료되었습니다. 급한 문의 사항이 있으시면, 전화를 끊고 저희 응답 서비스 555-0913으로 연락 주십시오. 예약, 변경, 취소를 원하시면, '삐' 소리 후에 메시지를 남기시거나, 업무 시간에 다시 연락을 주십시오. 덧붙여, 문의 사항은 저희 웹사이트를 통해서도 접수됩니다.

해설 - 단어가 열거되는 부분(make,↗ change,↗ and cancel an appointment↘)의 억양을 바르게 읽습니다.

- 전화번호는 숫자 하나씩 읽고, 0는 zero 혹은 o[ou]라고 발음합니다.

- 동사의 과거형을 만들 때 -ed를 붙이는데, 동사에 따라 -ed 발음이 달라집니다.
  동사원형이 유성음(모음, b, g, m, n, v, l, r 등)으로 끝날 때 : [d]로 발음   예) closed
  동사원형이 무성음(p, s, k, f, sh, ch 등)으로 끝날 때 : [t]로 발음   예) reached
  동사원형이 -d나 -t로 끝날 때 : [id]로 발음   예) submitted

어휘 currently 현재   urgent 긴급한   hang up 전화를 끊다

6

On **today's** episode of *New Business Travel*, / we'll **talk** about the **most efficient** ways / to **check** your **baggage**, / move **quickly** through **security**, / and **locate** your **departure** gate. // **Then,** / I'd like to discuss **international** travel. // Although **traveling abroad** may seem **difficult**, / it can **actually** be fairly **easy**. // Let's **look** at some simple **tips** / that will help. //

New Business Travel의 오늘 방송에서는 수하물을 부치고, 보안대를 빠르게 통과하고, 탑승구를 찾는 가장 효율적인 방법에 관해 이야기하도록 하겠습니다. 그 다음에는 해외여행에 대해 토론해 보겠습니다. 해외여행이 아마 어렵게 보이시겠지만, 실제로는 상당히 쉬울 수 있습니다. 도움이 될 만한 간단한 정보들을 살펴보겠습니다.

해설 - 프로그램명(New Business Travel)에 강세를 주어 읽습니다.
- 열거되는 부분(~ baggage, / security, / and ~ gate. \)의 억양을 바르게 읽습니다.
- Then, Although의 [ð] 발음을 정확히 합니다. [ð]는 혀를 윗니와 아랫니 사이에 대고 부드럽게 성대를 울리면서 'ㄷ'로 발음합니다.

어휘 efficient 효율적인   security 보안, 보안대

7

Beginning **Tuesday**, / the **twentieth** of **August**, / Clinton **Community Center** will be offering / a **computer** course for **beginners**. // This course, / which **runs** for **six weeks**, / will **cover** the **basics** of **creating**, / **editing**, / and **printing** documents. // You will also **learn** to use the **Internet**. // Please **register** at the **community** center / as **soon** as possible / if you are **interested**, / as **space** is **limited**. //

8월 20일 화요일부터, Clinton 주민센터는 초급자들을 위한 컴퓨터 과정을 제공합니다. 이번 과정은 6주 과정으로 서류 만들기, 편집하기, 인쇄하기 등의 기본 과정을 다룹니다. 또한, 인터넷 사용법도 배울 것입니다. 공간이 제한된 관계로, 관심 있으면 서둘러 주민센터에 등록해 주십시오.

해설 - 단어 나열 구문(~ creating, / editing, / and printing documents \)은 억양을 바르게 표현하여 읽습니다.
- 어떤 강좌를 홍보하고 있는지 강조하여 읽어 줍니다. (a **computer** course for **beginners**, the **basics** of **creating**, **editing**, and **printing** documents, **Internet**)
- the Internet에서 the는 모음 앞에 있으므로, [ðə](더)가 아닌 [ði](디)로 발음합니다.

8

Good **morning** / and **welcome** to the **streetcar** tour / of the **Merchant's District**, / **Fisherman's Wharf**, / and **Sailor's Corner**! // **Before** we begin, / I should **remind** you of our **safety requirements**. // Because there's **heavy traffic** on this street, / your **head** and **arms** must stay / **inside** of the streetcar / at **all** times. // In addition, / please remain **seated** / for the **entire** duration of the tour. // **Thanks!** //

안녕하십니까, Merchant's District와 Fisherman's Wharf, Sailor's Corner를 경유하는 전차 투어에 오신 걸 환영합니다. 투어 시작 전에, 안전 수칙을 다시 알려 드리겠습니다. 이 도로는 교통 체증이 심하기 때문에, 머리와 팔을 전차 밖으로 내밀지 않도록 계속 주의해 주십시오. 덧붙여, 투어 동안 내내 자리에 앉아 계시기를 부탁드립니다. 감사합니다.

해설 - 인사말과 고유명사, 지명 등은 강하게 읽습니다. 주의 · 당부 사항도 중요한 전달 사항이므로 강조해서 읽습니다.
- 열거되는 부분(Merchant's District, / Fisherman's Wharf, / and Sailor's Corner \)의 억양을 바르게 읽습니다.
- the entire의 the는 [ði](디)라고 읽습니다.

PART 1 ACTUAL TEST 본책 _ P.34

1

Q1

Welcome / to the **Salsa Dance Competition**. \ // Over the **next 2 days**, / you will be able to **demonstrate** your **skill** / in **Cuban**, ⁄ **New York**, ⁄ and **Los Angeles**-style **salsa**. \ // I'd like to give my **sincerest thanks** / to our **sponsors** / for making this **event possible**. \ // Now, / I invite the **beginner** level **dancers** / to **step** onto the **floor** / for **warm-ups**. \ //

살사 댄스 경연대회에 오신 걸 환영합니다. 앞으로 이틀 동안, 쿠바와 뉴욕, 로스앤젤레스 스타일의 살사로 여러분의 실력을 보여 주시게 될 겁니다. 이번 행사가 개최될 수 있도록 후원해 주신 분들께 저의 진심 어린 감사를 드리고 싶습니다. 이제, 초급 무용수들은 흥을 돋우기 위해 무대 위로 올라와 주십시오.

해설 - 소개문이나 안내문의 시작에 많이 쓰이는 단어 welcome과 대회명 Salsa Dance Competition을 강하게 읽습니다.
- 3개 단어가 열거되는 부분(Cuban, ⁄ New York, ⁄ and Los Angeles-style salsa\)의 억양을 바르게 읽습니다.
- sp-, st-, sk-로 시작하는 단어의 p, t, k는 살짝 된소리로 읽습니다.
  style (스따일) sponsor (스뽄서ㄹ) step (스뗍)
- Cuban[kjúːbən] (큐번 O, 쿠반 X)

어휘 demonstrate 증명하다, 입증하다 sincere 진심의, 진지한

Q2

This **concludes today's** tour. / **Before** you go, / I would like to tell you / about some of the **special benefits** / available to **members** of our **museum**. \ // We hold **special events** / such as **guest lectures**, ⁄ **nighttime tours**, ⁄ / and **educational seminars** \ / **exclusively** for our **members**. \ // By becoming a **member** of our museum /, you can take **advantage** of **all** these **extraordinary opportunities**. \ //

이것으로 오늘 관광을 마무리하겠습니다. 가시기 전에, 저희 박물관 회원들에게 제공되는 몇 가지 특별한 혜택에 대해 말씀드리고 싶습니다. 저희는 저희 회원들만을 위한 초청 강연, 야간 견학, 교육세미나 등의 특별행사를 개최합니다. 저희 박물관 회원이 되시면, 이 모든 특별 기회를 이용하실 수 있습니다.

해설 - 3개 단어가 열거되는 부분(guest lectures, ⁄ nighttime tours, ⁄ and educational seminars\)의 억양을 바르게 읽습니다.
- 2음절 이상 단어의 발음에 특히 주의하세요.
  exclusively[iksklúːsivli] (익스클루시블리) extraordinary[ikstrɔ́ːrdənèri] (익스트로더네리) advantage [ædvǽntidʒ] (애드밴티지)
  opportunity[àpərtjúːnəti] (아퍼튜너티)

어휘 exclusively 독점으로, ~만을 위한 extraordinary 특별한, 뛰어난

2

Q1

You have reached **Peterson Handyman Services**. ↘ // At the moment, / **no one** is **available** to answer your call. ↘ // **Please** leave a **message** / that includes your **name**, ↗ **contact information**, ↗ and a brief **description** of the work / you need. ↘ // If you **require** an **urgent** repair, / **please say so** / at the **beginning** of your message / and we will **respond** within **one hour**. ↘ //

Peterson Handyman 수리 센터에 연결되셨습니다. 현재 저희는 전화를 받을 수 없습니다. 성함과 연락처, 필요하신 업무에 대해 간단한 설명을 메시지로 남겨 주세요. 수리가 급하시면, 메시지 첫 부분에 말씀해 주세요. 그러면 한 시간 안으로 답변을 드리겠습니다.

해설 - 전화가 연결된 업체명 Peterson Handyman Services를 강조해서 읽습니다.

- 부정을 뜻하는 no one을 강조하여 읽습니다.
- 3개 단어가 열거되는 부분(your name, ↗ contact information, ↗ and ~ you need ↘)의 억양을 바르게 읽습니다.
- 마지막 문장이 상당히 깁니다. 쉼표와 전치사(at), 접속사(and) 앞에서 끊어서 자연스럽게 읽습니다.

어휘 brief 간단한 description 설명, 묘사

Q2

Good morning Wisconsin Radio listeners! ↘ // Have you **heard** about our **mega** vacation **giveaway?** ↗ // **Every** morning, / we are **handing out** a vacation for **two** / to the **beautiful beaches** of **Maui**. ↘ // This is an **all-inclusive** trip, / covering **travel expenses**, ↗ **accommodations**, ↗ and **meals**. ↘ // **Want to go?** ↗ // **Head to** our **Web site** / and **enter** your **contact information** / on the **contest form**. ↘ // **After that**, / **listen to Wisconsin Radio every** morning / to **find out** if you've **won**. ↘ //

Wisconsin 라디오 청취자 여러분, 좋은 아침입니다. 저희 특급 휴가 경품에 대해 들어 보셨나요? 매일 아침 Maui의 아름다운 해변으로 두 분을 휴가 보내 드립니다. 여행 비용과 숙박, 식사 모두 포함된 여행입니다. 가고 싶으시죠? 저희 웹사이트에 가서서 대회 참가 서류에 연락 사항을 기재해 주십시오. 그 후에 당첨 확인을 위해 매일 아침 저희 Wisconsin 라디오를 들어 주십시오.

해설 - 의문사가 없는 조동사 의문문은 문장 끝을 올려 읽습니다.(~ our mega vacation giveaway ↗?, Want to go ↗?)

- 3개 단어가 열거되는 부분(travel expenses, ↗ accommodations, ↗ and meals ↘)의 억양을 바르게 읽습니다.
- Want to go?에서 앞 단어 want와 뒤 단어 to의 t를 연결하여 읽습니다. 원트투고(X), 원투고(O)

어휘 mega 매우 큰 all-inclusive 모두 포함된 accommodation 숙박

PART 2 | Describe a picture

PART 2 기본 다지기

PRACTICE 본책 _ P.41

This is a picture of a park.
이것은 공원의 사진입니다.

There are a lot of people on the path.
길에 많은 사람들이 있습니다.

A man is riding a bicycle.
한 남자가 자전거를 타고 있습니다.

He is wearing a helmet and carrying a backpack.
그는 헬멧을 쓰고 있고, 백팩을 메고 있습니다.

PART 2 전략 이해하기

PRACTICE 본책 _ P.45

사진 소개 This is a picture of a café.

중심 대상 묘사 A woman is wearing a black apron and standing behind some display cases. She seems to be taking an order. On the right side of the picture, a man wearing a green shirt is looking at the woman.

주변 대상 묘사 In the background, there are menu boards hanging on the wall. The display cases are empty.

느낌/분위기 묘사 It looks like all the food is sold out.

이것은 카페 사진입니다.

한 여자가 검은색 앞치마를 입고, 진열장 뒤에 서 있습니다. 그녀는 주문을 받고 있는 것처럼 보입니다. 사진 오른쪽에는 초록색 셔츠를 입은 남자가 그 여자를 쳐다보고 있습니다. .

뒤편에는, 벽에 메뉴판이 걸려 있습니다. 앞쪽의 진열장들은 비어 있습니다.

음식은 다 판매된 것 같습니다.

PART 2 유형 공략하기

PRACTICE 본책 _ P.50

1

사진 소개 This picture was taken in an office. **중심 대상 묘사** There are five people sitting around a table. All of them are wearing business clothes. The woman on the left has her hands on a laptop computer and is listening to the other people. The man in the middle is looking at the man next to him. **주변 대상 묘사** I can see some cups and water glasses sitting on the table. There are some windows in the background. **느낌/분위기 묘사** I guess they are having a meeting. Everyone looks very pleased.	이 사진은 사무실에서 찍혔습니다. 테이블에 둘러앉은 5명이 있습니다. 모두 정장을 입고 있습니다. 왼쪽의 여자는 두 손을 노트북에 올리고, 다른 사람들의 이야기를 듣고 있습니다. 가운데 남자는 옆에 있는 남자를 쳐다 보고 있습니다. 테이블에 놓여 있는 컵들과 물잔들을 볼 수 있습니다. 사진 뒤쪽에는 창문들이 있습니다. 회의 중인 것 같습니다. 모두들 매우 즐거워 보입니다.

2

사진 소개 This is a picture of a supermarket. **중심 대상 묘사** Two people are standing in front of a refrigerated case. The girl is wearing a black dress and pointing at some food in the display case. The woman is standing behind the girl and holding onto a shopping cart. I think she is the girl's mother. **주변 대상 묘사** There are many food trays with various types of food in the display case. Price signs have been set up in front of each tray. **느낌/분위기 묘사** Everything looks delicious, and I think they are shopping for the girl's favorite food.	이것은 슈퍼마켓의 사진입니다. 두 사람이 냉장 진열장 앞에 서 있습니다. 여자아이는 검은색 드레스를 입고 있고, 진열장 안의 음식을 가리키고 있습니다. 여자는 여자아이 뒤에 서 있고, 쇼핑 카트를 잡고 있습니다. 그녀는 여자아이의 엄마인 것 같습니다. 진열장 안에는 다양한 종류의 음식이 담긴 음식 쟁반들이 많이 있습니다. 각각의 쟁반 앞에 가격표가 놓여 있습니다. 모든 것이 맛있어 보이고, 여자아이가 좋아하는 음식을 사는 중인 것 같습니다.

PRACTICE 본책 _ P.56

1

사진 소개 This picture was taken at a bus stop. **중심 대상 묘사** A bus is approaching the bus stop. Some people are standing in line to get on the bus. One of them is holding a plastic bag and another man is standing up from a bench. **주변 대상 묘사** Behind them, there is a bus shelter with a big picture. Many trees are planted around the bus shelter and a white building is standing in the background. **느낌/분위기 묘사** It is not crowded with many people and it doesn't look like a big city.	이 사진은 버스 정류장에서 찍혔습니다. 버스가 정류장으로 다가오고 있습니다. 몇몇 사람들이 버스를 타기 위해서 줄을 서 있습니다. 그 중 한 명은 비닐봉지를 들고 있고, 다른 남자는 벤치에서 일어서고 있습니다. 그들 뒤에는 큰 사진이 붙은 버스 정류장이 있습니다. 많은 나무들이 정류장 주위에 심어져 있고, 뒤쪽에는 흰 건물이 서 있습니다. 많은 사람들로 붐비지 않고, 큰 도시처럼 보이지도 않습니다.

어휘 plastic bag 비닐봉지   bus shelter (지붕이 달린) 버스 정류소

2

사진 소개 This picture shows people standing in front of a big water fountain. **중심 대상 묘사** They are posing for a picture or taking a picture. A group of women is standing on the right side of the picture. One of them is holding a green umbrella. The man in the middle is carrying a bag and looking at these women. **주변 대상 묘사** There is a big tower and some trees in the water fountain. I can see many green trees and flowering bushes in the background. **느낌/분위기 묘사** I think this is a famous tourist attraction.	이 사진은 큰 분수대 앞에 서 있는 사람들을 보여 줍니다. 그들은 사진을 위해 포즈를 취하거나 사진을 찍고 있습니다. 한 무리의 여자들이 사진 오른쪽에 서 있습니다. 그 중 한 명은 초록 우산을 들고 있습니다. 가운데 남자는 가방을 메고 있고, 이 여자들을 바라보고 있습니다. 큰 탑과 나무들이 분수대 안에 있습니다. 사진 뒤쪽에는 많은 초록 나무들과 꽃 덤불들을 볼 수 있습니다. 이곳은 유명한 관광지인 것 같습니다.

PART 2 MINI TEST 본책 _ P.58

1

사진 소개 In this picture, there are four people sitting around a small table in the lobby.	이 사진에는 로비의 작은 테이블에 둘러 앉아 있는 네 사람이 있습니다.
중심 대상 All of them are wearing suits and having a meeting. The two men on the left are looking at a file in a black folder. The two women are also looking at something together.	모두 정장을 입고 있고, 회의를 하고 있습니다. 왼쪽 두 남자는 검은 폴더 안의 파일을 쳐다보고 있습니다. 두 여자들 역시 무언가를 함께 쳐다보고 있습니다.
주변 대상 There is a big white pole and some empty green chairs behind them. Big windows make this place bright and sunny.	그들 뒤에는 큰 흰색 기둥과 빈 녹색 의자 몇 개가 있습니다. 큰 창문들이 이 장소를 밝고 화창하게 만듭니다.
느낌/분위기 People in this picture look busy.	이 사진의 사람들은 바빠 보입니다.

어휘 suit 정장 pole 기둥, 막대기

2

사진 소개 I can see two people standing on a street in front of a store.	길거리 상점 앞에 서 있는 두 사람을 볼 수 있습니다.
중심 대상 They are looking at a book together. The woman is wearing a jacket around her waist and folding her arms. The man is wearing jeans and a bag over his shoulder. They look like tourists. Some other people are walking along the street.	그들은 함께 책을 쳐다보고 있습니다. 여자는 허리에 재킷을 걸치고 있고, 팔짱을 끼고 있습니다. 남자는 청바지를 입고 어깨에 가방을 메고 있습니다. 그들은 관광객들처럼 보입니다. 다른 사람들은 길을 따라 걷고 있습니다.
주변 대상 There are some signs and menu boards on the buildings.	몇몇 간판과 메뉴판들이 건물에 붙어 있습니다.
느낌/분위기 This street looks very clean and quiet.	이 거리는 매우 깨끗하고 한적해 보입니다.

3

사진 소개 This is a picture of a lot of people sitting or standing on outdoor steps.

중심 대상 Some of the people are having a conversation with each other. Some other people are talking on their cell phones. The man in the middle is wearing an orange sleeveless shirt and beige shorts. He seems to be checking his cell phone.

주변 대상 Beautiful flowering trees are planted in the background of the picture. I can see green trash bins and some bikes tied to a bike stand.

느낌/분위기 This picture must have been taken on a school campus. Everyone in this picture looks like a college student.

이것은 야외 계단에 앉거나 서 있는 많은 사람들의 사진입니다.

일부 사람들은 서로 대화를 나누고 있습니다. 또 다른 사람들은 휴대폰 통화 중입니다. 가운데 남자는 오렌지 색깔의 민소매 셔츠와 베이지 반바지를 입고 있습니다. 그는 자신의 휴대폰을 확인하는 것처럼 보입니다.

아름다운 꽃나무들이 사진 뒤편에 심어져 있습니다. 초록색 쓰레기통과 자전거대에 묶인 몇몇 자전거가 보입니다.

이 사진은 학교 교정에서 찍힌 것이 틀림없습니다. 이 사진의 모든 사람은 대학생처럼 보입니다.

어휘 sleeveless 소매가 없는 trash bin 쓰레기통

4

사진 소개 This picture shows a pier.

중심 대상 Most of the people are walking along the pier. The woman on the left is leaning on the railing and looking at the sea. In the middle, another woman is walking hand-in-hand with a young boy. A man in a red shirt is holding a soft drink.

주변 대상 I can see a white building at the end of the pier. Some of the people are walking toward it.

느낌/분위기 The sky is clear except for some white clouds. It is a perfect sunny day.

이 사진은 부두를 보여 줍니다.

대부분의 사람들이 부두를 따라 걷고 있습니다. 왼쪽 여자는 난간에 기대어 바다를 보고 있습니다. 가운데에는 다른 여자가 어린 남자 아이와 손을 잡고 걷고 있습니다. 빨간 셔츠를 입은 남자가 청량음료를 들고 있습니다.

부두 끝에 흰 빌딩이 보이고, 몇몇 사람들이 그쪽으로 걷고 있습니다.

약간의 흰 구름을 제외하면 하늘은 맑습니다. 아주 화창한 날입니다.

어휘 pier 부두 lean on ~에 기대다 soft drink (무알콜) 청량음료

5

사진 소개	This picture was taken in front of a bag store.	이 사진은 가방 가게 앞에서 찍혔습니다.
중심 대상	Many colorful bags are displayed on the shelves and racks. There is a man wearing a backpack and standing at the counter. He must be buying a new bag. Another man with a plastic bag is looking around the store. I can see two men who are wearing blue uniforms passing by the store.	많은 화려한 가방들이 선반과 진열대에 진열되어 있습니다. 배낭을 멘 한 남자가 있고, 카운터 앞에 서 있습니다. 새 가방을 사고 있는 것이 틀림없습니다. 비닐봉지를 든 또 다른 한 남자는 가게를 둘러보고 있습니다. 파란 유니폼을 입은 두 남자가 가게를 지나가는 것이 보입니다.
주변 대상	There is a sign and some small lights over the store.	가게 위쪽에 간판과 작은 조명들이 있습니다.
느낌/분위기	This store looks very modern and trendy.	이 가게는 아주 현대적이고 세련돼 보입니다.

어휘 rack 선반, 받침대   pass by ~을 스쳐 지나가다   trendy 최신 유행의

6

사진 소개	This is a park.	이곳은 공원입니다.
중심 대상	A group of people in the middle looks like a family. The father is holding a camera and the mother is kneeling down on the ground. Their two young girls are near them. Behind them, there is a woman wearing a long skirt and holding onto a baby stroller. I can see some other people looking around the park.	가운데 한 무리의 사람들은 가족처럼 보입니다. 아빠는 카메라를 들고, 엄마는 땅에 무릎을 꿇고 있습니다. 그들의 두 어린 딸이 그들 주변에 있습니다. 그들 뒤에 긴 치마를 입고 유모차를 붙잡고 있는 여자가 있습니다. 공원을 둘러보는 다른 사람들도 보입니다.
주변 대상	Many trees full of green leaves are standing along the path and beautiful flowers are planted in the center of the grass.	초록 잎이 무성한 많은 나무들이 길을 따라 서 있고, 아름다운 꽃들이 잔디 중앙에 심어져 있습니다.
느낌/분위기	There must be something interesting going on, because many of the people are looking to the left side of the picture.	뭔가 재미있는 일이 벌어지는 것이 틀림없습니다. 왜냐하면 많은 사람들이 사진의 왼쪽을 쳐다보고 있기 때문입니다.

어휘 kneel down 꿇어 앉다   baby stroller 유모차

PART 2 ACTUAL TEST 본책 _ P.64

1

Q3

This picture was taken on a street at night. I can see lights from many stores and cars. Some people are crossing the street in a line. Some of them are carrying things. They look blurry. Maybe they are walking too fast. I can see a man wearing a safety vest in the middle of the street. Next to him, a man is riding a bike and a black car is turning the corner. Some cars are waiting for people to cross the street. It looks like an intersection, so it is very crowded with many cars and people.

이 사진은 밤에 길거리에서 찍혔습니다. 많은 가게들과 자동차들로 불빛이 보입니다. 몇몇 사람들은 한 줄로 길을 건너고 있습니다. 그들 중 몇몇 물건을 들고 갑니다. 그들은 흐릿하게 보입니다. 아마도 아주 빨리 걷나 봅니다. 길 가운데 안전 조끼를 입고 있는 한 남자가 보입니다. 그 남자 옆으로, 한 남자가 자전거를 타고 있고, 검은 차가 코너를 돌고 있습니다. 몇몇 차들은 사람들이 길 건너는 것을 기다리고 있습니다. 교차로처럼 보여서 많은 차들과 사람들로 아주 붐빕니다.

어휘 blurry 흐릿한, 모호한　safety vest 안전 조끼　intersection 교차로

Q4

This is a picture taken in a grocery store. The woman on the right is wearing a red shirt and sunglasses. She is holding some fruits and a plastic bag. Next to her, different kinds of fruits are in baskets and boxes. In the background, I can see two women looking at something together. I would guess this is a small town store.

이 사진은 식품점에서 찍혔습니다. 오른쪽에 있는 여자는 빨간색 셔츠를 입고 선글라스를 끼고 있습니다. 그녀는 과일과 비닐봉지를 들고 있습니다. 그녀 옆에 다양한 종류의 과일들이 바구니와 상자에 담겨 있습니다. 사진 뒤쪽에는 뭔가 같은 것을 보고 있는 두 명의 여자를 볼 수 있습니다. 이곳은 작은 마을 상점인 것 같습니다.

어휘 grocery store 식품점, 슈퍼마켓　plastic bag 비닐봉지

Q3

This picture looks like a bookstore. Four women are standing around a table and looking at books. The woman in the foreground is wearing a black cardigan and has a ponytail. She has a book in her hands. The other three women seem to be having a conversation about a book. The woman wearing a blue shirt is turning pages of the book. Many books are displayed on the table. I can see some people in groups outside through the big windows. Many green trees are in the background.

이 사진은 서점처럼 보입니다. 네 여자가 테이블 주변에 둘러 서서 책들을 보고 있습니다. 전면의 여자는 검은 카디건을 입고, 머리를 하나로 묶었습니다. 그녀는 책을 양손으로 잡고 있습니다. 다른 세 명의 여자들은 책에 관해 대화를 나누고 있는 것처럼 보입니다. 파란 셔츠를 입은 여자는 책장을 넘기고 있습니다. 많은 책들이 테이블에 진열되어 있습니다. 큰 창문을 통해 밖에 무리 지어 있는 사람들이 보입니다. 많은 초록 나무들이 뒤쪽에 있습니다.

Q4

This is a picture of people at a reception desk. Two of the people are standing in line. The man is handing some books to the woman behind the desk. Another woman is wearing a purple scarf on her head. She is looking for something in her bag. I can see glass walls and a clock on the wall in the background.

이것은 프런트에 있는 사람들 사진입니다. 두 사람이 줄 서 있습니다. 남자는 프런트 뒤에 있는 여자에게 책을 건네주고 있습니다. 또 다른 여자는 머리에 보라색 스카프를 쓰고 있습니다. 그녀는 가방에서 뭔가를 찾고 있습니다. 뒤편에서는 유리벽과 벽에 걸린 시계를 볼 수 있습니다.

어휘 reception desk 접수처, 프런트   stand in line 일렬로 줄 서다   hand 건네주다

PART 3

PART 3 | Respond to questions

PART 3 기본 다지기

PRACTICE 본책 _ P.73

1 **Q** How far is the nearest library from your house?
집에서 가장 가까운 도서관은 얼마나 떨어져 있습니까?

  A The nearest library is about three blocks away from my house.
가장 가까운 도서관은 집에서 3블록 정도 떨어져 있습니다.

2 **Q** Why is it important to recycle plastic items?
플라스틱 제품을 재활용하는 것이 왜 중요합니까?

  A It is important because we need to protect the environment.
환경을 보호해야 하기 때문에 중요합니다.

3 **Q** Who taught you how to read when you were young?
어릴 적에 누가 글 읽는 법을 가르쳐 주었나요?

  A My mother taught me how to read when I was young.
어릴 적에 어머니께서 글 읽는 법을 가르쳐 주셨습니다

4 **Q** Where do you usually buy music? 주로 어디서 음악을 구입하나요?

  A I usually buy music online and download it directly to my phone.
온라인으로 구입해서 제 휴대폰에 바로 다운로드합니다.

5 **Q** When was the last time you went to a swimming pool?
마지막으로 수영장에 간 때가 언제였습니까?

  A The last time I went to a swimming pool was last summer.
마지막으로 수영장에 간 때는 지난 여름이었습니다.

PRACTICE 본책 _ P.75

1 **Q** Do you think it is necessary to own a car in your city?
당신이 사는 도시에서 차를 보유해야 한다고 생각합니까?

  A Yes, I think it is necessary because my city is very big.
네, 제가 사는 도시가 아주 크기 때문에 필요하다고 생각합니다.

2 **Q** Have you ever played traditional music before?
전통 음악을 연주해 본 적이 있습니까?

  A No, I haven't. I don't know how to play traditional music.
아니요, 없습니다. 연주하는 방법을 모릅니다.

3 **Q** Do you prefer to spend your free time alone or with other people?
여가 시간을 혼자 보내는 것을 선호합니까, 아니면 다른 사람과 보내는 것을 선호합니까?

  A I prefer to spend my free time alone, because then I can do whatever I want.
혼자 보내는 걸 선호합니다. 제가 원하는 건 뭐든지 할 수 있기 때문이죠.

PART 3 전략 이해하기

PRACTICE   본책 _ P.80

1

🔊 *Imagine that a railway company is doing research in your area. You have agreed to participate in a telephone interview about traveling by train.*

철도 회사가 당신이 사는 지역에서 리서치를 하고 있다고 가정해 보세요. 당신은 기차 여행에 관한 전화 인터뷰를 하는 데 동의하였습니다.

Q5.

Q	How long does it take to get to the nearest train station from your house?	집에서 가장 가까운 기차역까지 가는 데 얼마나 걸리나요?
A	핵심 답변 It takes about ten minutes to get to the nearest train station. 추가 문장 I can walk there.	가장 가까운 역까지 가는 데 10분 정도 걸립니다. 거기까지 걸어갈 수 있습니다.

Q6.

Q	How do you usually buy train tickets?	기차표는 주로 어떻게 구입하나요?
A	핵심 답변 I usually buy train tickets online. 추가 문장 I can save time that way since I don't have to wait in line at a ticket counter.	주로 온라인으로 기차표를 구입합니다. 그렇게 하면 매표소에서 줄을 서서 기다릴 필요가 없어서 시간을 절약할 수 있어요.

Q7.

Q	What would encourage you to take trains more often? Why?	어떻게 하면 기차를 더 자주 타겠습니까? 그 이유는 무엇입니까?
A	핵심 답변 I would take trains more often if the seats were comfortable. Most of them are hard and narrow, so I don't want to sit on them for a long time. 추가 문장 I wish they were wider and softer.	좌석이 편안하다면 기차를 더 자주 타겠습니다. 좌석 대부분이 딱딱하고 좁아서 오랜 시간 앉아 있고 싶지 않습니다. 좌석이 더 넓고 푹신하면 좋겠습니다.

2

🔊 *Imagine that you are talking on the telephone with a friend. You are talking about vacation plans.*

친구와 전화 통화 중이라고 가정해 보세요. 휴가 계획에 관해 이야기 나누고 있습니다.

Q5.

Q When was the last time you went on a vacation? Where did you go?	마지막으로 휴가를 떠났던 때는 언제였어? 어디로 갔어?
A 핵심 답변 The last time I went on a vacation was last year. 추가 문장 I visited my sister in Seattle and stayed there for a week.	마지막으로 휴가를 떠난 것은 작년이었어. Seattle에 있는 여동생 집을 방문했고, 일주일 동안 그곳에 머물렀지.

Q6.

Q Would you consider using a travel agency for your next trip? Why or why not?	다음에 여행 할 때 여행사를 이용할 의향이 있어? 그 이유는 뭐야?
A 핵심 답변 I'd rather not use a travel agency. It's easy to book trips online because there are many booking sites. 추가 문장 Also, I can get a lot of travel information on the Internet.	나는 여행사를 이용하지 않는 편이 나은 거 같아. 예약 사이트가 많아서 온라인으로 쉽게 여행을 예약할 수 있거든. 또한 인터넷에서 여행 정보도 많이 얻을 수 있지.

Q7.

Q Which of the following activities do you usually do on vacation? Why? Visiting tourist attractions / Going to local festivals / Shopping	다음 중 휴가 가서 주로 하는 활동은 뭐니? 그 이유는 뭐야? 관광지 방문 / 현지 축제 관람 / 쇼핑
A 핵심 답변 I always visit tourist attractions, because I like to look around those places in person and learn more about their history. 추가 문장 I'm not interested in local festivals or shopping.	나는 항상 관광지를 방문해. 그런 장소들을 직접 둘러보고 그들의 역사에 대해 더 배우는 걸 좋아하기 때문이야. 현지 축제나 쇼핑에는 관심이 없어.

PART 3 유형 공략하기

PRACTICE 본책 _ P.83

1

Q Which do you prefer to do during breaks at work or school, browsing the Internet or talking with people?	직장이나 학교의 쉬는 시간에 인터넷을 검색하는 것을 더 좋아합니까, 아니면 사람들과 대화하는 것을 더 좋아합니까?
A 핵심 답변 I prefer to talk with people during breaks at work. 추가 문장 Actually, I always spend my break time chatting with my colleagues. They are all friendly, so I quite like them.	저는 직장에서 쉬는 시간에 사람들과 대화하는 것을 더 좋아합니다. 사실, 저는 항상 동료들과 이야기를 나누며 쉬는 시간을 보냅니다. 모두들 친절해서 제가 좋아하는 편입니다.

2

Q Would you consider working from home?	재택 근무를 할 의향이 있습니까?
A 핵심 답변 Yes, I would consider working from home. 추가 문장 I could save time and money because I wouldn't have to commute to work.	네, 재택 근무를 할 의향이 있습니다. 통근할 필요가 없어서 시간과 돈을 절약할 수 있겠네요.

3

Q What are the advantages of taking part in sports activities at school?	학교에서 스포츠 활동에 참여하는 것의 장점은 무엇입니까?
A 핵심 답변 Students can relieve stress by taking part in sports activities. 추가 문장 Also, they can learn about teamwork.	학생들이 스포츠 활동에 참여함으로써 스트레스를 해소할 수 있습니다. 또한 팀 워크에 대해 배울 수도 있습니다.

PRACTICE 본책 _ P.85

1

Q When was the last time you cooked, and what did you cook?	마지막으로 요리한 때는 언제이며, 무엇을 요리했나요?
A 핵심 답변 The last time I cooked was last Friday, and I made some side dishes. 추가 문장 I looked up the recipes on the Internet, and they were easy to follow.	마지막으로 요리한 때는 지난 금요일이었고, 반찬 몇 가지를 만들었습니다. 인터넷에서 조리법을 검색했는데, 따라하기가 쉬웠습니다.

2

Q	Would you suggest that people take a bus to get around your city?	사람들에게 당신이 사는 도시를 둘러보려면 버스를 타는 편이 좋다고 제안하겠습니까?
A	**핵심 답변** Yes, I would. **추가 문장** My city has an extensive bus network. So they can go wherever they want by bus. It's very convenient.	네, 그렇게 하겠습니다. 제가 사는 도시에는 광범위한 버스 교통망이 있어요. 그래서 원하는 곳은 어디든지 버스로 갈 수 있죠. 아주 편리합니다.

3

Q	What is your favorite place to go in your area, and how far do you travel to go there?	당신의 지역에서 가장 좋아하는 장소는 어디이며, 거기까지 가는 데 얼마나 걸리나요?
A	**핵심 답변** My favorite place to go in my area is a park with a lake. It's very close to where I live—it's just a five-minute walk away. **추가 문장** I often go for a walk in the park.	제가 가장 좋아하는 장소는 호수가 있는 공원입니다. 제가 사는 곳이랑 굉장히 가까워요. 걸어서 5분만 가면 돼요. 그 공원에 종종 산책하러 갑니다.

PRACTICE   본책 _ P.87

1

Q	Do you go to the gym regularly? Why or why not?	체육관에 주기적으로 갑니까? 그 이유는 무엇입니까?
A	**핵심 답변** No, I don't. Instead, I work out in a park. That way, I can get some fresh air outside, and also enjoy the beauty of nature.	아니요, 가지 않아요. 대신 저는 공원에서 운동합니다. 그렇게 하면 바깥에서 신선한 공기도 마실 수 있고, 자연의 아름다움을 감상할 수도 있어서죠.

2

Q	What are some advantages of using a travel agency when you plan a trip?	여행을 계획할 때 여행사를 이용하면 어떤 장점이 있을까요?
A	**핵심 답변** One of the advantages of using a travel agency is that I can save time, because I don't have to spend hours on searching for best deals. **추가 문장** Travel agents do the legwork and help me plan a trip that meets my budget.	여행사를 이용하는 것의 장점 중 하나는 시간을 절약할 수 있다는 거예요. 가장 좋은 조건의 상품을 찾는 데 오랜 시간을 들일 필요가 없기 때문이죠. 여행사 직원들이 그런 번거로운 일을 해주고 제 예산에 맞는 여행을 계획하도록 도와줍니다.

3

Q	Have you ever read a book in a café? Why or why not?	카페에서 독서해 본 적이 있나요? 그 이유는 무엇입니까?
A	[핵심 답변] I've never read a book in a café. I don't think I could focus on reading in such a place. [추가 문장] I like to read in my room or in libraries.	저는 카페에서 책을 읽어본 적이 한 번도 없습니다. 그런 장소에서는 독서에 집중할 수 없을 것 같아요. 저는 제 방이나 도서관에서 독서하는 것을 좋아합니다.

PRACTICE   본책 _ P.89

1

Q	How often do you shop online, and what do you usually buy?	얼마나 자주 온라인 쇼핑을 하나요? 그리고 보통 무엇을 사나요?
A	[핵심 답변] I shop for groceries online every week. [추가 문장] The online store offers a free delivery service on any orders over $30, which I think is great.	저는 온라인으로 매주 식료품을 삽니다. 그 온라인 상점은 30달러 이상의 주문 건에 대해 무료 배달 서비스를 제공합니다. 전 이게 좋다고 생각해요.

2

Q	Do you prefer to buy clothes in-store or online? Why?	상점에서 옷을 사는 것을 선호합니까, 아니면 온라인으로 사는 것을 선호합니까? 그 이유는 무엇입니까?
A	[핵심 답변] I prefer to buy clothes in-store, because I want to try them on before making a purchase. [추가 문장] I bought a jacket online the other day, but I was disappointed because it didn't look good on me.	저는 상점에서 사는 것을 선호합니다. 구매하기 전에 입어보고 싶기 때문이죠. 며칠 전에 온라인으로 재킷을 하나 샀는데, 저한테 잘 어울리지 않아서 실망했었어요.

3

Q	If you went on a trip abroad, which of the following would you buy as a souvenir for your friends? Postcards / Tourist shirts / Keychains	해외로 여행을 간다면, 다음 중 친구들에게 줄 기념품으로 무엇을 사겠습니까? 엽서 / 관광객 셔츠 / 열쇠고리
A	[핵심 답변] I would probably buy keychains that represent the city I was visiting. [추가 문장] It's because I want to give my friends something practical that they can use every day.	아마 제가 방문하는 도시를 대표하는 열쇠고리를 살 것 같습니다. 친구들이 매일 사용할 수 있는 실용적인 것을 주고 싶기 때문이에요.

PRACTICE 본책 _ P.91

1

Q	When you shop for electronics, how do you decide what to buy?	전자 기기를 살 때, 어떤 제품을 살지 어떻게 결정합니까?
A	핵심 답변 I always do some research on the Internet before making a decision. 추가 문장 I try to read the reviews of different products.	결정하기 전에 항상 인터넷으로 조사합니다. 다양한 제품의 후기를 읽어보려고 합니다.

2

Q	Other than making phone calls or texting, what do you do with your phone?	전화를 하거나 문자를 보내는 것 이외에 휴대폰으로 무엇을 합니까?
A	핵심 답변 I read news articles and stream music on my phone. 추가 문장 I wish it had more storage space so that I could download movies to it.	휴대폰으로 뉴스 기사를 읽고 음악을 스트리밍합니다. 영화를 다운받을 수 있게 휴대폰 저장 공간이 더 크면 좋겠어요.

3

Q	What do you think would be some advantages of taking an online course?	온라인 코스를 수강하는 것의 장점이 무엇이라고 생각합니까?
A	핵심 답변 The biggest advantage would be that I could take the lessons at my own pace. In addition, I could access them from anywhere.	가장 큰 장점은 제 페이스에 맞추어 수업을 들을 수 있다는 것입니다. 또한 어디서든 수업을 들을 수 있습니다.

PART 3 MINI TEST 본책 _ P.92

1

🔊 *Imagine that a British marketing firm is doing research in your country. You have agreed to participate in a telephone interview about home decorating.*

영국 마케팅 회사가 당신의 나라에서 리서치를 하고 있다고 가정해 보세요. 당신은 집안 꾸미기에 관한 전화 설문에 참여하는 데 동의했습니다.

Q5.

Q	Where do you live and how long have you lived there?	어디에 살고 있으며, 그곳에서 산 지는 얼마나 되었습니까?
A	핵심 답변 My family and I have lived in an apartment in Seoul for about five years.	제 가족과 저는 서울에 있는 아파트에서 약 5년째 살고 있습니다.

Q6.

Q	If you could change one thing about your home, what would it be?	당신의 집에서 한 가지를 바꿀 수 있다면, 어떤 변화를 주고 싶습니까?
A	핵심 답변 I would like more room for guests, so a bigger dining room would be nice.	손님들을 위한 공간이 더 있으면 좋겠습니다. 그래서 더 넓은 식사 공간이 좋겠습니다.

Q7.

Q	What's your favorite room in your home and why do you like it?	집에서 가장 좋아하는 방은 무엇이고, 좋아하는 이유는 무엇입니까?
A	핵심 답변 My favorite room is the living room. It's not big, but we have comfortable furniture and a large TV. My family and I can watch movies there together or just sit and talk.	제가 가장 좋아하는 방은 거실입니다. 넓지는 않지만, 편안한 가구와 큰 TV가 있습니다. 가족과 함께 그곳에서 영화를 보거나, 그냥 앉아서 이야기를 할 수도 있어요.

2

🔊 *Imagine that a Canadian marketing firm is doing research in your country. You have agreed to participate in a telephone interview about reading habits.*

캐나다 마케팅 회사가 당신의 나라에서 리서치를 하고 있다고 가정해 보세요. 당신은 독서 습관에 관한 전화 인터뷰를 하는 데 동의했습니다.

Q5.

Q	How many books or magazines do you purchase a year, and where do you usually buy them?	일 년에 책이나 잡지를 몇 권 구입하며, 보통 어디서 구입합니까?
A	핵심 답변 I buy ten to fifteen books a year, and I usually buy them on the Internet.	일 년에 10~15권의 책을 사는데, 주로 인터넷에서 구입합니다.

Q6.

Q	How much time do you spend reading per week, and when do you like to do your reading?	일주일에 얼마나 많은 시간을 독서에 할애하며, 언제 독서하는 것을 좋아합니까?
A	핵심 답변 Well, it depends on what I'm reading, but usually, I read for about seven hours each week. I like to read for an hour or so before I sleep.	음, 무엇을 읽느냐에 따라 다르지만, 보통 일주일에 7시간 정도 읽습니다. 자기 전에 한 시간 정도 읽는 것을 좋아해요.

Q7.

Q	Do you read more now than you did in the past, or do you read less? Why?	예전보다 지금 독서를 더 많이 합니까, 아니면 덜 합니까? 그 이유는 무엇인가요?
A	핵심 답변 Yes, I read more now than I did in the past. It's because I have to do more reading for my position at work now. 추가 문장 I read for pleasure as well—recently I've started reading more novels than I used to.	네, 예전보다 지금 독서를 더 많이 합니다. 지금 직장에서의 직책상 읽어야 할 것이 더 많기 때문이죠. 재미로 독서를 하기도 합니다. 최근에 예전보다 소설을 더 많이 읽기 시작했어요.

PART 3

3

 Imagine that you are talking on the telephone with a friend from another country who is visiting your town. You are talking about shops in your area.

당신의 동네를 방문할 예정인 다른 나라 친구와 전화 통화를 하고 있다고 가정해 보세요. 당신의 지역에 있는 상점들에 대해 이야기하고 있습니다.

Q5.

Q	What hours are shops generally open in your area?	상점들의 영업 시간은 어떻게 되니?
A	**핵심 답변** Most shops are open from 9 A.M to 6 P.M., but some grocery stores are open till 8 P.M.	대부분의 가게는 오전 9시부터 오후 6시까지 영업해. 하지만 일부 식료품점은 오후 8시까지 해.

Q6.

Q	What's a good place to shop for gifts in your area, and is it easy to get there?	선물을 사기에 좋은 장소는 어디야? 그곳에 쉽게 갈 수 있니?
A	**핵심 답변** There are some flower shops and jewelry stores in my area. Most of them are on one main street, so yes, it's quite easy to go there.	꽃집과 보석 가게가 몇 군데 있어. 대부분이 한 중심가에 있어서, 응, 꽤 쉽게 갈 수 있어.

Q7.

Q	Which of the following do you think I should buy for my family as a souvenir? Coffee mugs / Fridge magnets / Cosmetics	다음 중 가족에게 줄 기념품으로 무엇을 사는 게 좋다고 생각해? 커피 머그잔 / 냉장고 자석 / 화장품
A	**핵심 답변** I think you should buy coffee mugs for your family, because they are very useful. **추가 문장** You can get mugs with a beautiful picture of my city from a store on the main street. Maybe I could help you get there.	커피 머그잔을 사는 게 좋을 것 같아. 머그잔은 굉장히 유용하기 때문이지. 중심가에 있는 가게에서 도시의 아름다운 사진이 있는 머그잔을 살 수 있어. 거기 가도록 내가 도와줄 수 있을 거야.

4

🔊 *Imagine that an English-language technology magazine is doing research in your area. You have agreed to participate in a telephone interview about e-books.*

영문 과학기술 잡지가 당신의 지역에서 리서치를 하고 있다고 가정해 보세요. 당신은 전자책에 관한 전화 인터뷰를 하는 데 동의했습니다.

Q5.

Q	Have you ever bought e-books instead of paper books?	종이책 대신 전자책을 구매해 본 적이 있나요?
A	**핵심 답변** Yes, I have. Actually, I buy e-books quite often.	네, 있습니다. 사실 저는 꽤 자주 전자책을 구매합니다.

Q6.

Q	What do you like best about reading e-books?	전자책을 읽는 것의 가장 좋은 점은 무엇이죠?
A	**핵심 답변** I can read e-books anywhere with my mobile phone. **추가 문장** I don't have to carry those heavy paper books.	어디서든 휴대폰으로 전자책을 읽을 수 있다는 겁니다. 무거운 종이책들을 들고 다닐 필요가 없죠.

Q7.

Q	Which of the following do you think is the best device for reading e-books? A smartphone / A laptop computer / An e-reader	다음 중 전자책을 읽는 데 가장 좋은 기기는 무엇이라고 생각합니까? 스마트폰 / 노트북 컴퓨터 / 전자책 리더기
A	**핵심 답변** I think the best device for reading e-books is a smartphone. **추가 문장** Nowadays, smartphones have large storage capacities, so I can download many e-books to my phone. I don't need to carry a laptop or buy an extra device to read e-books.	전자책을 읽는 가장 좋은 기기는 스마트폰이라고 생각합니다. 요즘 스마트폰은 저장 용량이 커서 전자책을 많이 다운로드할 수 있습니다. 전자책을 읽기 위해 노트북을 들고 다니거나 별도로 기기를 살 필요가 없죠.

PART 3

5

🔊 *Imagine that you are having a telephone conversation with a new co-worker or classmate. You are talking about eating during the work or school day.*

새 동료나 학급 친구와 전화 통화를 하고 있다고 가정해 보세요. 직장이나 학교에서의 식사에 대해 이야기하고 있습니다.

Q5.

Q	From your workplace or school, how do you get to the nearest place that serves breakfast?	직장이나 학교에서부터, 아침 식사를 제공하는 가장 가까운 장소까지 어떻게 가나요?
A	**핵심 답변** There is a coffee shop near the office. Sometimes I just walk there and have a light breakfast.	사무실 근처에 커피숍이 있어요. 가끔 그냥 걸어가서 가벼운 아침 식사를 해요.

Q6.

Q	Do you often buy food or beverages while you are at work or school? Why or why not?	직장이나 학교에서 음식이나 음료를 자주 사먹나요? 그 이유는 무엇인가요?
A	**핵심 답변** Well, I always have a coffee in the afternoon, because I need a break from work. **추가 문장** I try not to spend too much money on snacks, though.	음, 저는 항상 오후에 커피를 한 잔 마셔요. 업무 중 휴식이 필요하기 때문이죠. 하지만 간식에는 너무 많은 돈을 쓰지 않으려고 노력해요.

Q7.

Q	If I were going to take a friend out for lunch, what restaurant would you most recommend, and why?	제가 친구와 점심을 먹으러 간다면, 어떤 식당을 추천해 줄 건가요? 그 이유는 무엇인가요?
A	**핵심 답변** Hmm, I'd recommend taking them to an Italian restaurant near the office. Their food is very tasty and reasonably priced. **추가 문장** Also, they serve you quickly, so you can make it back to the office on time.	음, 사무실 근처에 있는 이탈리안 레스토랑에 데려가는 게 좋을 것 같아요. 음식이 맛있고, 가격도 적당하거든요. 또한, 음식이 빨리 나오기 때문에 제시간에 사무실로 돌아올 수 있어요.

6

🔊 *Imagine that a friend from another country will be visiting your city. You are having a telephone conversation about traveling around your city.*

다른 나라 친구가 당신이 사는 도시를 방문할 것이라고 가정해 보세요. 당신이 사는 도시를 여행하는 것에 대해 전화 통화를 하고 있습니다.

Q5.

Q	Do you know how many travelers visit your city every year?	매년 얼마나 많은 여행객들이 네가 사는 도시를 방문하는지 아니?
A	핵심 답변 Well, I guess at least 5 million people visit my city every year.	음, 적어도 5백만 명의 사람들이 매년 방문하는 것 같아.

Q6.

Q	Where can I find information about your city?	도시에 관한 정보를 어디서 얻을 수 있니?
A	핵심 답변 There is an official Web site where you can find detailed information about my city. 추가 문장 Also, once you're here, you'll be able to get some booklets from tourist information centers downtown.	도시에 대한 자세한 정보를 찾을 수 있는 공식 웹사이트가 있어. 또한 일단 이곳에 오면, 시내 관광안내소에서 책자를 구할 수 있을 거야.

Q7.

Q	What is the most popular tourist attraction in your city?	도시에서 가장 인기 있는 관광지는 어디야?
A	핵심 답변 Hmm, I can't pick just one, because there are many places to visit in my city. Historical sites such as royal palaces or old neighborhoods are very popular. 추가 문장 Also, it seems that travelers like to go to street markets, where they can buy unique items and try traditional Korean food.	흠, 딱 하나를 고를 수는 없어. 방문할 곳이 많거든. 궁궐이나 옛 마을 같은 유적지가 인기가 많아. 또한, 여행자들은 독특한 물건들을 살 수 있고 한국 전통 음식을 맛볼 수 있는 길거리 시장에 가는 것을 좋아하는 것 같아.

PART 3 ACTUAL TEST 본책 _ P.98

1

🔊 *Imagine that an American marketing company is doing research in your country. You have agreed to participate in a telephone interview about working out in the gym.*

미국 마케팅 회사가 당신의 나라에서 리서치를 한다고 가정해 보세요. 당신은 체육관에서 운동하는 것에 관한 전화 인터뷰를 하는 데 동의했습니다.

Q5.

Q	How often do you work out in the gym and how long do you work out each time you go to the gym?	체육관에서 얼마나 자주 운동을 하고, 체육관에 갈 때마다 얼마 동안 운동을 하나요?
A	[핵심 답변] I go to the gym three times a week, and every time I go there, I work out for about an hour and a half.	일주일에 세 번 체육관에 가고, 갈 때마다 한 시간 반 정도 운동합니다.

Q6.

Q	What kind of exercise do you usually do when working out in the gym?	체육관에서 운동할 때 어떤 종류의 운동을 하나요?
A	[핵심 답변] I usually walk or run on a treadmill, and I also take fitness classes such as yoga or Pilates.	주로 러닝 머신 위에서 걷거나 달리고, 요가나 필라테스 같은 체력 단련 수업도 듣습니다.

Q7.

Q	Which of the following is the most important to you when you decide on a gym? • A convenient location • Friendly staff • A variety of equipment	체육관을 결정할 때, 다음 중 가장 중요한 것은 무엇입니까? • 편리한 위치 • 친절한 직원 • 다양한 운동기구
A	[핵심 답변] A convenient location is most important to me. If my gym were not close to my place, I would probably skip workouts often. [추가 문장] I chose my gym because it is within walking distance of my home—it only takes 5 minutes to get there.	저에게 가장 중요한 것은 편리한 위치입니다. 만약 제가 다니는 체육관이 집과 가깝지 않았다면, 아마 운동을 자주 걸렀을 겁니다. 제가 그 체육관을 선택한 이유는 집에서 걸어서 갈 수 있는 거리에 있기 때문입니다. 가는 데 5분 밖에 걸리지 않아요.

2

🔊 *Imagine that a friend of yours is considering furthering her education by going to a university. You are having a telephone conversation about education.*

당신의 친구가 대학교에 가서 교육을 더 받는 것을 고려 중이라고 가정해 보세요. 당신은 교육에 관한 전화 통화를 하고 있습니다.

Q5.

Q When did you last take a class, and did you enjoy it?	마지막으로 수업을 들었던 적은 언제였어? 그 수업을 재미있게 들었니?
A **핵심 답변** I took English classes last year, and I really enjoyed them.	작년에 영어 수업을 들었는데 정말 재미있었어.

Q6.

Q What was your favorite subject in school? Why?	학교에서 가장 좋아하는 과목은 뭐였어? 그 이유는 뭐야?
A **핵심 답변** My favorite subject was history. It was interesting to learn about past events and historical figures.	내가 가장 좋아하는 과목은 역사였어. 과거의 사건들과 역사적 인물들에 대해 배우는 것이 재미있었거든.

Q7.

Q What is the best college or university in your area? Why do you think so?	네가 사는 지역에서 가장 좋은 대학교는 어디야? 왜 그렇게 생각해?
A **핵심 답변** The best university in my area would be Seoul National University. It offers a range of high-quality courses taught by great scholars. **추가 문장** Also, it has a large campus and excellent facilities. But the tuition fees are still reasonable, because it's managed by the government.	우리 지역에서 가장 좋은 대학은 서울대학교일 거야. 훌륭한 학자들이 가르치는 다양한 양질의 수업을 제공하거든. 또한 캠퍼스가 넓고 시설이 굉장히 좋아. 그런데 정부에서 운영하기 때문에 등록금이 비싸지 않아.

PART 3

PART 4 기본 다지기

PRACTICE 본책 _ P.107

숫자 읽기

1 August twenty-second two thousand sixteen

2 three dollars and fifty cents

3 forty-five percent

4 from eight thirty to nine A.M.

5 one five one Byron Street / one fifty-one Byron Street

6 room six oh[zero] one

7 flight number seven five seven / flight number seven fifty-seven

8 one thousand two hundred and fifty dollars

전치사 사용하기

1 We are open from 10 A.M. to 4 P.M. every Monday.
저희는 매주 월요일에 오전 10시부터 오후 4시까지 영업합니다.

2 The store is at 1530 Connecticut Street in Baltimore.
가게는 Baltimore 시, Connecticut 가 1530번지에 있습니다.

3 He graduated from Alberta University in 2013.
그는 2013년에 Alberta 대학을 졸업했습니다.

4 There will be a reception on the 3rd floor in Conference Hall C at 1 P.M.
오후 1시에 3층 C 회의실에서 연회가 있을 예정입니다.

5 You will arrive in L.A. at 10 A.M. with Triumph Airlines, Flight No. 773.
당신은 오전 10시에 Triumph 항공 773편으로 L.A에 도착할 것입니다.

PART 4 전략 이해하기

PRACTICE   본책 _ P.109

1

Hasbro 월간 이사회
5월 3일, 2회의실

오전 9:00	개회사	James Graham 회장
오전 9:30	지난 회의 안건 업데이트	Russ Meier 인사부 이사
오전 10:30	신 사업	Laura Cole 영업부장
	– 회사 야유회 (5월 15일)	
	– 직원 안전 교육	
오전 11:30	폐회사	James Graham 회장

어휘 board meeting 이사회

회의 장소와 일자: **May 3, Conference Room 2**
회사 야유회: **May 15**
James Graham이 할 일: **Opening comments at 9 / Closing comments at 11:30**

2

시의회 공청회
2월 16일, 시의회 홀

오후 7:00–7:30	재정 보고	Samuel Pontes
오후 7:30–8:00	주차 위반 딱지와 규정	Alice Schmidt
오후 8:00–9:00	의회 업무	Kayla Rogers
	예산 계획 (2월 28일 마감)	
	신 시청으로 초대 (일정 미정)	

어휘 city council 시의회   public hearing 공청회   regulation 규정

공청회 개최 날짜와 장소: **February 16, City Council Hall**
시작 시간과 종료 시간: **7 P.M. / 9 P.M.**
신 시청 초대 일정: **The schedule is not confirmed.**

PRACTICE 본책 _ P.114

1

Adler 피트니스 연합 워크숍
Bristol 컨벤션 센터, 11월 3일

오전 9시-10시	워크숍: 유산소 운동 및 근력 운동, Alan Weiss
오전 10시-11시	워크숍: 피트니스 상담, Darrell Morgan
정오 - 오후 2시	점심 식사
오후 2시-3시	워크숍: 수중 개인 코칭, Pete Cutler
오후 3시-4시	시연회: 탄력 있는 몸을 위한 운동, Ted Davis
오후 4시-5시	발표: 근육 회복 프로그램, Pete Cutler

어휘 cardio 유산소 운동 consultation 상담 demonstration 시연 restore 회복시키다 muscle 근육

 Hi, I'm going to attend the Adler Fitness Partnership Workshop tomorrow, but I've lost my schedule. I was hoping you could confirm a few details for me.

안녕하세요, 내일 Adler 피트니스 연합 워크숍에 참석하려고 하는데, 일정표를 잃어버렸어요. 몇 가지 세부 사항들을 확인해 주시면 좋겠습니다.

Q8.

Q	Where is this event going to be held, and what time does it start?	행사가 어디에서 열리고, 몇 시에 시작하나요?
A	It will be held at Bristol Convention Center, and it will start at 9 A.M.	Bristol 컨벤션 센터에서 열리고, 오전 9시에 시작할 예정입니다.

Q9.

Q	I have an important phone call to make at 1:30 P.M. Can I do that?	제가 오후 1시 30분에 중요한 전화를 해야 하는데요, 그래도 되나요?
A	I think so. There will be a lunch break from noon to 2 P.M., so you can make a phone call then.	될 것 같습니다. 정오부터 오후 2시까지 점심시간이니 그때 전화하실 수 있어요.

Q10.

Q	I heard Pete Cutler, a famous sports coach, will be there. Can you give me all the details about the sessions he will be leading?	유명한 운동 코치인 Pete Cutler가 거기에 온다고 들었습니다. 그가 진행할 세션에 대한 세부 사항을 모두 알려 주실 수 있나요?
A	First, he will lead a workshop on private water coaching from 2 to 3 P.M. Then, he will give a presentation on programs for restoring muscles from 4 to 5 P.M.	우선, 그는 수중 개인 코칭에 관한 워크숍을 오후 2시부터 3시까지 진행합니다. 그리고 나서, 오후 4시부터 5시까지 근육 회복 프로그램에 관해 발표할 예정입니다.

2

Sunflower 호텔 식당		
상호	메뉴	가격
The Sunflower Grill	해산물 구이 / 쇠고기 구이	15–20달러
Vatos	멕시코 음식 (키즈 스페셜 포함)	30–35달러 (호텔 투숙객 10% 할인)
Santorini	그리스 음식과 무료 와인 (임시 내부 수리 중)	20–30달러
Zelen	피자와 파스타 포함 이탈리아 뷔페 (어린이 해피밀 포함)	30달러

어휘 temporarily 임시로, 잠정적으로 under renovation 수리 중인, 보수 중인

Hi, I'm Justine Heatherway staying in Room 1517. My family and I want to go to one of your restaurants for dinner, so I'd like to get some information.

안녕하세요, 저는 1517호에 투숙 중인 Justine Heatherway라고 합니다. 저와 제 가족이 호텔 식당 중 한 곳에 저녁을 먹으러 가고 싶어서요, 정보를 좀 얻고 싶습니다.

Q8.

Q	What is the cheapest restaurant?	가격이 가장 저렴한 식당은 어디인가요?
A	The cheapest restaurant is The Sunflower Grill. It serves grilled seafood and beef, and the prices range from 15 to 20 dollars.	가장 저렴한 식당은 The Sunflower Grill이에요. 해산물 구이와 쇠고기 구이를 판매하며, 가격은 15달러에서 20달러 사이입니다.

Q9.

Q	I heard that your Greek restaurant has recently re-opened. Is that correct?	그리스 음식점이 최근에 다시 문을 열었다고 들었습니다. 맞나요?
A	Actually, no. The Greek restaurant, Santorini, is still under renovation.	사실 그렇지 않아요. 그리스 음식점인 산토리니는 아직도 수리 중입니다.

Q10.

Q	I have two children. Can you give me all the information about the restaurants that offer kids' meals?	아이가 둘이에요. 어린이 식사를 제공하는 식당들에 대한 정보를 모두 말해주시겠어요?
A	Sure. There are two restaurants that offer kids' meals. One is Vatos, which serves Mexican food and offers "Kids Special". The prices range from 30 to 35 dollars, and you can get a 10% discount. The other is Zelen, and it features Italian Buffet with pizza and pasta as well as "Happy Meals" for kids. You would need to pay 30 dollars per person.	물론이죠. 어린이들을 위한 식사를 제공하는 음식점은 두 군데예요. 하나는 멕시코 음식을 판매하며 "키즈 스페셜"을 제공하는 Vatos입니다. 가격은 30달러에서 35달러까지인데, 10% 할인을 받을 수 있어요. 다른 하나는 Zelen인데, 어린이를 위한 해피밀과 피자 및 파스타가 있는 이탈리안 뷔페를 선보입니다. 1인당 30달러를 지불해야 할 거예요.

PART 4 유형 공략하기

PRACTICE 본책 _ P.117

Victoria Hing 씨의 일정표	
오전 9시 30분 – 11시	부장들과의 전화 회의
오전 11시 – 11시 30분	영업 수익 이사진 보고
정오 – 오후 1시	신입 사원들과 점심
오후 1시 30분 – 2시 30분	관리 상담 (2 회의실)
오후 2시 30분 – 3시 30분	신입 사원 발표 참석
오후 3시 30분 – 4시 30분	아시아 출장에 관한 발표

어휘 conference call 전화 회의 revenue 수입, 수익

🔊 *Hi, it's Victoria. I'm having trouble accessing my schedule for tomorrow, so I'm hoping you can confirm a few details for me.*

안녕하세요, Victoria입니다. 내일 일정표를 찾는 데 문제가 좀 있어서, 당신이 몇 가지 세부 사항을 확인해 주었으면 해요.

Q8.

Q	What is my first activity in the morning, and what time does it start?	오전에 처음 해야 하는 일정은 무엇이며, 몇 시에 시작하나요?
A	Your first activity is a conference call with managers, and it starts at 9:30 A.M.	첫 번째 일정은 부장들과의 전화 회의이며, 오전 9시 30분에 시작합니다.

Q9.

Q	As far as I remember, I'm supposed to give a presentation to board members in the afternoon. Am I right?	제가 기억하기로는, 오후에 이사진을 대상으로 발표하기로 되어 있는데요. 맞나요?
A	Actually, no. You're supposed to give a presentation to board members from 11 to 11:30 in the morning.	사실은 그렇지 않아요. 오전 11시부터 11시 30분까지 발표하시기로 되어 있습니다.

Q10.

Q	I know I will spend some time with new employees tomorrow. Can you give me all the details of any activities with new employees?	내일 신입 사원들과 시간을 보낼 거라고 알고 있어요. 신입 사원들과 함께하는 활동에 대한 세부 사항을 모두 알려 줄래요?
A	Yes. First, you will have lunch with new employees from noon to 1 P.M. Also, you will attend their presentations from 2 to 3:30 P.M.	네. 우선 정오부터 오후 1시까지 신입 사원들과 점심 식사가 있어요. 또한, 오후 2시부터 3시 30분까지 그들의 발표에 참석하실 거예요.

PRACTICE 본책 _ P.119

William Smith의 보스턴 출장 일정표

출발 및 도착	
4월 21일	오전 8시 30분 Denver 출발, United 항공, 항공편 918 오후 12시 50분 Boston 도착 (렌터카 예약 완료)
4월 24일	오전 9시 15분 Boston 출발, United 항공, 항공편 733 오후 1시 40분 Denver 도착
세미나 일정	
4월 22일	오전 11시–오후 12시 직무 평가
4월 23일	오전 9시–11시 사무실 내 신기술
호텔 정보	
Boston Plaza Hotel, Washington 가 1025번지 3박, 조식 포함	

Hi, this is William Smith. I am calling to ask you about my upcoming trip to Boston. Could you check my itinerary and answer some of my questions?

안녕하세요. William Smith입니다. 다가오는 Boston 출장에 관해 문의하려고 전화했습니다. 제 일정표를 확인한 후 질문 몇 가지에 답해 주시겠어요?

Q8.

Q	Which airline will I fly with when leaving for Boston, and what time will I arrive?	Boston에 갈 때 어느 항공사를 이용하나요? 그리고 몇 시에 도착하나요?
A	You will fly with United Airlines and arrive in Boston at 12:50 P.M.	United 항공을 이용하실 거고, Boston에 오후 12시 50분에 도착하실 예정입니다.

Q9.

Q	I want to do some sightseeing in Boston on April 24th before I leave. Would it be possible?	4월 24일에 떠나기 전에 Boston 관광을 하고 싶은데요, 가능할까요?
A	I'm afraid not. You are supposed to depart Boston at 9:15 A.M., so you won't have time for sightseeing.	유감스럽지만 불가능할 것 같습니다. 4월 24일 오전 9시 15분에 Boston을 떠나기로 되어있으셔서 관광할 시간이 없으실 거예요.

Q10.

Q	Can you give me all the details about the seminars I will attend in Boston?	Boston에서 제가 참석할 세미나 관련 세부 사항을 모두 알려줄래요?
A	Sure. You will attend two seminars. First, there will be a seminar on performance evaluations from 11 A.M. to 12 P.M. on April 22nd. Second, you will attend another seminar on new technology in the office from 9 to 11 A.M. on April 23rd.	네, 두 개의 세미나에 참석하실 겁니다. 우선, 직무 평가에 대한 세미나가 4월 22일 오전 11시부터 오후 12시까지 있습니다. 또한, 4월 23일 오전 9시부터 11시까지 사무실 내 신기술에 관한 세미나에 참석하실 겁니다.

하계 프로그램
Harris Park 주민 센터, Blue Parkway 110번지, New Orleans
8월 1일-31일
비용: 수업당 70달러

수업	요일	시간
기타 (초보자)	매주 월요일	오전 9시-11시
만화책 일러스트 (교재 제공)	매주 화요일	오후 6시 30분-8시 30분
라인 댄스	매주 화요일	오후 3시-5시
프랑스어 (고급)	매주 수요일	오후 4시 30분-6시
수영	매주 금요일	오후 7시-9시

🔊 *Hi, I'm interested in taking a few classes at the community center this summer. I don't have any information about the classes, so I'm hoping you can answer some of my questions.*

안녕하세요. 이번 여름에 주민 센터에서 수업을 몇 개 듣고 싶은데요. 저한테 수업 관련 정보가 없어서요. 제 질문 몇 가지에 답해주셨으면 합니다.

Q8.

Q	What is the address of the community center, and when does the summer program start?	주민 센터 주소는 무엇이며, 하계 프로그램은 언제 시작합니까?
A	Harris Park Community Center is located at 110 Blue Parkway, and the summer program starts on August 1st.	Harris Park 주민 센터는 Blue Parkway 110번지에 위치해 있으며, 하계 프로그램은 8월 1일에 시작합니다.

Q9.

Q	I heard the price to take a class is 50 dollars. Is that right?	수업 하나에 50달러라고 들었습니다. 맞나요?
A	I'm afraid not. It is 70 dollars per class.	아닙니다. 수업당 70달러입니다.

Q10.

Q	I work until 6 P.M. on weekdays. Can you tell me all the details about the classes that begin after 6 P.M?	제가 주중에는 오후 6시까지 근무합니다. 6시 이후에 시작하는 수업에 관한 세부 사항을 모두 말씀해 주시겠어요?
A	Sure. There are two classes that begin after 6 P.M. One is Comic Book Illustrations, which is held from 6:30 to 8:30 P.M. every Tuesday. The textbook will be provided. The other one is Swimming, and it is held from 7 to 9 P.M. on Fridays.	물론이죠. 오후 6시 이후에 시작하는 수업은 두 개입니다. 하나는 매주 화요일 오후 6시 30분부터 8시 30분까지 하는 만화책 일러스트예요. 교재는 제공될 겁니다. 다른 하나는 수영인데, 매주 금요일 오후 7시부터 9시까지 진행됩니다.

PRACTICE 본책 _ P.123

구직 신청서	
이름: James Ramos	연락처: 555-3434, james23@world.com

희망 직책	영업 부장
희망 급여(연봉)	5만 달러
경력	영업부 차장, Hudson 무역회사, 2013-현재 영업 사원, HACP 사, 2008-2012
교육	마케팅 학사, Paterson 대학, 2008
기술 및 활동	인턴십 프로그램, 프랑스 River Plaza 호텔, 2006-2007 프랑스어에 능통

Hi, this is Shawn. I have an interview with James Ramos this afternoon but I misplaced his résumé. I was hoping you could help me.

안녕하세요, Shawn입니다. 오늘 오후에 James Ramos 씨와 인터뷰를 하는데, 그의 이력서를 어딘가에 두고 찾을 수가 없습니다. 저를 좀 도와주시면 좋겠어요.

Q8.

Q	What position is he applying for, and how much does he want to get paid?	그가 지원하는 직책은 무엇이며, 어느 정도의 급여를 받고 싶어합니까?
A	He is applying for a sales manager position, and he wants to get paid 50 thousand dollars a year.	그는 영업 부장직을 지원하고 있고, 연봉 5만 달러를 희망하고 있습니다.

Q9.

Q	We're looking for someone who has international experience and is good at languages other than English for our new project. Is he qualified for that?	새 프로젝트를 위해 해외 경험이 있고 영어 이외에 다른 언어도 잘하는 사람을 찾고 있어요. 그가 적합할까요?
A	Yes, I think so. He took part in an internship program at River Plaza Hotel in France from 2006 to 2007, and he is fluent in French.	네, 그렇게 생각합니다. 그는 2006년부터 2007년까지 프랑스 River Plaza 호텔에서 인턴십 프로그램에 참여했고, 프랑스어를 유창하게 합니다.

Q10.

Q	Could you give me more detailed information on his work experience?	그의 경력에 관해 더 자세히 말씀해 주시겠어요?
A	He has worked at two different companies so far. First, he worked at HACP Corporation as a sales representative from 2008 to 2012. And then, he has been working at the Hudson Trade as an assistant sales manager since 2013.	그는 지금까지 두 회사에서 근무했습니다. 먼저, 2008년부터 2012년까지 HACP 사에서 영업 사원으로 일했습니다. 그리고 나서 2013년부터 Hudson 무역회사에서 영업부 차장으로 근무해 오고 있습니다.

PRACTICE 본책 _ P.125

Cassell 피트니스 센터
직원 면접
11월 5일 오전 10시-오후 1시 30분
장소: A번 방

시간	지원자	직책	비고
오전 10시	Tom McCarthy	고객 응대 직원	관련 경력 무
오전 10시 30분	Janet Healy	스피닝 강사	
오전 11시	Dana Carvey	개인 트레이너	스포츠 과학 전공
오전 11시 30분	Tiffany Haddish	프로그램 보조	
오후 12시-1시		점심 시간	
오후 1시	Bill Nighy	개인 트레이너	주말에만 근무 가능

 Hi, I'll be interviewing some applicants for open positions at the fitness center. But I think I've lost the interview schedule. Can you confirm a few details for me?

안녕하세요. 제가 피트니스 센터 공석에 지원한 사람들을 면접할 예정입니다. 그런데 면접 일정표를 잃어버린 것 같아요. 몇 가지 확인해 주시겠어요?

Q8.

Q	Where will the interviews be held, and what time does the first one start?
A	The interviews will be held in Room A and the first one will start at 10 A.M.

| 면접은 어디서 진행되며, 첫 번째 면접은 몇 시에 시작됩니까? |
| 면접은 A번 방에서 진행되고, 첫 번째 면접은 오전 10시에 시작될 것입니다. |

Q9.

Q	We are interviewing two people for a spinning instructor position, right?
A	Actually, no. There is one interview for a spinning instructor position. It's with Janet Healy at 10:30 A.M.

| 스피닝 강사직에 두 명을 면접하죠, 그렇죠? |
| 실은 아닙니다. 스피닝 강사 면접은 한 건입니다. 10시 30분에 있을 자넷 힐리와의 면접입니다. |

Q10.

Q	As far as I know, we are going to interview some applicants for a personal trainer position. Could you give me all the details about those interviews?
A	Sure. There are two interviews for the personal trainer position. First, we will have an interview with Dana Carvey at 11 A.M. She studied Sports Science. Second, we will interview Bill Nighy at 1 P.M. According to his résumé, he can work only on weekends.

| 개인 트레이너 지원자 몇 명을 면접할 예정으로 알고 있습니다. 그 면접들에 대해 자세히 말해 주겠습니까? |
| 네, 개인 트레이너 자리에 면접이 두 건 잡혀 있습니다. 우선, 11시에 Dana Carvey를 면접할 예정입니다. 그녀는 스포츠 과학을 전공했습니다. 두 번째로, 오후 1시에 Bill Nighy를 면접할 것입니다. 그의 이력서에 따르면, 주말에만 근무할 수 있다고 합니다. |

PRACTICE   본책 _ P.127

Olivia의 꽃집

Bryant 가 415번지 San Francisco, CA 94102

영업 시간: 매일 오전 11시 – 오후 7시

주문번호: 2019110205   주문자: Jason Elum

품목	수량	가격
해바라기	12	70달러
노란 장미	10	30달러
데이지	15	37.5달러
총계: 137.5달러		

결제: ( ) 선불   (✓) 픽업 시 현장 결제

Olivia의 꽃집에서 구매해 주셔서 감사합니다!

🔊 *Hello, this is Justine Kim. My boss, Jason Blum, ordered flowers for our event and asked me to pick them up this afternoon. But I've misplaced the invoice, so I was hoping you could answer some of my questions.*

안녕하세요. 저는 Justine Kim입니다. 제 상사인 Jason Blum 씨가 행사를 위해 꽃을 주문하셨고, 제게 오늘 오후에 찾아오라고 하셨어요. 그런데 제가 송장을 잃어버렸어요. 제 질문 몇 가지에 답변해 주시면 좋겠습니다.

Q8.

Q	Where is your flower shop, and what time do you open?	꽃집은 어디이며, 몇 시에 영업을 시작하나요?
A	We are at 415 Bryant Street and we open at 11 A.M. every day.	저희는 Bryant 가 415번지에 있고, 매일 오전 11시에 영업을 시작합니다.

Q9.

Q	I think my boss said he already made a payment. Is that right?	제 상사가 이미 결제했다고 말씀하신 거 같은데요. 맞나요?
A	I'm afraid not. You're supposed to make a payment upon pickup.	아닙니다. 찾아가면서 결제하기로 되어 있어요.

Q10.

Q	I don't know how many flowers he ordered. Can you tell me all the details of his order?	그가 꽃을 몇 송이 주문했는지 모릅니다. 주문 관련 세부 사항을 모두 말씀해 주시겠어요?
A	Sure. He ordered a dozen sunflowers for 70 dollars. Also, he ordered 10 yellow roses and 15 daisies, and they are 30 dollars and 37 dollars and 50 cents, respectively. You need to pay 137 dollars and 50 cents in total.	물론이죠. 그는 해바라기 12송이를 70달러에 주문했습니다. 또 노란 장미 10송이와 데이지 15송이를 주문했는데요, 각각 30달러와 37달러 50센트입니다. 총 137달러 50센트를 지불하셔야 합니다.

1

광고 아카데미
소기업 광고 세미나
5월 8일 토요일

오전 9:00	기업 이미지 정하기
오전 9:45	시장 규모 정하기
오전 10:45	광고 유형
오후 12:00	점심 (학원에서 걸어갈 수 있는 거리에 있는 식당들)
오후 1:00~4:00	워크숍 (관심 분야 선택) • 소매 상품 • 도매 상품 • 서비스

비용: 1인당 50달러 (단체 할인 가능)   등록 시 전화 555-4200

 Hi. I'm majoring in business at Carter College, and I thought your small business seminar would be really interesting to go to. So I'd like to get some information.

안녕하세요. 저는 Carter 대학에서 비즈니스를 전공하고 있는데, 이번 소기업 세미나가 정말 흥미로워 보입니다. 그래서 관련 정보를 좀 얻었으면 합니다.

Q8.

Q	Could you tell me how much it costs to attend?	참석 비용이 얼마인지 말씀해 주실 수 있습니까?
A	Sure. The price to attend is 50 dollars per person, and there are also group rates available.	물론입니다. 1인당 참석비는 50달러이고, 단체 할인도 가능합니다.

Q9.

Q	For a big seminar like this, I guess you have ten or twelve workshops to choose from, right?	이번처럼 큰 세미나라면, 선택할 만한 워크숍이 10~12가지 정도 있을 것 같습니다. 맞나요?
A	Actually, there are only three workshops to choose from: Retail Goods, Wholesale Products, and Services. You can choose one to attend from 1 to 4 P.M.	실은, 선택하실 수 있는 워크숍은 3개뿐입니다. 소매 상품과 도매 상품, 그리고 서비스입니다. 오후 1시부터 4시 사이에 참석할 워크숍 하나를 선택하실 수 있어요.

Q10.

Q	Could you please tell me what topics are going to be discussed in the morning?	오전에는 어떤 주제들이 논의되는지 말씀해 주시겠어요?
A	Certainly. At 9 A.M., there's a session on Defining Your Business Image, followed by Defining the Size of Your Market. Finally, at 10:45 A.M., there's a session about Types of Advertising, which ends at noon.	물론이지요. 오전 9시에 기업 이미지 정하기에 관한 세션이 있고, 시장 규모 정하기가 이어집니다. 마지막으로 10시 45분에 광고 유형에 관한 세션이 있고, 12시에 끝납니다.

2

> **Briggs 박사의 여행 일정표**
> 5월 29일–6월 2일
>
> | | |
> |---|---|
> | Paradise 항공 370 | Denver 출발 5월 29일 오후 8:30
Seattle 도착 5월 29일 오후 11:20 |
> | Q-trak 열차 | Seattle King 기차역 출발 5월 30일 오전 7:30
Portland Union 기차역 도착 5월 30일 오전 11:20 |
> | Q-trak 열차 | Portland Union 기차역 출발 6월 1일 오후 4:40
Seattle King 기차역 도착 6월 1일 오후 8:10 |
> | Paradise 항공 450 | Seattle 출발 6월 2일 오후 3:45
Denver 도착 6월 2일 오후 6:40 |
>
> 호텔: Seashore Inn, 5월 29일
>
> Portland Palace Hotel, 5월 30일–6월 1일
>
> 체크인: 오후 2시   체크아웃: 오후 12시
>
> 12시 이후 체크아웃 시 추가 비용: 10달러

🔊 *Hi, this is Mike Teeter from Edison Hospital. I need to confirm Dr. Briggs' itinerary for his coming trip to Seattle and Portland.*

안녕하세요. Edison 병원의 Mike Teeter입니다. Briggs 박사님의 이번 Seattle과 Portland 여행 일정을 확인하고 싶습니다.

Q8.

Q	When is Dr. Briggs scheduled to arrive in Seattle?	박사님이 언제 Seattle에 도착하시기로 되어 있습니까?
A	He will arrive in Seattle at 11:20 P.M. on May 29th.	5월 29일 오후 11시 20분에 Seattle에 도착하실 겁니다.

Q9.

Q	I heard we need to arrange for a car to take him to Portland from Seattle. Is that right?	박사님을 Seattle에서 Portland로 모시려면 차량을 준비해야 한다고 들었습니다. 맞나요?
A	Actually, no. He will take the Q-trak train from Seattle King Station to Portland Union Station.	사실은 그렇지 않아요. 박사님은 Seattle King 역에서 Portland Union 역까지 Q-trak 열차를 타고 가실 것입니다.

Q10.

Q	I know he will stay at Seashore Inn in Seattle, but I forgot where he will stay in Portland. Can you give me all the details about his stay in Portland?	박사님이 Seattle의 Seashore Inn에서 머무실 거라는 것은 알고 있지만, Portland에서는 어디에서 머무실 예정인지 잊었습니다. Portland 숙박 관련 세부 사항을 모두 알려주시겠습니까?
A	Sure. He will stay at the Portland Palace Hotel from May 30th to June 1st. He can check in after 2 P.M. and should check out by 12 P.M. There is a 10-dollar charge for late check-out.	물론이죠. 박사님은 5월 30일부터 6월 1일까지 Portland Palace 호텔에 머무실 것입니다. 오후 2시 이후에 체크인할 수 있고, 12시까지 체크아웃 하셔야 해요. 체크아웃이 늦어질 경우 10달러가 부과됩니다.

3

Power Gym: 체력 단련 수업
7월 일정
비용: 수업당 20달러

수업	요일	시간	강사
에어로빅	매주 월요일	오후 12:00 – 1:00	Barbara Berners
사이클	매주 화요일	오후 5:00 – 6:00	Rory McLaren
요가	매주 수요일	오후 12:00 – 1:00	Chris Stark
필라테스	매주 목요일	오후 2:00 – 3:00	Scott Mills
써킷	매주 금요일	오후 6:00 – 7:00	Philip Taylor

*추가 정보를 원하시면 저희 웹사이트(www.powergym.com)를 방문해 주세요.

Hi, I'm interested in taking some fitness classes at your gym in July, and I'm hoping you can give me some information.

안녕하세요, 그 체육관에서 7월에 체력 단련 수업을 듣고 싶은데요, 정보를 좀 주셨으면 합니다.

Q8.

Q	How much **does it cost** to take a class?	수업 하나 듣는 데 수강료가 얼마인가요?
A	It is 20 dollars per class.	20달러입니다.

Q9.

Q	I heard that there are some classes **on Saturdays. Is that right?**	토요일마다 진행되는 수업이 몇 개 있다고 들었는데요, 맞나요?
A	I think you have the wrong information. All of our classes are held on weekdays.	잘못 알고 계신 것 같아요. 모든 수업은 주중에 진행됩니다.

Q10.

Q	I'm thinking of taking a class during my lunch break. Can you give me all the information about the classes held between 12 and 1:30 P.M.?	저는 점심 시간에 수업을 들 생각이에요. 12시에서 1시 30분 사이에 진행되는 수업에 대한 정보를 모두 알려주시겠어요?
A	Certainly. There are two classes held between 12 and 1:30 P.M. First, Aerobics will be conducted by Barbara Berners on Mondays from 12 to 1 P.M. Second, yoga classes will be taught by Chris Stark on Wednesdays from 12 to 1 P.M.	물론입니다. 오후 12시에서 1시 30분 사이에 진행되는 수업이 두 개 있어요. 먼저 에어로빅은 월요일 12시부터 오후 1시까지 Barbara Berners가 진행하고요. 두 번째로, 요가 수업은 Chris Stark가 수요일 12시부터 오후 1시까지 가르칩니다.

4

Steve Bentley
New York 시 Charles River 가 510번지
이메일: S.bentley@bu.edu.com
전화: 456-244-5141

희망 직책: Noir 호텔의 부주방장

학력: 조리학 학사 학위, Boston 대학교 (2013)
서비스 경영학 준학사 학위, Boston 지역 전문대학 (2009)

경력: 조리사, Gresham 호텔, New York (2016-현재)
수습생, Grill King 레스토랑, Boston (2013-2015)

기타 자격: 제과 제빵 자격증

추천서: 요청 시 제출

🔊 *Hi, I'm going to interview Steve Bentley for the sous chef position in half an hour, but I've misplaced his résumé. I was hoping you could help me.*

안녕하세요. 제가 30분 후에 부주방장 자리에 지원한 Steve Bentley 씨를 면접할 예정인데, 그의 이력서를 잃어버렸습니다. 저를 좀 도와주셨으면 해요.

Q8.

Q	When **did he receive his bachelor's degree, and** where **did he earn it?**	그는 언제 학사 학위를 받았고, 그 학위를 어디서 취득했습니까?
A	He received his bachelor's degree from Boston University in 2013.	그는 2013년 Boston 대학교에서 학사 학위를 받았습니다.

Q9.

Q	We hold a dessert festival every year, so we're looking for someone who can bake as well. Is there any indication on Mr. Bentley's résumé that he has baking skills?	우리는 매년 디저트 축제를 개최하기 때문에 베이킹도 할 수 있는 사람을 구하고 있어요. Bentley 씨의 이력서에 제과 제빵 기술이 있다는 내용이 있나요?
A	Yes. According to his résumé, he has a certification in baking and pastry.	네. 이력서에 따르면 그는 제과 제빵 자격증을 보유하고 있다고 합니다.

Q10.

Q	Can you please give me all the details about his employment?	그의 경력 관련 세부 사항을 모두 알려주실 수 있을까요?
A	Sure. From 2013 to 2015, he worked as an apprentice at Grill King Restaurant in Boston. And since 2016, he's been working as a line chef at Hotel Gresham in New York.	그럼요. 2013년부터 2015년까지 그는 Boston에 있는 Grill King 레스토랑에서 수습생으로 일했습니다. 그리고 2016년부터 New York의 Gresham 호텔에서 조리사로 근무해 오고 있습니다.

5

<table>
<tr><td colspan="4" align="center">Alpha 출판사
면접 일정
11월 25일 월요일, B 회의실</td></tr>
<tr><td>시간</td><td>이름</td><td>부서</td><td>경력</td></tr>
<tr><td>오전 10시</td><td>Daniel Anderson</td><td>영업</td><td>4년</td></tr>
<tr><td>오전 11시</td><td>Gabriel Devlin</td><td>편집</td><td>2년</td></tr>
<tr><td>오후 12시</td><td>~~Neil Wright~~</td><td>~~편집~~</td><td>~~3년~~ 취소</td></tr>
<tr><td colspan="4" align="center">점심</td></tr>
<tr><td>오후 2시</td><td>Liam Moore</td><td>마케팅</td><td>6년</td></tr>
<tr><td>오후 3시</td><td>Emily Lewis</td><td>법무</td><td>6년</td></tr>
</table>

 Hello, I'm going to interview the applicants in an hour, but I lost the interview schedule. I was hoping you could help me.

안녕하세요, 제가 1시간 후에 지원자들을 면접하려고 하는데요, 면접 일정표를 잃어버렸어요. 저를 좀 도와주셨으면 합니다.

Q8.

Q Where will the interviews be held, and who is the first interviewee?	면접은 어디서 진행되며, 첫 면접 대상자는 누구입니까?
A The interviews will be held in Conference Room B, and the first interviewee is Daniel Anderson.	면접은 B 회의실에서 진행될 예정이며, 첫 면접 대상자는 Daniel Anderson입니다.

Q9.

Q As far as I remember, we have two applicants for the editorial department. Is that right?	제가 기억하기로는 편집부에 2명이 지원했던 것 같습니다. 맞나요?
A Let me see. Originally, there were two applicants for the editorial department—Gabriel Devlin and Neil Wright. But the interview with Neil Wright has been canceled, so now we have one applicant.	어디 봅시다. 원래 편집부에는 Gariel Devlin과 Neil Wright라는 2명의 지원자가 있었습니다. 하지만 Neil Wright와의 면접이 취소되어서 이제 1명이 되었네요.

Q10.

Q I think we should hire experienced staff. Can you give me all the details about the interviews with applicants who have more than 5 years of experience?	경험이 많은 직원을 채용해야 할 것 같은데요. 경력이 5년 이상인 지원자의 면접 관련 사항을 모두 알려주시겠습니까?
A Sure. First, there will be an interview with Liam Moore at 2 P.M. He is applying for a position in marketing. After that, you will interview Emily Lewis, who is applying to work in the legal department. They both have 6 years of experience.	물론이죠. 먼저 오후 2시에 Liam Moore와의 면접이 있을 겁니다. 그는 마케팅 부서에 지원했어요. 이 다음에는 법무팀에 지원한 Emily Lewis를 면접하게 됩니다. 그들 모두 6년의 경력이 있습니다.

6

Ride-on Vehicles
렌터카 예약

이름	Peter Wesley
차량	대형 세단
비용	하루에 30달러 X 7일 = 210달러
인수	7월 26일 월요일 오전 10시, Ride-on Vehicles, Cleveland 국제 공항
반납	8월 1일 목요일 오후 3시, Ride-on Vehicles, Dayton 국제 공항

유의사항: 예약 변경 시 추가 비용(15달러)이 발생할 수 있습니다.
(인수/반납 날짜나 장소 변경 포함)

Hello, this is Ashley Jenkins. My colleague, Peter Wesley, asked me to pick up a rental car he booked for our client, but I've lost the confirmation form. I was hoping you could answer some of my questions.

안녕하세요, 저는 Ashley Jenkins입니다. 제 동료인 Peter Wesley가 저희 고객을 위해 예약한 렌터카를 인수해 달라고 부탁했는데요, 제가 예약 확인증을 잃어버렸습니다. 제 질문 몇 가지에 답변해 주시면 좋겠습니다.

Q8.

Q	What type of vehicle did he book?	그가 어떤 종류의 차량을 예약했나요?
A	He booked a full-size sedan.	그는 대형 세단을 예약했습니다.

Q9.

Q	I heard that if we make a change to the reservation, we have to pay 10 dollars. Is that correct?	예약을 변경하면 10달러를 지불해야 한다고 들었습니다. 맞습니까?
A	Actually, no. You have to pay 15 dollars for any changes to the reservation.	사실 아닙니다. 예약 변경 시에는 15달러를 지불하셔야 합니다.

Q10.

Q	I can't remember what time to pick up and drop off the car. Can you give me all the details about the pick-up and drop-off?	몇 시에 차를 인수하고 반납해야 하는지 기억이 나지 않습니다. 세부 사항을 알려주시겠어요?
A	Certainly. You're supposed to pick up the car on July 26th at 10 A.M. at Cleveland International Airport, and return it on August 1st at 3 P.M. at Dayton International Airport.	물론이죠. Cleveland 국제 공항에서 7월 26일 오전 10시 차를 인수하기로 되어 있고, Dayton 국제 공항에서 8월 1일 오후 3시에 반납하기로 되어 있습니다.

PART 4 ACTUAL TEST 본책 _ P.134

1

> ### 신입 사원을 위한 사내 견학
> #### 3월 19일 금요일, Bridgtech 사
>
> | | |
> |---|---|
> | 오전 8:45 | 회사 정문 로비에서 모임 |
>
> **보안과**
> | | |
> |---|---|
> | 오전 9:00 | 직원 신분증 배지 만들기 |
> | 오전 9:15 | 주차장을 이용한 시설 출입 |
>
> **시설과**
> | | |
> |---|---|
> | 오전 9:45 | 회사 연혁과 미래 목표에 관한 동영상 |
>
> **정보 통신 기술과**
> | | |
> |---|---|
> | 오전 10:30 | 회사 컴퓨터, 프린터, 팩스기 사용 |
>
> **보건 안전과**
> | | |
> |---|---|
> | 오전 11:30 | 의무실 견학 |

어휘 nursing station 의무실

🔊 *Hi, this is Richard Myers, and I'm new here. I'll be attending Friday's tour, but I think I have an old copy of the schedule. Could you check a few things for me?*

안녕하세요. 신입 사원 Richard Myers입니다. 금요일 견학에 참여하려고 하는데, 제가 예전 일정표를 갖고 있는 것 같습니다. 몇 가지 사항을 확인해 주시겠습니까?

Q8.

Q Can you tell me what time the tour starts and where we'll meet first?	견학이 몇 시에 시작되고 어디서 처음 모입니까?
A Yes, the tour will start at 8:45 A.M., and we'll meet in the front lobby of the building.	네, 견학은 오전 8시 45분에 시작하고, 건물 정문의 로비에서 만날 겁니다.

Q9.

Q My schedule says that the video will be shown at eleven o'clock. Is that still correct?	제 일정표에는 11시에 동영상이 상영된다고 쓰여 있는데, 맞나요?
A Actually, that has been changed. The video is going to start at 9:45 A.M. It is about the company's history and future goals.	실은 변경되었습니다. 동영상은 오전 9시 45분에 상영될 예정입니다. 회사 연혁과 미래 목표에 관한 내용입니다.

Q10.

Q	I know that a visit to the facilities department is always included in these tours. What other departments will we be visiting?	이런 종류의 견학에는 시설과 방문이 항상 포함되어 있는 것으로 알고 있습니다. 저희는 그 외에 어느 부서들을 견학하게 되나요?
A	First, we will visit the Security Department to make employee ID badges at 9 and learn about entering and leaving the facility at 9:15. After that, we will visit the Information Technology Department at 10:30 to learn how to use the company computers, printers and fax machines. Finally, we will go to the Health and Safety Department at 11:30 for a tour of the nursing station.	우선, 보안과를 방문해 9시에 직원 배지를 만들고 9시 15분에 시설 출입에 대해 배울 겁니다. 그리고 나서, 10시 30분에 정보 통신 기술과를 방문해 회사 컴퓨터, 프린터, 팩스기 사용법을 익힙니다. 마지막으로, 11시 30분에 보건 안전과에 가서 의무실을 견학할 예정입니다.

2

Marlton Valley 병원 기금 모금회
Clefton Riverside 호텔
5월 17일 (토) 오후 5시–9시 30분

오후 5시	환영사 (Donald Porter 병원장)
오후 5시 15분	보고: 병원 개선 방안 (Marian Cramer 부원장) a. 건물 확장 b. 새 의료장비 c. 추가로 고용된 직원
오후 6시	저녁 식사 (대연회장)
오후 7시 30분	경매: 어린이 미술 작품 (소아병동 아이들)

어휘 fund-raiser 모금 행사   state 상태, 현황   expansion 확장   additional 추가의   auction 경매   ward 병동

Good morning. This is Jason Friedman calling about the fund-raiser last week. I'm writing something up for the hospital newsletter and wanted to get some details.

안녕하세요. 저는 Jason Friedman이고, 지난주 기금 마련 행사에 관해 전화 드렸습니다. 병원 소식지에 넣을 기사를 작성하고 있는데, 세부 사항을 알고 싶습니다.

Q8.

Q	When was the event and where was it held?	행사는 언제였고, 어디서 열렸습니까?
A	The event was held on Saturday, May 17th, from 5 to 9:30 in the evening. It was at the Clefton Riverside Hotel.	행사는 5월 17일 토요일에 저녁 5시부터 9시 30분까지 개최됐습니다. 장소는 Clefton Riverside 호텔이었습니다.

Q9.

Q	Could you tell me about the special concert, given by children from the Children's Ward, at 7:30?	저녁 7시 30분에 있었던 소아병동 아이들의 특별 공연에 관해 말씀해 주시겠어요?
A	Actually, there was no concert. Instead, there was an auction of artwork by the children from the Children's Ward at that time.	실은. 공연이 없었습니다. 대신. 그 시간에 소아 병동 아이들이 만든 미술 작품 경매가 있었습니다.

Q10.

Q	What did Marian Cramer talk about?	Marian Cramer 씨는 무엇에 대해 말씀하셨나요?
A	The vice president, Marian Cramer, reported on the hospital's improvement plans. The report included information about building expansion, new equipment, and additional staff.	Marian Cramer 부원장님은 병원 개선 방안에 대해 보고하셨습니다. 그 보고에는 병원 확장과 새 의료장비, 추가로 고용된 직원에 관한 정보가 포함되었습니다.

PART 5 | Express an opinion

PART 5 기본 다지기

PRACTICE　본책 _ P.141

1　**First of all**, I would be able to get some practical experience before I graduate.
우선, 졸업 전에 실무 경험을 쌓을 수 있을 것입니다.

2　**However**, there are some disadvantages of doing these activities every day.
그러나, 매일 이런 활동을 하는 데에는 몇 가지 단점이 있습니다.

3　**In addition**, taking part in outdoor activities will keep you healthy.
게다가, 야외 활동에 참여하면 건강을 유지할 수 있습니다.

4　**It's because** my friends would give me their honest opinions.
왜냐하면 친구들은 저에게 솔직한 의견을 말해줄 것이기 때문입니다.

5　**For these reasons**, I think the best way for students to spend their vacation is traveling abroad.
이러한 이유들로, 학생들이 방학을 보내는 가장 좋은 방법은 해외 여행을 가는 거라고 생각합니다.

PRACTICE　본책 _ P.143

1　When I was a high school student, I used to take part in after-school activities.
제가 고등학생이었을 때, 방과 후 활동에 참여하곤 했었습니다.

2　I believe business leaders need to have strong interpersonal skills to be successful.
비즈니스 리더가 성공하려면 대인관계 능력이 뛰어나야 한다고 생각합니다.

3　Nowadays, people text or make video calls to keep in touch with their friends.
요즘 사람들은 문자를 보내거나 화상 통화를 하며 친구들과 연락합니다.

4　I always read reviews before I download a movie to my computer.
저는 컴퓨터에 영화를 다운로드받기 전에 항상 후기를 읽어 봅니다.

5　The law requires us to recycle plastic bottles and paper products.
법에 따라 플라스틱병과 종이 제품을 재활용해야 합니다.

PART 5 전략 이해하기

PRACTICE   본책 _ P.148

1

Which of the following is the most important skill for a manager to have? Problem-solving skills / Organizational skills / Communication skills Use specific reasons or examples to support your opinion.	다음 중에 관리자가 갖추어야 할 가장 중요한 능력은 무엇입니까? 문제 해결 능력 / 체계적 업무 능력 / 소통 능력 의견을 뒷받침할 수 있는 구체적인 이유나 예를 제시하세요.

ANSWER

의견 In my opinion, communication skills are the most important skills for a manger to have. 이유 1 First of all, good communication skills are necessary when giving feedback to employees on their performance. If the feedback provided by the manager is clear and constructive, employees will be able to perform better. 이유 2 Also, a manager with effective communication skills can make better decisions, because they will listen to employees' voice and take their comments on board. 결론 For these reasons, I think communication skills are the most important skills for a manger to have.	제 생각에, 관리자가 갖추어야 할 가장 중요한 능력은 소통 능력입니다. 우선 직원들에게 실적에 대한 피드백을 줄 때 좋은 소통 능력이 필요합니다. 관리자가 제공한 피드백이 명확하고 건설적이라면, 직원들은 더 좋은 성과를 낼 수 있을 것입니다. 또한, 효과적인 소통 능력을 가진 관리자는 직원들의 목소리를 듣고 그들의 의견을 반영할 것이므로, 더 나은 결정을 내릴 수 있습니다. 이러한 이유로, 저는 소통 능력이 관리자가 갖추어야 할 가장 중요한 능력이라고 생각합니다.

어휘 performance 실적, 성과 constructive 건설적인 effective 효과적인 take one's comments on board ~의 의견을 반영하다

2

Do you agree or disagree with the following statement? *Open-plan offices increase productivity.* Give reasons or examples to support your opinion.	다음 문장에 찬성합니까, 반대합니까? 개방형 사무실은 생산성을 높인다. 의견을 뒷받침할 수 있는 구체적인 이유나 예를 제시하세요.

ANSWER

의견 I agree that open-plan offices increase productivity. 이유 It's because employees can easily talk about work and collaborate with each other in such an environment. 예시 In my case, working in an open-plan office has been really beneficial. I can share ideas with my colleagues and ask them for help without even leaving my seat. This makes it easier to achieve our common goals. 결론 Therefore, I think open-plan offices improve productivity.	저는 개방형 사무실이 생산성을 높인다는 것에 찬성합니다. 그러한 환경에서는 직원들이 쉽게 업무에 대해 이야기하고 서로 협력할 수 있기 때문입니다. 제 경우에, 개방형 사무실에서 일하는 게 큰 도움이 되고 있습니다. 동료들과 의견을 공유할 수 있고, 제 자리를 벗어나지 않고도 도움을 요청할 수 있습니다. 이로써 공동의 목표를 더 쉽게 달성할 수 있습니다. 그러므로, 저는 개방형 사무실이 생산성을 향상시킨다고 생각합니다.

PART 5 유형 공략하기

PRACTICE 본책 _ P.151

What are some benefits of having a pet?	반려동물을 기르는 것의 이점은 무엇입니까?

ANSWER

의견 I think there are several benefits of having a pet. **장점1** First of all, pets make great companions, so you won't feel lonely if you have one. They will be always there to welcome you home and keep you company after a long day. **장점2** Secondly, raising a pet can help you be more responsible. If you have a pet, you get to learn how to take care of another living creature. This is especially good for children, because it can help them develop a sense of responsibility.	저는 반려동물을 기르는 것에 몇 가지 이점이 있다고 생각합니다. 우선, 반려동물은 좋은 친구가 되어 주기 때문에 함께 있으면 외로움을 느끼지 않을 것입니다. 항상 같은 자리에서 집에 돌아온 걸 환영해 주고 지친 하루 끝에 함께 있어줄 것입니다. 둘째로, 반려동물을 기르는 것은 더 책임감 있는 사람이 될 수 있게 해줍니다. 반려동물을 기른다면, 다른 생명체를 돌보는 법을 배우게 됩니다. 이것은 특히 아이들에게 좋습니다. 왜냐하면 아이들이 책임감을 기르는 데 도움을 주기 때문입니다.

어휘 living creature 생명체   especially 특히

PRACTICE 본책 _ P.153

Which is a better way for a university student to spend a long vacation: traveling abroad or doing an internship?	대학생들이 방학 동안에 여행을 가는 것과 인턴십을 하는 것 중 어느 것이 더 나을까요?

ANSWER

의견 I think it's better for a university student to do an internship. **이유1** First of all, internship programs help students choose the right career path. While they are taking part in the programs, they can find out what they want to do or what they are good at. **이유2** In addition, students can gain valuable work experience in the field they're interested in. This will be a great advantage when they apply for a job, because many companies prefer candidates with work experience.	저는 대학생이 인턴십을 하는 것이 더 낫다고 생각합니다. 우선, 인턴십 프로그램은 학생들이 자신에게 맞는 진로를 선택할 수 있도록 도와줍니다. 인턴십 프로그램에 참가하는 동안, 학생들은 어떤 일을 하고 싶은지, 혹은 무엇을 잘하는 지 알 수 있습니다. 게다가, 학생들은 관심 분야에서 유익한 실무 경험을 쌓을 수 있습니다. 이것은 구직 시 굉장히 유리하게 작용할 것입니다. 많은 기업들이 경력이 있는 지원자를 선호하기 때문입니다.

어휘 field 분야

PART 5

PRACTICE 본책 _ P.155

Should companies allow their employees to have a flexible work schedule?	회사는 직원에게 탄력 근무제를 허용해야 합니까?

ANSWER

의견 I think companies should allow their employees to have a flexible work schedule.	저는 회사가 직원에게 탄력 근무제를 허용해야 한다고 생각합니다.
이유 1 If employees have flexible working hours, they can choose to work during their most productive hours. So they will be able to work more efficiently and perform better.	근무시간이 유동적이라면, 직원들은 자신의 업무 능률이 가장 높은 시간에 근무할 수 있게 됩니다. 그래서 더 효율적으로 일하고 더 좋은 성과를 낼 수 있을 것입니다.
이유 2 Also, employees can achieve better work-life balance by changing their working hours to suit their schedule. They won't have to worry about missing out on family life. In the long run, this will increase their level of job satisfaction.	또한, 근무시간을 자신의 스케줄에 맞게 변경해 일과 삶의 균형을 더 잘 맞출 수 있습니다. 가정 생활을 놓치는 것에 대해서 걱정하지 않아도 될 것입니다. 장기적으로 볼 때, 이는 직원들의 직업 만족도를 높일 것입니다.

어휘 perform 수행하다, 성취하다 suit ~에 맞추다

PRACTICE 본책 _ P.157

Which of the following do you think is the best way to get news? Why? Using the Internet / Watching news on television / Reading a newspaper	다음 중 뉴스를 접하는 가장 좋은 방법은 무엇이라고 생각합니까? 그 이유는 무엇입니까? 인터넷 사용 / 텔레비전 보기 / 신문 읽기

ANSWER

의견 I think the best way to get news is by using the Internet.	저는 인터넷 사용이 뉴스를 접하는 가장 좋은 방법이라고 생각합니다.
이유 1 For one thing, it is the fastest and the most convenient way to learn about current affairs. I can read news articles on my mobile phone anywhere if there's an Internet connection.	왜냐하면, 시사를 접할 수 있는 가장 빠르고 편리한 방법이기 때문입니다. 인터넷 연결만 되면 어디에서나 휴대폰으로 기사를 읽을 수 있습니다.
이유 2 In addition, many people write comments on online articles, and these help me to see both sides of the story. I enjoy reading those comments because I can learn more about the story.	게다가, 많은 사람들이 온라인 기사에 댓글을 달아 제가 해당 기사의 양면을 파악할 수 있도록 해 줍니다. 그 기사에 대해 더 잘 알 수 있기 때문에 댓글을 읽는 것을 좋아합니다.

어휘 current affairs 시사

PRACTICE 본책 _ P.159

> If your country wanted to impose a penalty on people for not recycling, would you support that plan?
>
> 당신의 나라에서 재활용을 하지 않는 사람들을 처벌하고자 한다면, 그 방침을 지지하겠습니까?

ANSWER

의견 If my country wanted to impose a penalty on people for not recycling, I would support that plan.	우리나라에서 재활용하지 않는 사람들을 처벌하고자 한다면, 저는 그 방침을 지지하겠습니다.
이유 1 First of all, we should protect the environment, so recycling should be mandatory. Since pollution levels are getting higher these days, I think the government should take strong action to reduce pollution.	우선, 우리는 환경을 보호해야 하기 때문에 재활용은 의무화되어야 합니다. 요즘 오염도가 점점 높아지고 있기 때문에, 정부가 오염을 줄이기 위해 강력한 조치를 취해야 한다고 생각합니다.
이유 2 Also, if there were penalties such as fines for not recycling, people would pay more attention.	또한, 재활용하지 않는 것에 대해 벌금과 같은 처벌이 있다면, 사람들이 더욱 주의할 것입니다.

어휘 impose a penalty 처벌하다   take action 조치를 취하다   fine 벌금

PART 5

1

Some people live in the same place all of their lives. Other people move frequently and live in many different places during their lives. Which do you think is better and why?	어떤 사람들은 평생을 한 곳에서 삽니다. 다른 사람들은 자주 이사하며 다양한 곳에서 삽니다. 어느 것이 더 낫다고 생각합니까? 그 이유는 무엇입니까?

ANSWER

의견 I think it's better to move frequently and live in different places throughout life.	저는 일생 동안 자주 이사하며 다양한 곳에서 사는 것이 좋다고 생각합니다.
이유 1 First of all, living in different parts of the world allows you to broaden your horizons. You can learn other languages, meet new people, and experience different cultures.	무엇보다도, 세계의 다양한 곳에서 살면 견문을 넓힐 수 있습니다. 다른 언어를 배울 수 있고, 새로운 사람들을 만나며, 다양한 문화를 경험할 수 있습니다.
이유 2 In addition, if you move around, you will learn to be more adaptable and flexible. Adjusting to new environments might take a lot of effort. But in the end, you will gain the ability to adapt to change, which is a great asset.	게다가, 자주 이사를 다니면 적응력과 유연함을 기르게 될 겁니다. 새로운 환경에 적응하려면 많은 노력이 필요할지도 모릅니다. 그러나 결국에는 변화에 적응할 수 있는 능력을 얻게 될 것이며, 이는 큰 장점이 될 겁니다.
결론 For these reasons, I believe it's better to move around and live in different places.	이런 이유들 때문에, 저는 이사를 자주 다니고 다양한 곳에서 사는 것이 더 좋다고 생각합니다.

어휘 frequently 자주 broaden one's horizons 견문을 넓히다 adaptable 적응할 수 있는 flexible 유연한 asset 장점, 자산

2

Should parents help their children choose a field of study? Why or why not? Give reasons and examples to support your opinion.	부모는 자녀가 전공 선택하는 것을 도와주어야 합니까? 그 이유는 무엇입니까? 의견을 뒷받침할 수 있는 구체적인 이유나 예를 제시하세요.

ANSWER

의견 Yes, I believe parents should help their children choose a field of study.	네, 저는 부모가 자녀의 전공 선택을 도와주어야 한다고 생각합니다.
이유 For one thing, parents usually know what their children are interested in and what they are good at. So they can help their children choose a field of study in which they are likely to succeed.	우선 부모는 대개 자녀가 무엇에 관심이 있고 무엇을 잘하는지 알고 있습니다. 그래서 자녀가 잘 할 것 같은 학문 분야를 선택하도록 도울 수 있습니다.

예시 When I was in high school, my parents knew that I enjoyed learning English. They advised me to study English language and literature at university, and I followed their advice. As they had predicted, I successfully completed the course.

결론 This is why I think parents should help their children to choose a field of study.

제가 고등학교에 다닐 때, 부모님께서는 제가 영어를 즐겨 배우는 것을 알고 계셨습니다. 그래서 제게 대학교에서 영문학을 공부하라고 조언해주셨고, 저는 그 조언을 따랐습니다. 저는 부모님께서 예상하셨던 대로 그 과정을 성공적으로 마쳤습니다.

그렇기 때문에 저는 부모가 자녀의 전공 선택을 도와주어야 한다고 생각합니다.

어휘 field of study 학문(전문) 분야 complete 마치다, 완성하다 predict 예상하다

3

Do you agree or disagree with the following statement?

In most jobs, people get more satisfaction from doing what they love than from receiving a high salary.

Use specific reasons and examples to support your answer.

다음 문장에 찬성합니까? 반대합니까?

대부분의 직장에서, 사람들은 급여를 많이 받는 것보다 자신이 좋아하는 일을 하는 것에서 더 만족감을 느낀다.

답변을 뒷받침할 수 있는 구체적인 이유와 예를 제시하세요.

ANSWER

의견 I agree that people get more satisfaction from doing what they love than from receiving a high salary.

이유 1 First of all, people spend several hours a day at work, so only if they do what they love, they can feel satisfied with their job. I think it's important to find work that makes you happy—not just work that gives you a lot of money.

이유 2 Also, if people don't like their work, they will feel miserable for a large part of their lives. Even if they get paid well, they will end up regretting living this kind of life.

결론 Therefore, I agree that people get more satisfaction from doing what they enjoy than from earning a high salary.

저는 사람들이 높은 봉급을 받는 것보다 그들이 좋아하는 일을 함으로써 더 많은 만족감을 얻는다는 것에 동의합니다.

우선, 사람들은 하루의 많은 시간을 직장에서 보내기 때문에, 자신이 좋아하는 일을 해야만 직업에서 만족감을 느낄 수 있습니다. 단순히 급여가 높은 일이 아니라, 자신을 행복하게 해주는 일을 찾는 것이 중요하다고 생각합니다.

또한, 자신의 일을 좋아하지 않으면, 삶의 긴 시간 동안 불행을 느낄 것입니다. 많은 급여를 받는다고 하더라도, 결국에는 그런 삶을 살았던 것을 후회할 겁니다.

그러므로, 저는 사람들이 높은 봉급을 받는 것보다 자신이 즐기는 일을 함으로써 더 많은 만족감을 얻는다는 것에 동의합니다.

어휘 satisfaction 만족(감) miserable 불행한 regret 후회하다

4

What are some advantages of using social media as a marketing tool?

Use specific reasons and examples to support your opinion.

소셜 미디어를 마케팅 수단으로 사용할 때의 장점은 무엇입니까?

의견을 뒷받침할 수 있는 구체적인 이유나 예를 제시하세요.

ANSWER

의견 There are several advantages of using social media as a marketing tool.

소셜 미디어를 마케팅 수단으로 사용하는 것에는 몇 가지 장점이 있습니다.

장점1 First of all, it is the most cost-effective method for marketing. You can create a business account for free on almost every social media platform. Even if you put up an ad, it will cost less than other marketing methods such as TV commercials.

우선, 이는 비용 대비 가장 효과적인 마케팅 방법입니다. 거의 모든 소셜 미디어 플랫폼에서 무료로 업체용 계정을 만들 수 있습니다. 광고를 게재하더라도 TV 광고와 같은 다른 마케팅 수단보다 비용이 적게 듭니다.

장점2 Second, you can easily raise the profile of your business on social media. If you write a post, it will reach your existing customers as well as potential customers.

둘째, 소셜 미디어에서 쉽게 사업체의 인지도를 높일 수 있습니다. 게시물을 작성하면 기존 고객뿐만 아니라 잠재 고객에게도 노출됩니다.

결론 So, I think it is a good idea to use social media for marketing.

그래서, 저는 소셜 미디어를 마케팅에 이용하는 것이 좋다고 생각합니다.

어휘 cost-effective 비용 대비 효과적인 account 계정 put up an ad 광고를 게재하다 commercial 광고 (방송) raise one's profile 인지도를 높이다 existing 기존의 potential 잠재적인

5

Do you think every business should have an environmental policy? Why or why not?

Use specific reasons and examples to support your opinion.

모든 기업이 환경 정책을 수립해야 한다고 생각합니까? 그 이유는 무엇입니까?

의견을 뒷받침할 수 있는 구체적인 이유나 예를 제시하세요.

ANSWER

의견 Yes, I think every business should have an environmental policy.

네, 저는 모든 기업들이 환경 정책을 수립해야 한다고 생각합니다.

이유 It's because every business has at least some impact on the environment.

왜냐하면 기업은 적어도 어느 정도는 환경에 영향을 미치기 때문입니다.

예시 For example, many of them produce greenhouse gases and harmful waste, which cause damage to the environment. There are still many companies that do not have eco-friendly policies. If they don't start going green, we will face serious environmental problems in the near future.

결론 Therefore, I believe every business should have an environmental policy.

예를 들어, 대부분의 기업들이 온실가스와 유해 폐기물을 생산해 환경을 훼손합니다. 아직도 친환경 정책이 없는 기업들이 많습니다. 만약 그들이 친환경적으로 변하지 않는다면, 우리는 가까운 미래에 심각한 환경 문제에 직면할 것입니다.

그러므로, 저는 모든 사업체들이 환경 정책을 수립해야 한다고 생각합니다.

어휘 impact 영향

6

What is the best way to get trained for a job? Choose ONE of the options provided below and give reasons or examples to support your opinion.
- By reading training manuals
- By watching training videos
- By taking a class taught by an instructor

실무 교육을 받는 가장 좋은 방법은 무엇입니까? 아래 주어진 보기 중 하나를 선택하고 자신의 의견을 뒷받침할 이유나 예를 제시하세요.
- 교육 매뉴얼 읽기
- 교육 동영상 보기
- 강사가 가르치는 수업 듣기

ANSWER

의견 In my opinion, the best way to get trained for a job is to take a class taught by an instructor.

이유 1 I have this opinion because I find it hard to concentrate on reading manuals or watching videos. I get easily distracted if there is no interaction with the instructor. So when I want to learn something, I always take a course with a teacher.

이유 2 In addition, if I have some questions about the lessons, I can always ask the instructor. This will ensure that I really understand what I'm studying.

결론 For these reasons, I think taking a class taught by an instructor is the best way to get trained for a job.

제 생각에, 실무 교육을 받는 가장 좋은 방법은 강사가 가르치는 수업을 듣는 것입니다.

이렇게 생각하는 이유는, 개인적으로 매뉴얼을 읽거나 비디오를 보는 데 집중하기 힘들기 때문입니다. 강사와의 상호 작용이 없으면 쉽게 주의가 산만해집니다. 그래서 저는 무언가를 배우고 싶을 때 항상 선생님과 함께 하는 수업을 듣습니다.

게다가, 만약 수업 관련 질문이 있으면 항상 강사에게 물어볼 수 있습니다. 이렇게 하면 제가 배우고 있는 것을 제대로 이해하고 있는지 확인할 수 있을 겁니다.

이런 이유들 때문에, 저는 강사가 가르치는 수업을 듣는 것이 실무 교육을 받는 가장 좋은 방법이라고 생각합니다.

어휘 concentrate on ~에 집중하다 distract 산만하게 하다 interaction 상호 작용, 소통 ensure 확실하게 하다

PART 5

PART 5 ACTUAL TEST 본책 _ P.166

1

Q11.

Which of the following is the most effective way to evaluate workers' job performance? • Getting feedback from co-workers • Watching workers perform tasks • Having workers evaluate themselves Use specific ideas and examples to support your opinion.	다음 중 직원들의 업무 성과를 평가하는 데 가장 효과적인 방법은 무엇입니까? • 동료들에게 피드백 받기 • 직원들의 업무 수행 지켜보기 • 스스로 본인의 업무 능력 평가하기 의견을 뒷받침할 수 있는 구체적인 이유와 예를 제시하세요.

ANSWER

의견 I think the most effective way to evaluate workers' job performance is by getting feedback from their co-workers. **이유** Generally, employees work together towards common goals and they are familiar with each other's responsibilities. So they would be able to properly evaluate each other's performance, skills, or attitude. **예시** My colleagues and I are supposed to give feedback on each other's performance every month. I find this very helpful, because they often have valuable insights into my true strengths and weaknesses. **결론** Therefore, I think the best way to evaluate workers' job performance is by getting feedback from their co-workers.	저는 근로자들의 업무 성과를 평가하는 가장 효과적인 방법이 그들의 동료들로부터 피드백을 받는 것이라고 생각합니다. 일반적으로 직원들은 공동의 목표를 향해 함께 일하며 서로의 책무를 잘 알고 있습니다. 그래서 서로의 성과나 능력, 또는 태도를 적절히 평가할 수 있을 것입니다. 제 동료들과 저는 매달 서로의 성과에 대한 피드백을 주기로 되어 있습니다. 저는 이게 매우 도움이 된다고 생각합니다. 왜냐하면 그들은 종종 제 진짜 강점과 약점에 대한 뛰어난 통찰력을 지니고 있기 때문입니다. 그러므로, 저는 근로자들의 직무 성과를 평가하는 가장 좋은 방법은 그들의 동료들로부터 피드백을 받는 것이라고 생각합니다.

어휘 effective 효과적인 evaluate 평가하다 job performance 업무 성과 common 공동의 responsibility 책무 properly 적절히 attitude 자세 be supposed to ~하기로 되어 있다 insight 통찰(력)

2

Q11.

What are some advantages of reading customer reviews when deciding which products to buy? Use specific reasons and examples to support your opinion.

어떤 상품을 살지 결정할 때 고객 후기를 읽는 것의 장점들은 무엇입니까? 의견을 뒷받침할 수 있는 구체적인 이유와 예를 제시하세요.

ANSWER

[이유] There are several advantages of reading customer reviews when deciding what to buy.

[장점1] First of all, you can save time and energy. If you read other customers' reviews, you can gain useful information about the products. They help you find the best product, so you won't have to look around different stores.

[장점2] Another advantage is that you can get honest opinions from people who have actually used the product. I think customer reviews are more reliable than advertisements. Sometimes you might be disappointed by a product you've bought online, because it looks nothing like the pictures in the ad. Reading reviews can help you avoid this kind of problem.

[결론] So, I think it is a good idea to read customer reviews when buying something.

무엇을 살 것인지 결정할 때 고객 후기를 읽는 데에는 몇 가지 이점이 있습니다.

우선 시간과 에너지를 절약할 수 있습니다. 다른 고객의 후기를 읽으면 제품에 대한 유용한 정보를 얻을 수 있습니다. 가장 좋은 제품을 찾을 수 있도록 도와주기 때문에, 여러 상점들을 둘러볼 필요가 없습니다.

또 다른 장점은 제품을 실제로 사용해 본 사람들로부터 솔직한 의견을 얻을 수 있다는 것입니다. 저는 고객 후기가 광고보다 더 믿을만하다고 생각합니다. 때때로 온라인으로 구매한 제품이 광고에 나오는 사진들과 전혀 달라 보여 실망하는 경우가 있을 겁니다. 후기를 읽으면 이러한 문제를 피하는 데 도움이 됩니다.

그래서 저는 무언가를 살 때 고객 후기를 읽는 것이 좋다고 생각합니다.

어휘 actually 사실상, 실질적으로   reliable 믿을만한, 신뢰가 가는   avoid 피하다

ETS
FINAL
TEST

ETS FINAL TEST 1 \quad 본책 _ P.170

Q1. 안내문

\quad Final 1_R_01

> Good afternoon! \ // The **Natural History Museum's** afternoon **tour** / will begin **shortly**. \ // On **this** tour, / you will see **exhibits** / highlighting **plant life**, / **land animals**, / and **sea creatures** of the past. \ // **Now**, / if you'll **proceed** to the **central** staircase, / we'll **go** to the **upper** level / to **visit** our **first** exhibit. \ //

> 안녕하세요! 잠시 후 자연사 박물관의 오후 견학이 시작됩니다. 이번 견학에서 여러분은 과거의 식물, 육상 동물, 바다 생물들을 조명하는 전시회를 보시게 됩니다. 자, 이제 중앙 계단으로 이동하셔서 위층으로 가서 첫 번째 전시회를 보시겠습니다.

어휘 shortly 곧 exhibit 전시(회), 전시물 proceed to ~로 가다, 진행하다 staircase 계단 upper 위의, 높은 쪽의

고득점 노하우

- natural[nǽtʃərəl](내츄럴 O, 내이춰럴 X), exhibits[igzíbits](익지비츠 O, 엑스히비츠 X), creatures[krí:tʃərz](크리쳐즈 O, 크리에이쳘즈 X) 등의 발음에 주의합니다.
- exhibits와 highlighting plant life ~ 사이에 잠깐 호흡을 쉬어줍니다.
- 단어가 열거되는 부분(plant life, / land animals, / and sea creatures of the past. \)의 높낮이 억양을 바르게 읽습니다.
- Now는 주의를 끌 수 있도록 힘주어 읽습니다.
- 방향을 나타내는 형용사 central, upper 등은 강하게 읽어줍니다.

Q2. 광고문

\quad Final 1_R_02

> When it's **time** / for your **next home renovation** project, / **visit** / **Barrington Home Supplies**. \ // This month **only**, / all **doors**, / **windows**, / and **roofing supplies** \ are **twenty** percent **off**! \ // With **three** convenient **locations** / in the **metropolitan** area, / we're **there** / when you **need** us. \ //

> 다음 주택 보수 프로젝트를 진행할 시기가 되면, Barrington 가정용품점을 방문하십시오. 이번 달에만 모든 문, 창문, 지붕 공사 용품이 20퍼센트 할인됩니다! 당사의 세 지점은 수도권 내 교통이 편리한 곳에 위치해 있으니, 필요시 언제든 방문해 주세요.

어휘 renovation 개조, 수리 supplies 물품 roofing 지붕 공사 convenient (가까워서) 편리한 location 입지, 지점

고득점 노하우

- 광고문에서 광고 대상 및 업체 이름은 중요한 정보이므로 강조해서 읽습니다.
- 단어가 열거되는 부분(doors, / windows, / and roofing supplies \)의 높낮이 억양을 바르게 읽습니다.
- 할인율이나 매장 수 역시 중요한 정보이므로, twenty와 three를 힘주어 읽습니다.
- metropolitan[mètrəpálitən] (메트러팔리턴/폴러턴 O, 메트로폴리탄 X) 발음과 강세를 주의해서 읽습니다.

\textbf{FINAL 1}

Q3. 대기실

장소
a waiting area 대기실

중심 대상
sitting in armchairs 안락 의자에 앉아 있는
talking on the phone 전화 통화하고 있는
having a conversation 대화하고 있는
holding some documents 서류를 들고 있는

주변 대상
a potted plant 화분에 심은 식물
a small table 작은 탁자
the carpeted floor 카펫이 깔린 바닥

느낌 / 분위기
look relaxed 편안해 보이다

ANSWER

🎧 Final 1_R_03

사진 소개 This is a picture of four people in a waiting area.

이것은 대기실에 있는 네 사람의 사진입니다.

중심 대상 Two people on the right are sitting in armchairs and talking on the phone. They are both wearing glasses. On the left, two women are having a conversation. One of them is sitting in an armchair holding some documents, and the other is looking at the documents over her shoulder.

오른쪽에 있는 두 사람이 안락의자에 앉아 통화하고 있습니다. 그들은 둘 다 안경을 쓰고 있습니다. 왼쪽에는 여자 두 명이 대화를 나누고 있습니다. 그들 중 한 명이 서류를 든 채 안락의자에 앉아 있고, 그녀의 어깨 너머로 나머지 한 명이 그 서류를 보고 있습니다.

주변 대상 I can see a potted plant and a small table on the carpeted floor.

카펫이 깔린 마루에 화분에 심은 식물과 작은 탁자가 보입니다.

느낌/분위기 All the people look relaxed.

모든 사람들이 편안해 보입니다.

어휘 waiting area 대기실 armchair 안락의자 document 서류 potted 화분에 심은 relaxed 편안한

고득점 노하우
• 다수의 사람들이 중심 대상이므로, 같은 동작을 하는 사람들끼리 묶어서 묘사합니다.
• 여자들 women을 womans(X)라고 발음하는 실수를 하지 않습니다.
• sitting in armchairs라고 표현하는 것이 더 자연스럽습니다. (cf. sitting on the bench/chair)
• 사물의 색깔뿐만 아니라 재질이나 형태도 같이 묘사하면 좋습니다. (carpeted floor)

Q4. 식당

브레인스토밍

장소
the entrance of a restaurant 식당 입구

중심 대상
having a conversation 대화를 나누고 있는
wearing a grey sweater /a blue shirt
회색 셔츠/파란색 셔츠를 입고 있는
standing behind a small table 작은 테이블 뒤에 서있는
holding a menu 메뉴를 들고 있는

주변 대상
a black wall 검은색 벽
a refrigerated case 냉장 진열장
in a basket 바구니 안에

느낌 / 분위기
making a reservation 예약하고 있는

ANSWER

🎧 Final 1_R_04

사진 소개 This picture shows the entrance of a restaurant.	이 사진은 식당 입구를 보여줍니다.
중심 대상 Three people are having a conversation. The man is wearing a grey sweater. Next to him, a woman is wearing a blue shirt. The woman on the right looks like a waitress. She is standing behind a small table and holding a menu.	세 명의 사람들이 대화를 나누고 있습니다. 남자는 회색 스웨터를 입고 있습니다. 그의 옆에는 한 여자가 파란색 셔츠를 입고 있습니다. 오른쪽에 있는 여자는 웨이트리스처럼 보입니다. 그녀는 작은 테이블 뒤에 서있고, 메뉴를 들고 있습니다.
주변 대상 Behind her, I can see a black wall. A big, refrigerated case is sitting in the background and some bread is in a basket.	그녀의 뒤에는 검은색 벽을 볼 수 있습니다. 큰 냉장 진열장이 뒤쪽에 있고, 약간의 빵이 바구니에 있습니다.
느낌/분위기 I would guess they are getting information or making a reservation.	그들은 정보를 얻고 있거나, 예약을 하는 중이라 추측해봅니다.

어휘 entrance 출입구, 문 grey[gray] 회색의 refrigerated case 냉장 진열장 reservation 예약

고득점 노하우
- 다수의 사람들이 중심 대상이므로, 같은 동작을 하는 사람들끼리 묶어서 묘사합니다.
- reception stand(접수대)나 podium(연단) 등의 단어 대신에, 쉬운 단어로도(small table) 충분히 설명할 수 있습니다.
- 사물의 위치를 표현할 때 ~is[are] sitting, ~ is[are] standing이라고 표현해도 좋습니다.
- 상황에 대한 자신의 생각을 말할 때는 I guess ~나 I would guess(구어적 표현)로 시작합니다.

Q5-Q7 전화 인터뷰

🔊 *Imagine that a cooking Web site is conducting market research. You have agreed to participate in a telephone interview.*

요리 웹사이트에서 시장조사를 하고 있다고 가정해 보세요. 당신은 전화 인터뷰에 참여하기로 동의했습니다.

Q5.

🎧 Final 1_R_05

Q	Who usually cooks in your house, and how many times a week does that person cook?	집에서 보통 누가 요리하나요, 그리고 그 사람은 일주일에 몇 번 요리하나요?
A	핵심 답변 My mother usually cooks in my house and she cooks for us almost every day. 추가 문장 I really appreciate it and try to help her.	우리 집에서는 보통 어머니가 요리를 하시는데 거의 매일 우리를 위해 요리하십니다. 저는 정말 감사하게 생각하며 어머니를 도우려고 노력합니다.

어휘 appreciate 감사하게 여기다

고득점 노하우
- 항상 일어나는 일상적인 일이므로, 현재 시제를 사용합니다.
- How many times / How often은 모두 동작의 횟수나 빈도를 묻는 질문입니다.

Q6.

🎧 Final 1_R_06

Q	When was the last time you used the Internet to look up a food recipe, and were the instructions easy?	마지막으로 인터넷을 이용하여 음식 조리법을 찾아본 것은 언제였으며, 설명은 쉬웠나요?
A	핵심 답변 The last time I used the Internet to look up a food recipe was last Saturday. I found a recipe for spaghetti on someone's blog and it was easy to follow.	제가 마지막으로 인터넷을 이용하여 음식 조리법을 찾아본 것은 지난 토요일이었습니다. 어떤 사람의 블로그에서 스파게티 조리법을 찾았는데, 따라 하기 쉬웠습니다.

어휘 look up 찾아보다, 검색하다 recipe 조리법 instruction 설명, 지시

고득점 노하우
- 주어진 질문을 이용해서 답변 문장을 바로 만들어 대답합니다. (The last time I used the Internet to look up a food recipe was ~)
- 정보를 찾는 방법으로 on someone's blog를 언급하는 것도 좋습니다.
- 과거에 대해 묻는 질문이므로 과거 시제를 사용해 답변합니다.

Q7.

🎧 Final 1_R_07

Q	Would you ever consider taking a cooking course online? Why or why not?	온라인으로 요리 강좌를 수강할 의향이 있나요? 그 이유는 무엇인가요?
A	핵심 답변 Yes, I'd consider taking a cooking course online. It would be nice to take each lesson step by step and complete the course at my own pace. 추가 문장 Also, it would be more convenient than going all the way to school to take a course.	예, 온라인으로 요리 강좌 수강하는 것을 고려해 보겠습니다. 차근차근 수업을 듣고 제 속도에 맞춰 코스를 수료할 수 있어 좋을 것 같습니다. 또한, 수업을 들으러 학원에 가는 것보다 더 편할 것입니다.

어휘 consider -ing ~하는 것을 고려하다 pace 속도

- 질문이 Would you ~?(의문사 없는 의문문)이므로 Yes, No 등으로 답변을 시작합니다.
- 온라인 교육의 장점을 이용해 답변합니다. (at my own pace 등)

Q8-Q10 개인 일정표

Emmons Company

Scott Tyler, Customer Service Manager
Thursday, November 16

9:00–9:30 A.M.	Attend breakfast for new employees (Conference Room)
9:30–10:00 A.M.	Finish budget report (Note: E-mail to director by 10:00 A.M.)
10:00 A.M.–noon	New employee training (Conference Room)
Noon–1:00 P.M.	~~Lunch with Mr. Kim (Baker's Café)~~ Moved to November 21
1:00–2:00 P.M.	Review new customer satisfaction survey
2:00–3:00 P.M.	Conference call: All department managers-Progress report
3:00–4:00 P.M.	Budget discussion with director (Meeting Room B)

Emmons 사
Scott Tyler, 고객 서비스 관리자
11월 16일 목요일

오전 9:00–9:30	신입사원을 위한 조찬 참석 (회의실)
오전 9:30–10:00	예산 보고서 완료 (주의: 오전 10시까지 이사님께 이메일 보내기)
오전 10:00–정오	신입사원 교육 (회의실)
정오–오후 1:00	~~Kim 씨와 점심 (Baker's 카페)~~ 11월 21일로 옮김
오후 1:00–2:00	새로운 고객 만족 설문지 검토
오후 2:00–3:00	전화 회의: 전 부서 관리자들 – 경과 보고
오후 3:00–4:00	이사님과 예산 논의 (B 회의실)

어휘 employee 사원 budget 예산 director 임원, 이사 customer satisfaction 고객 만족 survey 설문(지) department 부서

 Hi. This is Scott Tyler. I'm having trouble accessing my schedule for tomorrow, so I was hoping you could confirm a few details for me.

안녕하세요, Scott Tyler예요. 내일 일정을 찾는 데 문제가 있어서, 당신이 몇 가지 세부 사항을 확인해 주셨으면 합니다.

어휘 have trouble -ing ~하는 데 어려움을 겪다 access (컴퓨터 상에서) 찾다, 접속하다 confirm 확인하다 details 세부 사항

Q8.

Q	What is my first activity in the morning, and what time will it start?	제가 오전에 처음 하는 활동은 무엇이며, 몇 시에 시작하나요?
A	Your first activity is to attend the breakfast for new employees in the conference room and it will start at 9 A.M.	첫 번째 활동은 회의실에서 신입사원을 위한 조찬에 참석하는 것으로, 오전 9시에 시작됩니다.

고득점 노하우

· 도표에 attend라고 쓰여 있는 정보를 문법에 맞게 사용하여(~ is to attend ~/ You should attend ~) 답변을 만듭니다. You are supposed to attend ~라는 문구로 시작해도 좋습니다.

· 이미 정해진 일정이므로, 동사의 시제는 미래형, 현재형 모두 사용할 수 있습니다. (It will start ~ / It starts ~)

Q9.

Q	I believe I scheduled a lunch tomorrow with Mr. Kim. That's still scheduled for tomorrow, right?	내일 Kim 씨와 점심 식사가 잡혀 있을 겁니다. 그건 아직 내일로 잡혀 있죠?
A	Let me see. It looks like there was a lunch scheduled with Mr. Kim, but that lunch was canceled. It is rescheduled for November 21st.	제가 볼게요. Kim 씨와 점심이 예정되어 있었던 것 같은데, 취소되었네요. 11월 21일로 변경되었습니다.

어휘 reschedule 일정을 재조정하다

고득점 노하우

· 표에 보이는 특별한 표식(취소선 표시, note, * 표시 등)은 8번 문제의 답으로 자주 출제되므로, 주의 깊게 봐둡니다.

· 취소되었다는 표현을 익혀둡니다. (~ was canceled)

· be rescheduled for라는 표현을 사용하여 변경된 일자를 말해주면 좋습니다.

· 날짜는 November twenty-first라고 읽습니다.

Q10.

Final 1_R_10

Q	I know I have a few important things on my schedule related to the budget. Could you give me all the details you have for any items on my schedule specifically about the budget?	예산과 관련하여 몇 가지 중요한 일이 일정에 있다는 것을 알고 있습니다. 제 일정에 특별히 예산과 관련된 사항이 있으면 세부사항을 모두 알려주시겠습니까?
A	Sure, you need to finish the budget report between 9:30 and 10 A.M. and e-mail it to the director by 10 A.M. Also, there will be a budget discussion with the director in the meeting room B at 3 P.M.	물론입니다. 오전 9시 30분부터 10시 사이에 예산 보고서를 끝내야 하며 오전 10시까지 이사님께 이메일로 보내야 합니다. 또 오후 3시에는 B 회의실에서 이사님과 예산 논의가 있을 예정입니다.

어휘 related to ~와 관련된 budget 예산 specifically 특별히 discussion 논의, 토의

고득점 노하우

· 도표 안의 표현 finish와 e-mail을 동사로 활용해서 답변합니다. (You need to finish ~, e-mail it to ~)

· 10시까지 이메일을 보내야 하므로 9시 30분에서 10시 사이에 끝내라고 말합니다. (between 9:30 and 10 A.M)

· 새롭게 수정된 추가사항 (NOTE: E-mail to ~)을 반드시 말해줍니다.

Q11. 찬반

Should schools schedule time each day for students to participate in outdoor activities? Why or why not? Give reasons or examples to support your opinion.	학교는 학생들이 야외 활동에 참여하는 일정을 매일 넣어야 하나요? 그 이유는 무엇인가요? 자신의 의견을 뒷받침할 근거나 사례를 제시하세요.

나의 의견

Should not schedule time for outdoor activities – feel stressed / distract students from their studies
야외 활동을 일정에 넣으면 안 됨 – 스트레스를 받는다 / 학업에 집중하지 못한다

ANSWER

🎧 Final 1_R_11

의견 I don't think that schools should schedule time each day for students to participate in outdoor activities. Of course, students need outdoor activities—many outdoor activities are healthy, and they can help relieve stress. However, there are some disadvantages of having these activities every day.	저는 학교에서 학생들이 야외 활동에 참여하는 시간을 매일 일정에 넣어야 한다고 생각하지 않습니다. 물론, 학생들에게는 야외 활동이 필요합니다. 다수의 야외 활동들은 건강에 유익하고 스트레스 해소에 도움이 되죠. 그러나 매일 이런 활동을 하는 데에는 몇 가지 단점이 있습니다.
이유 1 First, not every student is eager to participate in outdoor activities. Some students are not good at sports and feel stressed when they have to take part in outdoor activities.	첫째, 모든 학생이 야외 활동에 참여하는 것을 아주 좋아하는 건 아닙니다. 일부 학생은 운동에 소질이 없어 야외 활동에 참여해야 할 때 스트레스를 받습니다.
이유 2 Secondly, if students participate in outdoor activities every day, they will probably use up their energy and then feel exhausted. So, the outdoor activities may distract students from their studies and even cause injuries.	둘째, 만약 학생들이 매일 야외 활동에 참여한다면, 기운을 다 써 버려 지치게 됩니다. 따라서 야외 활동으로 학업에 집중하지 못하게 되고 심지어 부상을 입을 수도 있습니다.
결론 Therefore, I don't think that schools should require students to participate in outdoor activities each day.	따라서 저는 학교가 학생들에게 매일 야외 활동에 참여하도록 요구해서는 안 된다고 생각합니다.

어휘 disadvantage 단점 be eager to 몹시 ~하고 싶어 하다 use up 다 쓰다 exhausted 몹시 지친 distract 산만하게 하다 injury 부상 require 요구하다

고독점 노하우

• '모든 학생이 ~하지는 않는다' (not every student 단수 동사 ~)는 표현을 사용하면 좋습니다.
• 본인의 학창시절 경험담을 예시로 드는 것도 좋은 방법입니다.
• 찬성하는 입장이라면, 운동의 장점을 근거로 제시하면 됩니다. (relieve stress / develop their social skills / stay healthy)

ETS FINAL TEST 2 본책 _ P.178

Q1. 방송

🎧 Final 2_R_01

Hello / residents of Stockton! ↘ // It's time / for this afternoon's weather forecast. ↘ // We anticipate a beautiful summer day / with clear skies, ↗ light wind, ↗ and plenty of sunshine. ↘ // If you have any outdoor activities/ planned this evening, / make sure / to bring a light jacket. ↘ // After sunset, / temperatures will be noticeably cooler. ↘ //

Stockton 주민 여러분 안녕하십니까! 오늘 오후 일기예보 시간입니다. 맑은 하늘과 미풍, 햇볕이 풍부한 아름다운 여름날이 예상됩니다. 만약 오늘 저녁 야외 활동이 계획되어 있다면, 반드시 가벼운 재킷을 가져가십시오. 일몰 후에는 기온이 눈에 띄게 떨어지겠습니다.

어휘 resident 주민 anticipate 예상하다 plenty of 많은 make sure 반드시 ~하다 temperature 기온 noticeably 눈에 띄게

고득점 노하우
- 첫 문장을 시작하는 Hello를 힘차게 읽어 주의를 집중시킵니다.
- anticipate[æntísəpèit]와 activities[æktívətiz]는 2음절에 강세를 주어 읽습니다.
- 단어가 열거되는 부분 (clear skies, ↗ light wind, ↗ and plenty of sunshine. ↘)의 높낮이 억양을 바르게 읽습니다.
- light[lait](라이트)를 right[rait](롸이트)로 발음하지 않도록 주의합니다. /l/은 혀끝을 윗니 뒷부분에 살짝 대며 가볍게 내는 소리이고, /r/은 입술을 둥글게 모으고 혀를 뒤로 말면서 성대를 울리며 내는 소리입니다.
- make sure / to bring ~은 to 앞에서 살짝 끊어 읽습니다.
- temperature[témpərətʃər]와 noticeably[nóutisəbli]는 1음절에 강세를 주어 읽습니다.

Q2. 공지

🎧 Final 2_R_02

Next, / we will present our annual report / on the best sports teams / in Anderson County. ↘ // We'll reveal / how your local baseball, ↗ tennis, ↗ and soccer teams ↘ / rank against others / in our region. ↘ // While this year's list includes familiar names, / there are also new entries / into this special group. ↘ //

다음으로, 저희는 Anderson County 최고의 스포츠 팀에 대한 연간 보고서를 공개하겠습니다. 여러분의 지역 야구, 테니스, 축구팀이 우리 지방의 다른 팀들에 비해 어떤 순위를 차지하고 있는지 밝히겠습니다. 올해의 목록에는 친숙한 이름들이 포함되어 있지만, 이 특별한 집단에 새로 들어온 팀들도 있습니다.

어휘 present 공개하다, 발표하다 annual 연간의 reveal 밝히다 local 지역의 rank 순위를 차지하다 familiar 친숙한 entry 항목

고득점 노하우
- 첫 단어 next를 강하게 읽어 주의를 집중시킵니다.
- 여기서 present[prizént](프리젠트)는 동사이므로 2음절에 강세를 넣어 발음합니다.
  1음절에 강세가 들어가는 명사/형용사 present[préznt](프레즌트)와 혼동하지 않도록 주의합니다.
- county[káunti](카운티)를 country[kántri](컨트리)로 혼동하지 않아야 합니다.
- reveal[rivíːl](뤼빌 O, 뤠빌 X)의 두 번째 음절은 길게 발음하고, region[ríːdʒən](뤼전 O, 뤠전 X) 발음에 주의합니다.
- 단어가 열거되는 부분 (baseball, ↗ tennis, ↗ and soccer teams ↘)의 높낮이 억양을 바르게 읽습니다.

Q3. 사무실

브레인스토밍

장소
an office 사무실

중심 대상
sitting at a desk 책상에 앉아 있는
talking on the phone 통화하고 있는
leaning over the desk 책상 위로 몸을 구부리고 있는
turning (over) a page 페이지를 넘기고 있는

주변 대상
a computer on the desk 책상 위에 컴퓨터
filing cabinets 서류 캐비닛

느낌 / 분위기
look bright 밝은 것 같다

ANSWER

🎧 Final 2_R_03

사진 소개 I think this picture was taken in an office.	이 사진은 사무실에서 찍은 듯합니다.
중심 대상 A man is sitting at a desk and talking on the phone. He is wearing a dark green shirt and glasses. Next to him, a woman is leaning over the desk and turning a page in a big file folder. She seems to be helping the man find some information.	남자가 책상에 앉아서 통화하고 있습니다. 그는 진녹색 셔츠를 입고 안경을 쓰고 있습니다. 그의 옆에는 여자가 책상 위로 몸을 기울여 큰 서류철의 페이지를 넘기고 있습니다. 그녀는 남자를 도와 어떤 정보를 찾고 있는 듯합니다.
주변 대상 I can see a computer on the desk and some filing cabinets in the background.	책상 위에는 컴퓨터, 배경에는 서류 캐비닛들이 보입니다.
느낌/분위기 This office looks very bright because of the light coming through the big windows.	커다란 창문을 통해 들어오는 빛 때문에 이 사무실은 아주 밝은 것 같습니다.

어휘 lean over ~ 위로 기울이다   file folder 서류철   filing cabinet 서류 캐비닛

고득점 노하우

• standing보다는 leaning over(구부리고 있다)라는 표현을 사용합니다.
• looking at ~보다 더 정확히 묘사하려면 turning (over) a page라는 표현을 사용하면 됩니다.
• 사진상에 명시되지 않는 사실을 추측하여 말할 때는 동사 seem을 사용합니다. seem (to be) 형용사/명사, seem to be + -ing 구문으로 표현하면 됩니다.
• 사무실이 밝아 보이는 이유를 말하면서 전체적인 분위기를 묘사해도 좋습니다.

FINAL 2

Q4. 식당

장소
a small restaurant   작은 식당

중심 대상
wearing an apron   앞치마를 입은
take an order   주문 받다
sitting alone at a table   테이블에 혼자 앉아 있는
talking on his phone   통화를 하고 있는

주변 대상
a white tablecloth   흰색 식탁보
forks, knives, plates   포크들, 나이프들, 접시들

느낌 / 분위기
sunny   화창한, 햇살이 내리쬐는

ANSWER

Final 2_R_04

사진 소개 This is a picture of a small restaurant.

중심 대상 The restaurant employee is wearing an apron. She looks ready to take an order. The man on the right is sitting alone at a table and talking on his phone. A couple is sitting at another table.

주변 대상 Each table is covered with a white tablecloth. There are forks, knives, and some small plates on the tables.

느낌/분위기 It is very sunny outside.

이것은 작은 식당의 사진입니다.

식당 직원은 앞치마를 입고 있습니다. 그녀는 주문을 받을 준비가 되어 있어 보입니다. 오른쪽에 있는 남자는 테이블에 혼자 앉아 있고, 통화를 하고 있습니다. 한 커플이 다른 테이블에 앉아 있습니다.

각각의 테이블은 흰색의 식탁보로 덮여 있습니다. 테이블들 위에는 포크들, 나이프들 그리고 작은 접시들이 있습니다.

바깥은 매우 화창합니다.

어휘 employee 직원 apron 앞치마 tablecloth 식탁보 plate 접시, 그릇

고득점 노하우
• 주어와 동사의 수를 일치시킵니다.
  A couple is ~, A couple of people are ~, Each table is ~
• 구체적인 직업 이름이 떠오르지 않으면, employee로 설명해도 좋습니다.
• 식당 내부의 분위기가 아니어도, 바깥 날씨를 이용하여 마무리 문장을 만듭니다.

Q5-Q7 전화 대화

🔊 *Imagine that you are talking to a friend on the telephone. You are talking about jobs.*

친구와 통화하고 있다고 가정해 보세요. 직업에 관해 이야기하고 있습니다.

Q5.

🎧 Final 2_R_05

Q	What kind of job do you have now, or what kind of job are you interested in having?	너는 지금 어떤 직업을 가지고 있니, 아니면 어떤 직업을 가지고 싶니?
A	핵심 답변 Well, I'm a student, so I don't have a job yet. I study fashion design at university, so I'm interested in a career in design.	음, 나는 학생이라서 아직 직업이 없어. 나는 대학에서 패션 디자인을 공부하고 있어서 디자인 관련 직업에 관심이 있어.

어휘 interested in ~에 관심이 있는   career 직업, 경력

고득점 노하우
- 정확한 직업명이 떠오르지 않으면, 일하고 싶은 분야나 장소를 말하는 것도 좋습니다.
- 직업이 있을 경우, 근무 기간이나 본인의 직업이 좋은 이유 등으로 추가 문장을 만듭니다.

Q6.

🎧 Final 2_R_06

Q	If you had a job interview, what would you take with you besides your résumé?	취업 면접을 본다면 이력서 이외에 무엇을 가져갈 거야?
A	핵심 답변 If I had a job interview, I'd bring in a portfolio of my work. 추가 문장 I think it's better to show my work samples rather than try to describe them.	취업 면접을 본다면 내 작업을 모아둔 포트폴리오를 가져갈 거야. 내가 한 작업에 대해 설명하려고 하는 것보다 샘플을 보여 주는 것이 낫다고 생각해.

어휘 besides ~ 이외에   résumé 이력서   portfolio 포트폴리오, 작품집   rather than ~보다는, ~ 대신   describe 설명하다, 묘사하다

고득점 노하우
- besides A라는 표현이 있는 질문에는 A를 제외한 다른 것을 답해야 한다는 점에 유의합니다.
- 단순히 '~이 더 좋다' 보다는, '…보다 ~가 더 좋다'라는 표현(~ better ~ rather than …)이 좀 더 구체적이어서 좋습니다.

Q7.

🎧 Final 2_R_07

Q	If you had a choice between a job interview over the phone or in person, which would you prefer? Why?	만약 전화로 취업 면접을 보는 것과 직접 만나서 면접 보는 것 중 하나를 선택할 수 있다면, 어떤 것을 더 선호해? 그 이유는?
A	핵심 답변 I'd prefer a job interview in person. I think body language and facial expressions play an important role in communication. They would help me to show the interviewer how confident I am. 추가 문장 Also, I'd want to meet my potential future boss and co-workers in person and get a feel for the workplace.	나는 직접 만나서 면접 보는 것이 더 좋아. 몸짓과 얼굴 표정이 의사소통에 중요한 역할을 한다고 생각해. 이 두 가지는 면접관에게 내가 얼마나 자신 있는지 보여 주는 데 도움이 될 거야. 또한, 미래에 상사나 동료가 될지도 모르는 사람들을 직접 만나서 직장의 분위기를 느끼고 싶어.

어휘 in person 직접, 몸소　facial expression 얼굴 표정　role 역할　communication 의사소통　confident 자신 있는　potential 잠재적인
co-worker 동료　workplace 일터, 직장

고득점 노하우

• 면접 문제에서 항상 사용하는 첫인상(first impression), 표정(facial expression), 몸짓(body language) 등의 단어를 익혀둡니다.
• 면접을 통해 동료나 회사 분위기를 파악하고 싶다는 표현도 암기해 두면 좋습니다.

Q8-Q10 회의 일정표

Digital Marketing Conference				HATTLEY CENTER
Advance Registration: $80.00			Same-day Registration: $90.00	
May 16	9:30 A.M.	Welcome		Seji Otani
	10:00 A.M.	Lecture: Know Your Audience		Alan Forrester
	Noon	Lunch		
	2:00 P.M.	Lecture: Content Marketing		Joyce Murphy
	3:30 P.M.	Discussion: Digital Trends		Becky Butler
May 17	9:30 A.M.	Lecture: Marketing Costs		Jamie Karsten
	11:00 A.M.	Discussion: Mobile Marketing		Ana Himmel
	12:30 P.M.	Lunch		
	2:00 P.M.	Workshop: Social Media		John Richards
	3:30 P.M.	Workshop: Branding Strategies		Alan Forrester

디지털 마케팅 회의				HATTLEY CENTER
사전 등록: 80달러			당일 등록: 90달러	
5월 16일	오전 9:30	환영사		Seji Otani
	오전 10:00	강연: 청중을 알자		Alan Forrester
	정오	점심		
	오후 2:00	강연: 콘텐츠 마케팅		Joyce Murphy
	오후 3:30	토론: 디지털 동향		Becky Butler
5월 17일	오전 9:30	강연: 마케팅 비용		Jamie Karsten
	오전 11:00	토론: 모바일 마케팅		Ana Himmel
	오후 12:30	점심		
	오후 2:00	워크숍: 소셜 미디어		John Richards
	오후 3:30	워크숍: 브랜딩 전략		Alan Forrester

어휘 conference (대규모) 회의　advance 사전의　registration 등록　lecture 강연　audience 청중　discussion 토론　strategy 전략
branding 브랜딩(브랜드명[이미지] 부여 작업)

 Hi, I'm Brian Jones. A friend told me about your conference on digital marketing, and I was hoping you could answer some of my questions.

안녕하세요. 저는 Brian Jones입니다. 친구가 디지털 마케팅에 관한 회의가 있다고 이야기해줬습니다. 몇 가지 질문에 대답해 주셨으면 합니다.

Q8.

Q	How much does it cost to register for the conference?	회의에 등록하는 비용은 얼마인가요?
A	Advance registration is 80 dollars and same-day registration is 90 dollars.	사전 등록은 80달러이며 당일 등록은 90달러입니다.

어휘 cost 비용이 들다 register for ~에 등록하다

고득점 노하우

• 등록비에 두 가지 형태가 있다는 점에 주의합니다. same day registration은 회의 기간에 등록하는 것을 의미합니다.
• dollars로 복수형을 사용하고, 숫자 80(eighty), 90(ninety)를 정확히 말합니다.
• 도표 안의 내용을 풀어서 It costs 80 dollars if you register in advance ~라고 답변해도 좋습니다.

Q9.

Q	On May 16, I won't be able to arrive until 9 A.M. Will that be a problem?	5월 16일에는 오전 9시까지 도착할 수가 없습니다. 문제가 될까요?
A	It won't be a problem at all. The conference will start at 9:30 A.M., so you won't miss anything.	전혀 문제 되지 않습니다. 회의는 오전 9시 30분에 시작하므로, 놓치게 되시는 건 없을 겁니다.

고득점 노하우

• 일정이 정해진 행사의 시작 시간을 안내할 때 will start at, starts at, won't start until (~이 되어서야 시작한다) 등의 표현을 사용합니다.
• 문제가 되는지 묻는 상대방을 안심시키는 표현으로 답변을 시작합니다.

Q10.

Q	I heard Alan Forrester speak once, and I really enjoyed his sessions. Could you give me all of the details on any sessions led by Alan Forrester?	Alan Forrester의 강연을 한 번 들었는데 그의 세션이 정말 즐거웠습니다. Alan Forrester가 이끄는 세션에 대해 모두 자세히 알려 주시겠습니까?
A	Sure, Alan Forrester will lead two sessions at the conference. First, he will give a lecture titled 'Know Your Audience' at 10 A.M. on May 16th. Second, he will lead a workshop on 'Branding Strategies' at 3:30 P.M. on May 17th.	물론이죠, Alan Forrester는 회의에서 2개 세션을 이끌 예정입니다. 첫 번째로, 5월 16일 오전 10시에 '청중을 알자'라는 제목의 강연을 합니다. 두 번째로, 5월 17일 오후 3시 30분에 '브랜딩 전략'에 관한 워크숍을 진행합니다.

고득점 노하우

• 사람 이름 등의 고유명사는 질문자가 원하는 정보를 찾는 데 중요한 단서가 되므로 반드시 놓치지 말고 들어야 합니다.
• 답변 중에 긴장해서 다른 사람이 진행하는 행사 정보를 읽을 수도 있으니, 차분하게 손으로 화면을 짚어가면서 말하도록 합니다.
• 두 개의 행사를 안내할 때, First(ly)~, Second(ly)~ 혹은 One is ~ , The other one is ~ 등으로 정리해서 말합니다.

Q11. 선택

What is the best way for a high school student to spend a long vacation from school? Choose ONE of the options provided below and give reasons or examples to support your opinion.

· Working   · Studying   · Traveling

고등학생이 학교를 벗어나 긴 방학을 보낼 수 있는 가장 좋은 방법은 무엇인가요? 아래에 제시된 보기 중 하나를 고르고 자신의 의견을 뒷받침할 수 있는 근거나 사례를 제시하세요.

· 일하기 · 공부하기 · 여행하기

나의 의견

Traveling - helps them build (up) their confidence / trip to New York
여행 – 자신감을 키우는 데 도움이 된다 / 뉴욕 여행

ANSWER

🎧 Final 2_R_11

의견 In my opinion, traveling is the best way for a high school student to spend a long vacation from school.

이유 When high school students travel away from home without their parents, they get to face and overcome some challenges by themselves. It helps them build up their confidence and prepare for their future.

예시 For example, I went to New York with some friends when I was in high school, and we got lost. So, we went to a store and asked a cashier for advice about how to get to where we wanted to go. She told us where the nearest subway station was and which one to take. We learned a lot from that experience, because our parents weren't there to help us.

결론 This is why I think it is the best idea for high school students to travel around during the long vacation.

제 생각에는 고등학생이 학교를 벗어나 긴 방학을 보내려면 여행이 최선의 방법입니다.

우선, 고등학생이 집을 떠나 부모님 없이 여행하면 혼자 난관에 부딪히고 이를 극복해야 합니다. 이는 자신감을 키우고 미래를 준비하는 데 도움이 됩니다.

예를 들어, 저는 고등학교 때 친구들 몇 명과 뉴욕에 갔다가 길을 잃었습니다. 그래서 어느 가게에 들어가 계산원에게 우리가 가고 싶은 곳에 어떻게 가는지 조언을 구했습니다. 그분은 우리에게 가장 가까운 지하철역이 어디에 있는지, 어떤 걸 타야 하는지 알려주었습니다. 도와주실 부모님이 함께 계시지 않았기 때문에 우리는 그 경험으로부터 많은 것을 배웠습니다.

이런 이유로 고등학생은 긴 방학 동안 여기저기 여행하는 것이 최선의 방안이라고 생각합니다.

어휘 face 부딪히다 overcome 극복하다 challenge 난관, 어려운 과제 build (up) 키우다 confidence 자신감 prepare 준비하다 get lost 길을 잃다 cashier 계산원

고득점 노하우

· 자신감을 키운다(build (up) one's confidence), 미래를 준비한다(prepare for the future), 견문을 넓힌다(broaden one's horizons)와 같은 표현은 학생을 주제로 다루는 다양한 문제의 답변으로 이용할 수 있습니다.
· 한 가지 이유와 이와 관련된 예시를 제시했을 경우 This is why ~, Therefore ~, Thus ~ 등의 표현으로 답변을 마무리하면 좋습니다.

ETS FINAL TEST 3 본책 _ P.186

Q1. 안내문

🎧 Final 3_R_01

At the **Holden Museum,** / we're **committed** to **sharing** / **art,** ↗ **music,** ↗ and **culture** ↘ / with our **community.** ↘ // **However,** / because **many** city **residents cannot visit** / during **regular** hours, / we'll **now** stay **open** / until **eight P.M.** / each **Friday.** ↘ // **So** / come **visit** us / on a **Friday** evening / and see / **what** we **have** / to **offer!** ↘ //

Holden 박물관에서 저희는 예술, 음악, 문화를 지역사회와 공유하는 데 전념하고 있습니다. 하지만 많은 시민들이 정규 운영 시간에는 방문할 수 없기 때문에, 저희는 이제 매주 금요일 오후 8시까지 개관합니다. 그러니 금요일 저녁에 방문하셔서 저희가 제공하는 것이 무엇인지 보십시오!

어휘 be committed to ~에 전념[헌신]하다 share 공유하다 community 공동체, 지역사회 resident 주민 regular hours 정규 운영 시간

고득점 노하우

- 박물관 개관 시간이 가장 중요한 정보이므로, 해당 시간과 요일을 (eight P.M. each Friday) 또렷하게, 강조해서 읽습니다.
- committed는 2음절에 강세를 두고 읽습니다.
- 단어가 열거되는 부분 (art, ↗ music, ↗ and culture ↘)의 높낮이 억양을 바르게 읽습니다.
- However는 뒤에 반전 내용이 따라 오고, now나 so는 다음 문장을 강조해야 하기 때문에 주의를 끌 수 있도록 천천히 힘주어 읽습니다.
- 마지막 문장 what we have to offer는 '우리가 제공해야만 하는 것'이 아니라, '우리가 제공하려고 가지고 있는 것'을 의미합니다. 따라서 what we have to / offer로 끊어 읽지 말고, what we have / to offer로 끊어 읽습니다.

Q2. 공지

🎧 Final 3_R_02

Welcome / to today's **new employee orientation.** ↘ // **Here** / at **Stonebridge Bank,** / we **believe** / that **satisfied** employees **provide** / the **best customer** service. ↘ // We **offer** / **flexible schedules,** ↗ **competitive wages,** ↗ and **paid holidays.** ↘ // Because we take **care** of our **employees,** / we're **ranked** / as **one** of the **best** places / to **work** / in the **banking industry.** ↘ //

오늘의 신입사원 오리엔테이션에 오신 것을 환영합니다. 이곳 Stonebridge 은행에서는 만족한 직원들이 최고의 고객 서비스를 제공한다고 믿고 있습니다. 당사는 탄력 근로 시간제와 업계 평균 이상의 임금, 유급휴가를 제공합니다. 당사는 직원들을 소중히 하므로 은행업계에서 가장 일하기 좋은 곳 중 하나로 꼽힙니다.

어휘 flexible 융통성 있는, 탄력 있는 competitive 경쟁력 있는, 뒤지지 않는 wage 임금 paid holiday 유급휴가 rank (등급을) 매기다, 평가하다

고득점 노하우

- 소개문이나 안내문의 시작에 많이 쓰이는 welcome과 뒤에 나오는 지명이나 행사명 등을 강하게 읽습니다.
- we believe that ~은 we believe / that ~으로 that 앞에서 끊어 읽습니다.
- 단어가 열거되는 부분 (schedules, ↗ competitive wages, ↗ and paid holidays ↘)의 높낮이 억양을 바르게 읽고, 모두 복수 명사이므로 [-z] 발음을 끝에 붙여 읽습니다.
- schedule[skédʒuːl] 처럼 sk -, st -, sp -으로 시작되는 단어들은 s 뒤의 자음이 된소리(스께쥴)로 발음됩니다.
- ranked는 -ed를 [t]로 살짝 소리 내어 읽습니다.

Q3. 사무실

장소
an office 사무실

주변 대상
a white board hanging on the wall
벽에 걸려 있는 화이트보드

중심 대상
standing at a copy machine 복사기 옆에 서 있는
having a conversation 대화하고 있는
taking a piece of paper out of the copy machine
복사기에서 종이 한 장을 꺼내고 있는
holding a piece of paper 종이 한 장을 들고 있는

느낌 / 분위기
look friendly 친해 보이다

ANSWER

🎧 Final 3_R_03

사진 소개 In this picture, I see two people standing at a copy machine in an office. It looks like the people are having a conversation.

중심 대상 One of them is a man who is wearing a blue shirt, and he's taking a piece of paper out of the copy machine. The other is a woman who is wearing a dark brown suit and holding a piece of paper.

주변 대상 There is a white board hanging on the wall in the background.

느낌/분위기 I think these people are co-workers and they look very friendly.

이 사진에는, 사무실 복사기 옆에 서 있는 두 사람이 보입니다. 대화를 하고 있는 것 같습니다.

그들 중 한 명은 파란 셔츠를 입고 있는 남자인데, 복사기에서 종이 한 장을 꺼내고 있습니다. 나머지 한 명은 여자이며, 짙은 갈색 정장을 입고 종이 한 장을 들고 있습니다.

배경에는 화이트보드가 벽에 걸려 있습니다.

이 사람들은 직장 동료로 아주 친해 보입니다.

고득점 노하우
- 사람이 2명이므로, 2명 모두의 동작과 의상 등을 자세히 설명합니다.
- 마지막 문장으로 사진의 전체적인 분위기나 중심 대상들의 관계를 생각해봅니다.
- 지시대명사를 적절히 사용해서, 다양한 문장을 구사합니다. (one of them ~, the other (one) is ~)

Q4. 야외

브레인스토밍

장소

outdoors 야외에서

중심 대상

standing in line 줄 서있는
have a suitcase 여행가방을 가지고 있는
wearing a backpack 배낭을 메고 있는
has short white hair 짧은 흰머리를 가진

주변 대상

a public phone 공중 전화
a streetlight pole 가로등 기둥

느낌 / 분위기

take the ferry 유람선을 타다

ANSWER

🎧 Final 3_R_04

사진 소개 This is a picture of three people standing in line outdoors.	이것은 야외에서 줄 서있는 세 사람의 사진입니다.
중심 대상 All of them have a suitcase next to them. Two of them are wearing a backpack. The woman in the middle has short white hair and is wearing white shoes.	그들 모두 옆에 여행가방을 가지고 있습니다. 그들 중 두 명은 배낭을 메고 있습니다. 가운데 있는 여자는 짧은 흰머리에 흰색 신발을 신고 있습니다.
주변 대상 On the left, I can see a public phone and a streetlight pole. The people are in front of a boat—maybe it's a ferry.	왼쪽에는, 공중 전화와 가로등 기둥을 볼 수 있습니다. 사람들이 배 앞에 있습니다. 아마도 유람선인 것 같습니다.
느낌/분위기 I think these women are going to take the ferry. It looks like a good day for traveling by ferry.	이 여자들이 유람선을 탈 거라고 생각합니다. 유람선으로 여행하기에 좋은 날처럼 보입니다.

어휘 public phone 공중전화　streetlight 가로등

고득점 노하우

• 장소를 나타내는 단어가 어려우면, indoors(실내에서), outdoors(실외에서) 등으로 표현해도 좋습니다.
• 여자들은 womans(X)가 아니고, women[wímin]으로 발음합니다.
• 부분 명사를 사용할 때는 주어와 동사의 수 일치에 주의합니다.
　All of them are ~, One of them is ~

Q5-Q7 전화 인터뷰

🔊 *Imagine that a marketing firm is doing research in your area. You have agreed to participate in a telephone interview about vending machines, which are machines that sell snacks and other products.*

마케팅 회사가 당신이 거주하는 지역에서 조사를 하고 있다고 가정해 보세요. 당신은 과자와 기타 제품을 파는 자판기에 대한 전화 인터뷰에 참여하기로 동의했습니다.

Q5.
🎧 Final 3_R_05

Q	When was the last time you bought a snack from a vending machine, and what did you buy?	자판기에서 마지막으로 간식을 산 것은 언제이며, 무엇을 샀습니까?
A	핵심 답변 The last time I bought a snack from a vending machine was a few days ago. Maybe it was last Friday. I bought a bag of chips for about 2 dollars.	제가 자판기에서 마지막으로 간식을 산 것은 며칠 전이었습니다. 아마 지난 금요일일 겁니다. 2달러 정도에 감자칩 한 봉지를 샀습니다.

고득점 노하우
• 2개의 질문(When ~, What ~)에 대해 모두 답변하고, 가격이나 장소 등 추가 내용을 더해 줍니다.
• 문제가 과거 시제이므로, 답변도 과거로 일관성 있게 답변합니다.
• 간식을 사 먹은 이유나 먹은 장소 등을 설명하는 것도 추가 문장으로 좋습니다.

Q6.
🎧 Final 3_R_06

Q	Would you ever use a credit card to make a purchase at a vending machine? Why or why not?	자판기에서 신용카드를 사용하여 구매하겠습니까? 그 이유는 무엇인가요?
A	핵심 답변 Yes, I would use a credit card to make a purchase at a vending machine. I hardly ever carry cash with me. 추가 문장 Also, it's much more convenient to use a card rather than bills and coins.	예, 저는 자판기에서 신용카드를 사용하여 구매하겠습니다. 저는 현금을 가지고 다니는 경우가 거의 없습니다. 또한, 지폐나 동전보다 카드를 사용하는 것이 훨씬 더 편리합니다.

어휘 make a purchase 구매하다 hardly 거의 ~하지 않다 cash 현금

고득점 노하우
• 절대 하지 않는다(never) 보다는 거의 하지 않는다(hardly ever)는 표현이 자연스럽습니다.
• 신용카드를 사용할 때 편의성과 현금을 사용했을 때의 단점을 추가로 덧붙입니다.

Q7.
🎧 Final 3_R_07

Q	Which of the following products would you be MOST likely to buy from a vending machine? Why? • Ice cream • Movies • Toys	다음 제품 중 자판기에서 구매할 가능성이 가장 높은 제품은 무엇입니까? 이유는 무엇인가요? • 아이스크림 • 영화 • 장난감
A	핵심 답변 I would be most likely to buy ice cream from a vending machine. Most vending machines have my favorite ice cream, so it's easy to find wherever I am. 추가 문장 However, it takes me more time to choose movies or toys, so I'd rather not buy them from a vending machine.	저는 자판기에서 아이스크림을 살 것 같습니다. 대부분의 자판기에는 제가 좋아하는 아이스크림이 있어서 제가 어디에 있든 쉽게 찾을 수 있습니다. 하지만 영화나 장난감을 고르려면 시간이 더 걸리므로 자판기에서 사지 않는 편이 낫습니다.

어휘 be likely to ~할 것 같다　wherever 어디든　take time to ~하는 데 시간이 걸리다

고득점 노하우

• 주어진 보기들 중에 말할 내용이 많은 보기를 고르는 것이 안전합니다.

• 자신의 답변에 대한 이유와 다른 보기들을 선택하지 않은 이유로 문장을 이어갑니다.

• '~하는 데 시간이 걸리다'를 표현할 때는 It takes me 시간 to ~, 혹은 It takes 시간 for me to ~구문을 사용합니다.

Q8-Q10 수업 일정표

Fredrick School of Continuing Education

Music Class Schedule
Fall Program Dates: October 1–December 19
Price: $130 per class

Class Name	Day of the Week	Class Time	Instructor
Beginning Violin	Monday	10:00–11:00 A.M.	Hal Silver
Advanced Guitar	Tuesday	6:00–7:00 P.M.	Sofia Rojas
Advanced Keyboard	Wednesday	6:00–7:00 P.M.	Lam Nguyen
Beginning Flute	Thursday	10:00–11:00 A.M.	Steven Blume
Advanced Violin	Friday	6:00–7:00 P.M.	Hal Silver

Fredrick 평생교육원
음악 수업 일정
가을 프로그램 날짜: 10월 1일—12월 19일
가격: 수업당 130달러

수업명	요일	수업 시간	강사
바이올린 초급	월요일	오전 10:00–11:00	Hal Silver
기타 고급	화요일	오후 6:00–7:00	Sofia Rojas
키보드 고급	수요일	오후 6:00–7:00	Lam Nguyen
플루트 초급	목요일	오전 10:00–11:00	Steven Blume
바이올린 고급	금요일	오후 6:00–7:00	Hal Silver

어휘 continuing education 평생교육, 성인교육　advanced 고급의, 상급의　instructor 강사

 Hello, I heard you will be offering music classes this fall, and I was hoping you could give me some more information.

안녕하세요. 이번 가을에 음악 수업을 제공한다고 들었습니다. 제게 더 많은 정보를 주셨으면 좋겠습니다.

FINAL 3

Q8.

Q	On what date does the fall program start, and how much does each class cost?	가을 프로그램은 며칠날에 시작하며, 각 수업료는 얼마인가요?
A	The fall program starts on October 1st and the price is 130 dollars per class.	가을 프로그램은 10월 1일에 시작하며 비용은 수업당 130달러입니다.

고득점 노하우

• 질문에서 시작하는 날짜를 물었으므로, 전치사 on을 사용하여 정확히 시작일을 말해줍니다.
• October 1은 October first로, $130은 one hundred and thirty dollars로 읽습니다.

Q9.

Q	I heard that you offer some classes on Saturdays. Could you confirm that for me?	토요일에 수업을 제공한다고 들었습니다. 확인해 주시겠습니까?
A	Actually, no. All of our classes are on weekdays.	사실은 그렇지 않습니다. 저희 수업은 모두 평일에 있습니다.

고득점 노하우

• 질문에서 주어진 정보가 틀리더라도 바로 No라고 대답하는 것보다 I'm afraid ~, Actually 등의 표현으로 답변을 시작하는 것이 좋습니다.
• on weekdays를 from Monday to Friday로 표현해도 좋습니다.

Q10.

Q	I don't have any previous experience playing musical instruments. Can you give me all the information you have about the beginner classes that you offer?	저는 이전에 악기를 연주한 경험이 전혀 없습니다. 교육원에서 제공하는 초급 수업에 대한 모든 정보를 저에게 주시겠습니까?
A	Sure. Let me see. We will be offering two classes for beginners. One is 'Beginning Violin', which is from 10 to 11 A.M. on Mondays. The instructor is Hal Silver. The other one is 'Beginning Flute' from 10 to 11 A. M. on Thursdays. Steven Blume will lead that class.	물론입니다. 어디 봅시다. 저희는 초급자를 위한 수업을 2개 제공할 예정입니다. 하나는 '바이올린 초급'인데, 월요일 오전 10시부터 11시까지입니다. 강사는 Hal Silver입니다. 또 다른 하나는 '플루트 초급'으로, 목요일 오전 10시부터 11시까지입니다. Steven Blume이 그 수업을 진행하게 됩니다.

어휘 previous 이전의, 과거의   musical instrument 악기

고득점 노하우

• 답변할 정보가 많으면, 문장을 나누어 말해서 실수를 줄일 수 있습니다. (수업 is from 시간 to 시간 on 요일. / 강사 is 사람 이름. / 장소 is 주소)
• 답변을 시작하면서 시간을 끌 수 있는 표현 등을 알아둡니다. (According to the schedule,~, Let me see, ~)

Q11. 선택

If you were considering buying a house or apartment, whose advice would most influence your decision: a trusted friend or a real estate agent? Why? Give reasons or examples to support your opinion.	만약 당신이 집이나 아파트를 매입할 생각이라면, 그 결정에 가장 큰 영향을 미치는 것은 누구의 조언인가요: 믿을 만한 친구인가요, 아니면 부동산 중개인인가요? 그 이유는 무엇인가요? 자신의 의견을 뒷받침할 근거나 사례를 제시하세요.

어휘 influence 영향을 미치다 decision 결정 trusted 믿을 수 있는 real estate agent 부동산 중개인

나의 의견

real estate agent – professionals / useful tips / a better deal
부동산 중개인 – 전문가 / 유용한 팁 / 더 나은 거래가

ANSWER

의견 If I were considering buying a house, a real estate agent's advice would most influence my decision.	만약 제가 주택을 매입할 생각이라면, 부동산 중개인의 조언이 제 결정에 가장 큰 영향을 미칠 것입니다.
이유 1 Real estate agents are professionals who know exactly what to do. So, they would give me useful tips for each step of buying a house.	부동산 중개인은 정확히 무엇을 해야 할지 아는 전문가들입니다. 따라서 그들은 저에게 주택을 매입하는 각 단계마다 유용한 팁을 줄 것입니다.
이유 2 Also, if a house I wanted to buy cost too much, they would try to get me a better deal. Real estate agents work on commission, so they work hard to negotiate prices and close deals.	또한 제가 매입하고 싶은 주택이 너무 고가라면, 그들은 더 나은 거래가를 찾아주려고 노력할 것입니다. 부동산 중개인들은 수수료를 받고 일하므로 가격을 흥정하고 거래를 성사시키기 위해 열심히 노력합니다.
결론 Therefore, I'd take advice from a real estate agent when considering buying a house.	따라서 저는 주택을 매입하고자 할 때 부동산 중개인의 조언을 듣겠습니다.

어휘 exactly 정확히 deal 거래 commission 수수료 close a deal 거래를 매듭짓다

고득점 노하우

• 제시한 문제가 주택 매입을 고려한다는 가정문이므로(If you were considering buying a house or apartment,~), 답변에서도 가정법에 맞는 동사 시제를 사용합니다. (I would ~, they could ~등)
• 전문가들의 특징을 나타내는 표현을 익혀 둡니다.
  예) 전문성(expertise), 풍부한 경험(extensive experience), 현실적 조언(practical advice) 등

ETS FINAL TEST 4 본책 _ P.194

Q1. 광고문

🎧 Final 4_R_01

This weekend, / City Electronics is holding / the biggest sales event of the year! ↘ // You'll find discounts / on our entire stock of cameras, ↗ computers, ↗ and appliances. ↘ // And when you make your purchase, / you can add an affordable plan / for service ↗ and repairs. ↘ // Come / check out the bargains / at City Electronics! ↘ //

이번 주말, City 전자가 올해 최대의 할인 행사를 엽니다! 카메라, 컴퓨터, 가전제품 등 전 품목에서 할인 받을 수 있습니다. 그리고 구매 시 비용이 저렴한 서비스 및 수리 플랜을 추가하실 수 있습니다. City 전자에 오셔서 특가품을 확인해 보세요!

어휘 entire 전체의   stock 재고(품)   appliance 가전제품   purchase 구매   affordable 저렴한   repair 수리   bargain 특가(품)

고득점 노하우

· 첫 문장의 This weekend는 행사 일정이고, City Electronics는 상호 이름이므로, 광고문에서 중요한 정보에 해당합니다. 따라서 강조해서 읽어줍니다.
· 단어가 열거되는 부분(cameras, ↗ computers, ↗ and appliances ↘), (service ↗ and repairs ↘)의 높낮이 억양을 바르게 읽습니다.
· 1음절 강세가 있는 purchase [pɔ́:rtʃəs](펄춰스 O, 펄체이스 X), bargain [bɑ́:rgən](바ㄹ건O, 바ㄹ게인 X)은 뒤의 2음절 부분은 짧게 발음합니다.
· affordable [əfɔ́:rdəbl](어풔러블)은 2음절에 강세를 두고 읽고, /d/는 약하게 /ㄹ/발음으로 읽습니다.
· Come / check out ~은 come and check out 혹은 come to check out의 의미로 쓰여졌으므로, Come과 check out 사이를 조금 띄어서 읽습니다.

Q2. 안내문

🎧 Final 4_R_02

Welcome / to the Huntington Gallery. ↘ // This evening, / we open an exhibit / featuring the art of Edwin Colby. ↘ // Colby, / a local artist, / has achieved success in multiple forms of art. ↘ // Throughout this month, / our gallery will feature / his paintings, ↗ sculptures, ↗ and photographs. ↘ //

Huntington 갤러리에 오신 것을 환영합니다. 오늘 저녁, 저희는 Edwin Colby의 작품 전시회를 개최합니다. 지역 예술가인 Colby는 다양한 형태의 예술에서 성공을 거두었습니다. 이번 달 내내 저희 갤러리는 그의 그림과 조각품, 사진을 특별히 선보일 예정입니다.

어휘 exhibit 전시(회)   feature 특징을 이루다, 특별히 포함하다   local 지역의   achieve 성취하다   multiple 다양한, 여러   throughout ~ 내내   sculpture 조각(품)

고득점 노하우

· 첫 문장을 시작하는 Welcome을 힘차게 읽어 주의를 집중시킵니다.
· 사람 이름(Edwin Colby)과 장소(Huntington) 등의 고유명사는 작게 읽거나 웅얼거리지 말고, 자신 있게 읽으면서 자연스럽게 넘어갑니다.
· exhibits [igzíbits](익지비츠 O, 엑스히비츠 X)의 발음을 주의합니다.
· an exhibit / featuring ~에서 featuring 이하가 exhibit를 꾸며주므로, 살짝 끊어 읽습니다.
· the art에서 모음 앞에 온 the는 [ðə](더)가 아닌 [ði](디)라고 읽어야 합니다.
· 단어가 열거되는 부분(paintings, ↗ sculptures, ↗ and photographs ↘)의 높낮이 억양을 바르게 읽습니다.

Q3. 공원

브레인스토밍

장소

a park 공원

중심 대상

sitting on a bench 벤치에 앉아 있는

having a conversation 대화를 나누고 있는

crouching down 쭈그려 앉아 있는

taking a picture 사진을 찍고 있는

주변 대상

big trees planted along the fence
울타리를 따라 심어 놓은 큰 나무들

buildings behind the trees 나무 뒤에 건물들

느낌 / 분위기

calm and peaceful 차분하고 평화로운

ANSWER

사진 소개 This picture shows four people in a park.	이 사진은 공원에 있는 네 사람을 보여 줍니다.
중심 대상 Two women are sitting on a bench in the middle and their bikes are leaning against the bench. One of them is wearing a bike helmet and the other woman has her helmet on the bench. On the right side of the picture, there's a couple with a dog. The woman is crouching down—maybe she's trying to take a picture of the dog. The man and the dog are walking away from the other people.	여자 두 명이 가운데에 있는 벤치에 앉아 있고 그들의 자전거는 벤치에 기대어 있습니다. 그들 중 한 사람은 자전거 헬멧을 쓰고 있고 다른 한 여자는 헬멧을 벤치에 놓았습니다. 사진 오른쪽에는 개를 데리고 있는 커플이 있습니다. 여자가 잔디밭에 쭈그려 앉아 있는데, 아마 개의 사진을 찍으려는 것 같습니다. 남자와 개는 나머지 사람들과는 반대 방향으로 걸어가고 있습니다.
주변 대상 There are some big trees planted along the fence, and a few buildings are behind the trees.	울타리를 따라 심어져 있는 큰 나무가 몇 그루 있고, 건물 몇 채가 나무들 뒤에 있습니다.
느낌/분위기 It is a sunny day and it looks very calm and peaceful.	화창한 날이며 매우 차분하고 평화로워 보입니다.

어휘 lean against ~에 기대다 crouch down 쭈그려 앉다 walk a dog 개를 산책시키다 plant 심다 calm 차분한 peaceful 평화로운

고득점 노하우

- 사진 가운데 자전거는 사진의 중심 대상이 될 수 있으므로, 사람들과 함께 묘사합니다. 사물이라고 해서 마지막에 묘사할 필요는 없습니다.
- 사물이 기대어 세워져 있는 상태를 묘사할 때는 현재진행형 'be leaning against'를 사용합니다. 현재진행형은 동작뿐만 아니라 자세, 시선, 상태를 묘사할 때 사용될 수도 있습니다.
- 남녀 한 쌍을 말할 때는 a couple이라는 표현을 사용하는 것도 좋습니다.

정답 및 해설 **87**

Q4. 미술 수업

ANSWER

🎧 Final 4_R_04

사진 소개 This picture was taken in an art class.	이 사진은 미술 수업에서 찍었습니다.
중심 대상 Four students are sitting around a table. One of them is looking at something in her hands. The woman wearing a dark green jacket is pointing at it. She has her other hand on her waist. She is probably the teacher.	네 명의 학생들이 테이블에 둘러 앉아 있습니다. 그들 중 한 명이 손 안에 무언가를 보고 있습니다. 진한 녹색 재킷을 입은 여자가 그것을 가리키고 있습니다. 그녀는 다른 한 손은 허리에 두었습니다. 그녀는 아마도 선생님입니다.
주변 대상 There are some pieces of pottery on the table.	테이블에는 몇 개의 도자기들이 있습니다.
느낌/분위기 Everyone in the picture looks very serious.	사진 속 모든 사람들이 매우 진지해 보입니다.

어휘 point at ~을 가리키다   pottery 도자기, 도기류

고득점 노하우

• 단위를 나타내는 명사를 사용합니다.
  some pieces of pottery 도자기들   some glasses of water 물컵들
• 학생 모두를 묘사하기보다는 주요 학생 한 명을 세부적으로 묘사하는 것이 고득점에 도움이 됩니다.
• 둘 중에 하나와 나머지 하나는 one과 the other로 표현합니다. 여기서는 her other hand로 표현했습니다.

Q5-Q7 전화 인터뷰

🔊 *Imagine that a marketing firm is doing research in your area. You have agreed to participate in a telephone interview about traveling by taxi.*

마케팅 회사가 당신이 거주하는 지역에서 조사를 하고 있다고 가정해 보세요. 당신은 택시로 이동하는 것에 대한 전화 인터뷰에 참여하기로 동의했습니다.

Q5.

🎧 Final 4_R_05

Q	When was the last time you used a taxi, and where did you take it to?	마지막으로 택시를 이용한 것은 언제이며, 어디에 갔습니까?
A	핵심 답변 The last time I used a taxi was last Thursday, and I took it to get to my house from my office.	제가 마지막으로 택시를 이용한 때는 지난 목요일이며 사무실에서 집으로 갔습니다.

고득점 노하우

• 과거동사를 사용하여 'The last time ~ was + 택시를 이용한 시점'으로 표현합니다.
• 택시를 이용한 이유를 추가 문장으로 덧붙여줄 수도 있습니다.

Q6.

🎧 Final 4_R_06

Q	If you were taking a long taxi ride, how would you prefer to spend the travel time? Why?	택시를 오래 타고 간다면 이동 시간을 어떻게 보내고 싶습니까? 그 이유는 무엇인가요?
A	핵심 답변 If I were taking a long taxi ride, I'd prefer to spend the travel time listening to music on my phone. While listening to music, I'd look at the streets through the window.	택시를 오래 타고 간다면 휴대폰으로 음악을 들으면서 이동 시간을 보내고 싶습니다. 음악을 들으면서 창문 너머로 거리를 구경하겠습니다.

어휘 take a ride 타고 가다   prefer to ~하는 것을 선호하다   spend time 시간을 보내다

고득점 노하우

• 택시를 오래 탈 경우 시간을 어떻게 보낼 것인지 묻는 질문이므로, 가정법 〈if I were ~, I would+동사원형〉 구문을 올바르게 사용하여 대답합니다.
• '~하면서 시간을 보내다'는 〈spend + 시간 + -ing〉로 표현합니다.

Q7.

🎧 Final 4_R_07

Q	What would encourage you to take taxis more often? Why?	당신이 택시를 더 타게끔 하는 요인은 무엇이겠습니까? 그 이유는 무엇인가요?
A	핵심 답변 If taxi fares were cheaper, I would take taxis more often. Taxi fares are very expensive compared to the cost of taking public transportation, so I can't afford to use taxis often. 추가 문장 Also, because taxi fares are getting higher and higher these days, it is actually more economical to drive my own car.	택시 요금이 더 저렴하다면 택시를 더 자주 타겠습니다. 대중교통을 이용하는 데 드는 비용에 비해 택시 요금이 아주 비싸서 저는 택시를 자주 이용할 여유가 없습니다. 또한, 요즘 택시 요금이 점점 더 오르고 있어서, 사실상 제 차를 모는 것이 더 경제적입니다.

어휘 encourage 권장하다, 독려하다   fare 요금   compared to ~에 비해   public transportation 대중교통   afford to ~할 여유가 있다   economical 실속 있는, 경제적인

고득점 노하우

• 일어날 가능성이 적거나 현재와 다른 상황에 대해 가정하려면 가정법 과거 구문을 사용합니다. (If+주어+were/동사의 과거형 ~, 주어+조동사의 과거형+동사원형 ~.)
• 택시와 대중 교통(public transportation)을 비교하는 것도 좋은 답변이 됩니다. compared to~(~와 비교하면)이라는 표현을 사용합니다.

Q8-Q10 수업 일정표

<table>
<tr><td colspan="3">Olson Community Center — 831 Pine Street
Business Class Schedule: Summer Term
Class Dates: June 3 – August 28</td></tr>
<tr><td>Class</td><td>Day of Week</td><td>Time</td></tr>
<tr><td>Basic Accounting
*textbook included in price</td><td>Tuesdays</td><td>5:30–7:30 P.M.</td></tr>
<tr><td>Sales Techniques</td><td>Wednesdays</td><td>3:00–5:00 P.M.</td></tr>
<tr><td>Mastering Accounting Software</td><td>Thursdays</td><td>4:00–6:00 P.M.</td></tr>
<tr><td>Advertising Made Easy</td><td>Thursdays</td><td>6:00–8:00 P.M.</td></tr>
<tr><td>Small Business Management
*local guest speakers will present</td><td>Fridays</td><td>1:00–3:00 P.M.</td></tr>
<tr><td colspan="3">Price: $150.00/class</td></tr>
</table>

Olson 주민 센터 – Pine 가 831번지
경영 강좌 일정: 여름 학기
수업 날짜: 6월 3일–8월 28일

강좌	요일	시간
기초 회계 *수강료에 교재 포함	화요일	오후 5:30–7:30
영업 기법	수요일	오후 3:00–5:00
회계 소프트웨어 완전 정복	목요일	오후 4:00–6:00
손쉬운 광고	목요일	오후 6:00–8:00
중소기업 운영 *지역 초청 연사 참석 예정	금요일	오후 1:00–3:00
수강료: 강의당 150달러		

어휘 community center 주민 센터   accounting 회계   textbook 교재   include 포함하다   technique 기법   advertising 광고(업)   local 지역의   guest speaker 초청 연사   present 참석하다

 Hi. I heard that you'll be offering some business classes this summer. I'd like to get some more details from you.

안녕하세요. 이번 여름에 경영 강좌를 제공한다고 들었습니다. 더 자세한 내용을 알고 싶습니다.

Q8.

Q	What is the address of the community center, and on what date do classes begin?	주민 센터의 주소는 무엇이며 강좌는 며칠에 시작하나요?
A	Olson Community Center is located at 831 Pine Street and the classes begin on June 3rd.	Olson 주민 센터는 Pine 가 831번지에 있으며 강좌는 6월 3일에 시작합니다.

고득점 노하우

· '시설 is located 전치사+주소', 'It is 전치사+주소', 'We are 전치사+주소' 등으로 표현합니다.
· 정확한 전치사를 사용하여 주소를 안내합니다. (at 번지수)
· 번지수 831은 eight thirty-one으로 읽으며, 보통 백 단위(hundred)는 생략해서 읽습니다.
· 날짜는 서수로 읽어줍니다. June 3 - June third (O), June three (X)

Q9.

Q	I heard that the price to take a class is $125. Is that correct?	수강료는 125달러라고 들었습니다. 맞나요?
A	I'm afraid not. It is 150 dollars per class.	아닙니다. 강좌당 150달러입니다.

어휘 take a class 수업을 듣다   correct 정확한   per ~당

고득점 노하우

· 도표 아랫부분에 있는 가격 정보를 놓치지 않고 확인해야 합니다.
· 가격을 안내할 때는 It costs ~, 혹은 It is ~라고 합니다. 'It costs + 사람 + 가격 + to동사원형(~하는 데 얼마가 든다)'으로도 표현할 수 있습니다.
· 상대방이 예상한 가격보다 비싸기 때문에 I'm sorry to say this, but ~과 같은 표현을 사용해도 좋습니다.

Q10.

Final 4_R_10

Q	I work until 5:00 P.M. Monday through Friday. Could you give me all the details of any classes that begin after 5:00 P.M.?	저는 월요일부터 금요일, 오후 5시까지 일합니다. 오후 5시 이후에 시작하는 강좌에 대해 세부 내용을 모두 알려주시겠습니까?
A	Sure. We are offering two classes after 5 P.M. One is 'Basic Accounting', which is from 5:30 to 7:30 P.M. on Tuesdays. The textbook is included in the price. The other one is 'Advertising Made Easy' and it is held from 6 to 8 P.M. on Thursdays.	물론이죠. 오후 5시 이후에는 2개의 강좌를 제공합니다. 하나는 '기초 회계'로 화요일 오후 5시 30분부터 오후 7시 30분까지입니다. 교재는 수강료에 포함됩니다. 나머지 하나는 '손쉬운 광고'로 목요일 오후 6시부터 8시까지 진행됩니다.

고득점 노하우

· There are two classes [starting after/scheduled after] 5 P.M. 등으로 표현해도 좋습니다.
· 모든 세부 사항을 말해달라고 요청했으므로, 도표에 나온 교재 관련 정보도 제공합니다. 도표에 나온 과거분사 -ed는 수동의 의미를 내포하므로, 문장으로 말할 때 앞에 be동사를 넣어줍니다. (~ is included)
· on Tuesdays/Thursdays는 every Tuesday/Thursday와 같습니다.

Q11. 찬반

In your opinion, should vending machines in high schools sell only healthy food and drink options? Why or why not? Give reasons or examples to support your opinion.

당신이 생각하기에 고등학교에 있는 자판기는 건강에 좋은 음식과 음료만 팔아야 할까요? 그 이유는 무엇인가요? 자신의 의견을 뒷받침할 근거나 사례를 제시하세요.

어휘 opinion 의견, 생각   vending machine 자판기   healthy 건강에 좋은

나의 의견

Sell only healthy food - help students stay healthy / responsible for creating an environment
건강에 좋은 음식만 판다 – 학생들이 건강을 유지하는 데 도움이 된다 / 환경을 조성할 책임이 있는

ANSWER

🎧 Final 4_R_11

의견 In my opinion, vending machines in high schools should sell only healthy food and drink options.

이유 1 First of all, selling only healthy food and drink options in school vending machines will help to prevent the problem of obesity. If only healthy foods are available, those are what the students will eat.

이유 2 In addition, schools are responsible for creating an environment where students can form healthy eating habits. If they eat junk food and snacks at school all the time, they will not learn the importance of making healthy food choices.

결론 For these reasons, I support the idea that vending machines in high schools should sell only healthy food and drink options.

제 생각에 고등학교에 있는 자판기는 건강에 좋은 음식과 음료만 팔아야 합니다.

첫 번째로, 학교 자판기에서 건강에 좋은 음식과 음료만 판매하면 비만 문제를 예방하는 데 도움이 될 겁니다. 건강한 음식만 판매한다면, 학생들이 건강한 음식을 섭취하게 될 겁니다.

게다가 학교는 학생들이 건강한 식습관을 형성할 수 있는 환경을 조성할 책임이 있습니다. 학생들이 학교에서 항상 정크 푸드와 간식을 먹는다면 건강한 음식을 선택하여 먹는 게 중요하다는 것을 배우지 못할 겁니다.

이런 이유들로, 저는 고등학교에 있는 자판기는 건강한 음식과 음료만 판매해야 한다는 의견에 찬성합니다.

어휘 obesity 비만   in addition 게다가   responsible for ~에 책임이 있는   create 조성하다, 만들다   environment 환경   eating habit 식습관

고득점 노하우

• 답변 시간(60초)을 잘 배분해서, 제시한 두 가지 이유에 대한 근거 문장을 답변하는 것이 좋습니다.
• 마무리 문장에서 I support the idea that + 주제문 ~으로 다시 한번 입장을 강조합니다.
• 반대 의견으로 답할 경우, 질문에서 주어진 문장을 변형하려다 실수하지 말고, I don't think 혹은 I disagree that 등으로 앞 부분을 부정으로 시작하고 주제문은 그대로 이용합니다.
• 반대 의견일 경우, '학생들에게 선택권을 주어야 한다(Schools should give students freedom of choice)'고 주장하면 됩니다. 이는 학교 및 학생과 관련된 다양한 문제들에도 활용할 수 있습니다.

ETS FINAL TEST 5 본책 _ P.202

Q1. 방송

🎧 Final 5_R_01

And **now**, / here's a Channel **Six traffic advisory**. ↘ // If you're **heading** / to the **mountains** this weekend, / **note** / that **construction** on the **Independence Freeway** / is **planned**. ↘ // The **entrances** / at **Grant** Street, ↗ **Swann** Avenue, ↗ and **Third** Avenue ↘ / will be **closed**. ↘ // Be **prepared** / for **significant delays** / along **alternate** **routes**. ↘ //

이제 채널 6의 교통 권고사항입니다. 만약 이번 주말에 산으로 향하신다면 Independence 고속도로에 공사가 예정되어 있다는 점 유의하십시오. Grant 가, Swann 대로, 3번 가 입구는 폐쇄될 예정입니다. 대체 경로에 상당한 지체가 발생할 수 있으니 대비하십시오.

어휘 advisory 권고   head ~로 향하다   construction 건설   entrance 입구   significant 상당한   delay 지연   alternate 교체의, 대체의

고득점 노하우

• 문장 시작 부분의 now는 '자, 이제 ~'라는 의미로, 방송 시작 전, 주의를 끌기 위한 어조이므로 강하게 읽습니다.
• the Independence, The entrances에서의 the는 다음 단어가 모음으로 시작되므로, [ðə](더)가 아닌 [ði](디)라고 읽어야 합니다.
• 단어가 열거되는 부분(Grant Street, ↗ Swann Avenue, ↗ and Third Avenue ↘)의 높낮이 억양을 바르게 읽습니다.
• planned, closed, prepared 끝의 -ed [d] 발음은 강하지는 않지만, 반드시 해주어야 합니다.
• alternate은 여기서 형용사로 쓰였기 때문에 [ɔ́:ltərnət][얼터닡]으로 발음합니다.
• 교통 관련 문제가 많이 출제되므로, 도로 관련 단어들의 발음을 알아두세요.
  예) street[stri:t](스트릿), avenue[ǽvənjùː](애버뉴), boulevard[búləvà:rd](불러바드), route[ru:t](루트) 혹은 [raut](라우트)

Q2. 안내문

🎧 Final 5_R_02

Welcome / to the **Kimball Chocolate** factory tour! ↘ // **Today** / you will **observe** / **how** our **famous** / chocolate **bars**, ↗ **nut clusters**, ↗ and other **delicious candies** ↘ / are **created**. ↘ // As the tour **progresses**, / we will **follow** a **batch** of chocolate / through the **factory**. ↘ // At the **end** of the tour, / we will **provide** you / with **samples** of each candy / **produced** / during your time **here**. ↘ //

Kimball 초콜릿 공장으로 견학 오신 것을 환영합니다! 오늘 여러분은 저희의 유명한 초콜릿 바, 견과류 클러스터, 기타 맛있는 사탕들이 어떻게 탄생하는지 관찰하시게 됩니다. 견학을 진행하면서 초콜릿 1회 제조분을 뒤따라가며 공장을 통과하겠습니다. 견학 말미에는 여러분이 여기 계시는 동안 생산된 각 사탕의 샘플을 제공하겠습니다.

어휘 observe 보다, 관찰하다   cluster (같은 종류의) 무리, 뭉쳐있는 것   progress 진행하다   batch 한 회분

고득점 노하우

• 문장 시작 부분의 welcome은 환영하며, 주의를 끌기 위한 어조이므로 강하게 읽습니다.
• 단어가 열거되는 부분(chocolate bars, ↗ nut clusters, ↗ and other delicious candies ↘)의 높낮이 억양을 바르게 읽습니다.
• bars, clusters, candies 모두 복수형이므로 [-z] 발음을 정확히 해줍니다.
• the end에서 the는 모음 앞에 있음으로 [ði](디)라고 읽습니다.
• 마지막 문장으로 갈수록 단조로울 수 있는 안내문이지만, 끝까지 생동감 있게 읽어주세요.

Q3. 거리

장소
a busy street   혼잡한 거리

중심 대상
sitting on a motorcycle   오토바이에 앉아 있는
adjusting his helmet   헬멧을 고쳐 쓰고 있는
getting ready to leave off   자리를 뜰 준비를 하고 있는
walking past some stores   상점들을 지나고 있는

주변 대상
items on display   진열된 상품들
display cases with food   음식 진열장

느낌 / 분위기
an old downtown area   오래된 도심지

ANSWER

🎧 Final 5_R_03

사진 소개 This picture was taken on a busy street.	이 사진은 혼잡한 거리에서 찍혔습니다.
중심 대상 The first thing I can see is a man sitting on a motorcycle on the right side of the picture. He is adjusting his helmet. He seems to be getting ready to leave off.	제일 먼저 보이는 것은 사진 오른쪽 오토바이에 앉아 있는 한 남자입니다. 그는 헬멧을 고쳐 쓰고 있습니다. 자리를 뜰 준비를 하고 있는 듯합니다.
Behind him, there are many people walking on the street. They are walking past some stores. One person is wearing a blue jacket and carrying a bag.	그 사람 뒤에는 거리를 걷는 사람들이 많습니다. 그들은 상점 몇 군데를 지나가고 있습니다. 한 사람이 파란색 재킷을 입고 가방을 들고 있습니다.
주변 대상 All the stores in this picture have items on display. For example, the yellow one in the middle has display cases with food in them.	이 사진의 모든 상점에는 상품들이 전시되어 있습니다. 예를 들어, 가운데에 있는 노란 상점에는 음식이 있는 진열장이 있습니다.
느낌/분위기 This looks like an old downtown area.	이곳은 오래된 도심지 같아 보입니다.

어휘 leave off 자리를 뜨다   on display 진열되어 있는

고득점 노하우

• 주요 명사들에 대한 자세한 묘사는 형용사를 추가하여 표현합니다. (busy street, blue jacket)
• 사람들이 많은 경우에는 가장 중심이 되는 사람 1~2명의 동작과 의상을 정확히 묘사합니다.
• 오른쪽 남자는 오토바이를 탄다고 하는 것(riding a motorcycle)보다 앉아 있다(sitting on a motorcycle)고 묘사하는 것이 정확합니다.
• 거리, 상점 등에 많이 쓰이는 명사를 익혀둡니다. (display cases, on display)

Q4. 교실

브레인스토밍

장소
a classroom 교실

중심 대상
sitting on chairs in a circle 원형으로 의자에 앉은
listening to a woman 여자의 이야기를 듣고 있는
has a ponytail 머리를 묶은

주변 대상
pushed close together 밀려서 모여 있는
big shelves 큰 선반들

느낌 / 분위기
look interested 관심 있어 보이는
play a game 게임을 하다

ANSWER

사진 소개 This place looks like a classroom.	이 장소는 교실처럼 보입니다.
중심 대상 Many young students are sitting on chairs in a circle. They are all listening to a woman standing in front of them. She has a ponytail and is wearing a yellow shirt.	많은 어린 학생들이 의자에 원형으로 앉아 있습니다. 그들은 모두 앞에 서 있는 여자의 이야기를 듣고 있습니다. 그녀는 머리를 하나로 묶고, 노란색 셔츠를 입고 있습니다
주변 대상 Behind her, many desks have been pushed close together. In the background, I can also see big shelves full of school bags and other items.	그녀의 뒤에는 많은 책상들이 밀려서 모여 있습니다. 뒤쪽에는 학교 가방과 다른 물건들로 가득 찬 큰 선반들을 또한 볼 수 있습니다.
느낌/분위기 All of the students look interested, so I would guess they are about to play a game.	학생들 모두 관심 있어 보여서, 그들이 이제 막 게임을 시작하려는 거라고 짐작해봅니다.

어휘 in a circle 원형으로, 둥글게   ponytail 하나로 묶은 머리   be pushed 밀리다   be about to 곧 ~하려는 참이다

고득점 노하우

- 책상들이 모여 있는 상황을 완료 수동형으로(have/has been 과거분사) 표현하면 더 좋습니다.
- 각 학생들의 개별적인 모습보다는 전체적인 모습이나 공통적인 행동으로 표현하고, 선생님을 세부적으로 묘사합니다.
- 쉬운 단어들은 더 주의해서 발음합니다.
  shirt 셔ㄹㅌ(셔츠 X)   push 푸쉬(푸씨 X)

정답 및 해설 **95**

Q5-Q7 전화 대화

🔊 *Imagine that you are talking to a friend on the telephone. You are talking about traveling on vacation.*

친구와 통화하고 있다고 가정해 보세요. 휴가 여행에 관해 이야기하고 있습니다.

Q5.

🎧 Final 5_R_05

Q	How long was your last vacation, and who did you go with?	마지막 휴가는 얼마 동안이었고 누구와 같이 갔니?
A	**핵심 답변** My last vacation was 3 days long. I took a family trip with my parents and sister. **추가 문장** It was to celebrate my mother's birthday.	내 마지막 휴가는 사흘 동안이었어. 부모님이랑 여동생과 함께 가족 여행을 갔어. 어머니 생신을 축하하기 위한 여행이었지.

고득점 노하우

- How long ~?, Who ~?에서 묻는 내용을 정확히 파악해서 답변합니다.
- 추가로 휴가 동안에 무엇을 했는지, 어디를 갔는지 등을 덧붙여 주어도 좋습니다.
- 질문 어순과 똑같이 대답하지 않고, 응용해서 문장을 만들 수 있으면 더욱 좋습니다. (I spent ~, my family and I ~)
- 질문의 시제가 과거이므로, 답변에도 과거를 사용합니다.

Q6.

🎧 Final 5_R_06

Q	How do you usually decide where to go on a vacation?	휴가를 어디로 갈지 보통 어떻게 결정해?
A	**핵심 답변** I usually decide where to go on a vacation by searching on the Internet. **추가 문장** I find it helpful to read people's reviews of their vacations.	주로 인터넷 검색을 통해 휴가를 어디로 갈지 결정해. 사람들의 휴가 후기를 읽는 것이 도움이 된다고 생각해.

고득점 노하우

- 무언가를 결정하는 방법을 묻는 질문에는 〈정보 찾기 → 인터넷 검색 또는 후기 읽기〉 등의 패턴을 이용하면 도움이 됩니다.

Q7.

🎧 Final 5_R_07

Q	Do you think I should schedule *all* the activities I want to do on my vacation before I leave? Why or why not?	떠나기 전에 휴가 때 하고 싶은 모든 활동을 정해서 일정을 짜야 한다고 생각해? 그렇게 생각하는 이유는 뭐야?
A	**핵심 답변** Yes, you should schedule all the activities you want to do before you leave. You don't want to waste time while you're there deciding what to do. **추가 문장** So I suggest scheduling activities and making reservations in advance.	맞아. 떠나기 전에 하고 싶은 모든 활동을 정해서 일정을 짜야 해. 거기 있는 동안 무엇을 할지 결정하느라 시간을 낭비하고 싶지 않을 거야. 그래서 먼저 일정을 짜고 미리 예약하라고 권하겠어.

어휘 schedule 일정을 짜다 waste 낭비하다 in advance 미리

고득점 노하우

- 질문에 대한 답변 후, 추가 문장들을 더해 답변 시간을 채웁니다.
- 자신이 말할 수 있는 문장으로, 주어 동사 목적어를 갖춘 완전한 문장 형태로 말합니다.

Q8-Q10 회의 일정표

Annual Teacher Conference–Leedsville Conference Center
June 20–21

JUNE 20	9:00	Superintendent's Address	Ana Hernandez
	10:00	Discussion: District Math Performance	Sofia Bruno
	Noon	Lunch	
	1:00	Workshop: Traditional Art Projects	Jason Alston
	4:00	Teacher of the Year Award: Yanfang Sun	
JUNE 21	9:00	Presentation: Library Acquisitions	Afifa Khan
	10:00	Presentation: Technology in the Classroom	Hannah Ellis
	Noon	Lunch	
	1:00	Workshop: Student-Centered Technology	Mehmet Ali
	4:00	Closing Remarks	Roberta Lee

연례 교사 총회—Leedsville 회의장
6월 20–21일

6월 20일	9:00	교육감 연설	Ana Hernandez
	10:00	토론: 지역 수학 성적	Sofia Bruno
	정오	점심	
	1:00	워크숍: 전통 예술 프로젝트	Jason Alston
	4:00	올해의 교사상: Yanfang Sun	
6월 21일	9:00	발표: 도서관 입수 도서	Afifa Khan
	10:00	발표: 교실 내 기술	Hannah Ellis
	정오	점심	
	1:00	워크숍: 학생 중심 기술	Mehmet Ali
	4:00	폐회사	Roberta Lee

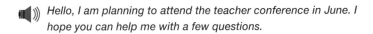

Hello, I am planning to attend the teacher conference in June. I hope you can help me with a few questions.

안녕하세요. 저는 6월에 있을 교사 총회에 참석할 계획입니다. 몇 가지 질문이 있으니 저를 도와주셨으면 합니다.

Q8.

Q	I know that Sofia Bruno is leading a discussion of the district math performance. What's the date and time of that discussion?	Sofia Bruno가 지역 수학 성적에 관한 토론을 진행할 예정이라고 알고 있습니다. 토론 날짜와 시간이 어떻게 되나요?
A	That discussion starts at 10 A.M. and will be on June 20th.	토론은 6월 20일 오전 10시에 시작합니다.

고득점 노하우

• 오전 시간은 A.M. 혹은 in the morning을 붙여 말합니다.
• 전치사(at 시간/on 요일/on 날짜)와 날짜의 숫자(20th)를 정확히 말합니다.

Q9.

Q	A friend of mine, Yanfang Sun, is getting an award. That's on the second day of the conference, right?	제 친구 Yanfang Sun이 상을 받게 됩니다. 총회 둘째 날이 맞나요?
A	Actually, no. It will be on the first day of the conference, at 4 P.M. on June 20th.	사실 그렇지 않습니다. 회의 첫날인 6월 20일 오후 4시입니다.

고득점 노하우

• 질문에 대한 핵심 답변 first와 시간 및 날짜를 강조해서 읽어줍니다.
• 질문에서 나온 잘못된 정보를 다시 한번 확인해 주어도 됩니다. (It's not on the second day.)

Q10.

Q	I teach computer science, and I'm most interested in technology issues. Could you tell me all the details about the sessions that are specifically about technology?	저는 컴퓨터 공학을 가르치므로 기술 문제에 가장 관심이 많습니다. 특히 기술에 관한 세션에 대해 자세히 설명해 주시겠어요?
A	Let me see... There will be two sessions on technology. First, Hannah Ellis will give a presentation on Technology in the Classroom at 10 A.M. on June 21st. Second, Mehmet Ali will lead a workshop on Student-Centered Technology at 1 P.M. on June 21st.	어디 봅시다... 기술에 관한 세션은 두 번 있습니다. 먼저, 6월 21일 오전 10시에 Hannah Ellis가 교실 내 기술에 관한 발표를 진행할 예정입니다. 두 번째로, 6월 21일 오후 1시에 Mehmet Ali가 학생 중심 기술에 관한 워크숍을 진행할 것입니다.

고득점 노하우

• Let me see 등으로 자연스럽게 시간을 끌며, 충분히 내용을 파악합니다.
• June 21는 June twenty-first로 읽습니다.
• 문장을 다양하게 변형하는 것도 좋지만, 본인이 자신 있는 패턴으로 정보를 정확히 안내해도 됩니다.

Q11. 선호 사항

If you were a university student and had a choice between studying in a foreign country or working at an internship, which would you prefer? Why? Give reasons or examples to support your opinion.

만약 당신이 대학생이고 외국에서 공부하는 것과 인턴으로 일하는 것 중 하나를 선택할 수 있다면, 어떤 것을 더 선호하나요? 그 이유는 무엇인가요? 자신의 의견을 뒷받침할 근거나 사례를 제시하세요.

나의 의견

studying in a foreign country – see what foreign students are like / enjoy my time as a student as much as possible 외국에서 공부하기 – 외국 학생들은 어떤지 본다 / 학생 신분으로 가능한 한 즐겁게 시간을 보낸다

ANSWER

🎧 Final 5_R_11

의견 If I were a university student, I'd prefer to study abroad.	제가 대학생이라면 유학을 택하겠습니다.
이유 1 For one thing, it'd be an amazing experience to see what foreign students are like and how they study. It would help me broaden my horizons—I could learn a foreign language, experience the local culture, and hopefully make new friendships.	우선, 외국 학생들은 어떤지, 어떻게 공부하는지를 본다면 멋진 경험이 될 겁니다. 견문을 넓히는 데 도움이 되겠죠. 외국어도 배울 수 있고, 현지 문화를 경험하고, 새로운 친구로 사귈 수 있을 거예요.
이유 2 Also, internships are very stressful. I wouldn't want the stress of an internship because I'd want to enjoy my time as a student as much as possible before I graduate.	또한 인턴십은 굉장히 힘듭니다. 졸업하기 전에 학생 신분으로 가능한 한 즐겁게 지내고 싶기 때문에, 인턴십으로 스트레스 받고 싶지는 않을 겁니다.
마무리 Therefore, I'd prefer to study in a foreign country rather than to work at an internship.	따라서 저는 인턴으로 일하는 것보다 외국에서 공부하는 편을 택할 것입니다.

고득점 노하우

· 문제가 If you were a university student ~로 가정하는 상황이므로, 전체적인 답변도 I could ~, It would ~ 등의 가정법 구문을 사용합니다.
· 답변 준비 시간 동안 두 가지 이유가 생각나지 않더라도, 이유 한 가지와 그에 대한 근거나 관련 경험 등으로 일관성 있게 답변해도 좋습니다.

PART 5 | 미리보기

PART 5 시험 유형

문제 번호	문제 유형	답변 준비 시간	답변 시간	평가 항목	채점용 점수
Question 11	Express an opinion 의견 제시하기	45초	60초	발음 억양과 강세 문법 어휘 일관성 내용의 관련성 내용의 완성도	0-5

PART 5 진행순서

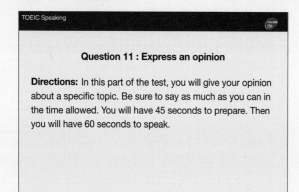

1 첫 화면에 Express an opinion 유형의 지시문이 나오며 이를 음성으로도 들려줍니다.

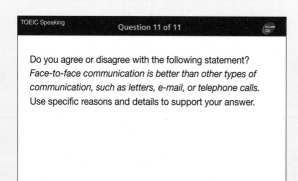

2 두 번째 화면에 문제가 나오며 이를 음성으로도 들려줍니다.

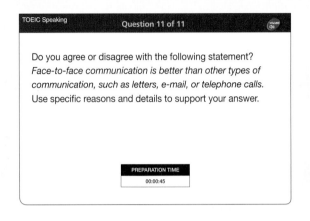

3 질문이 끝나면 음성으로 다음과 같은 지시와 '삐' 소리가 나온 후 45초의 준비 시간이 주어집니다.

"Begin preparing now." [Beep]

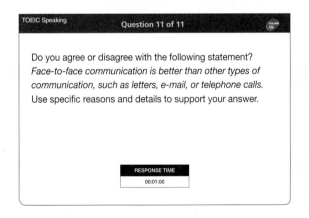

4 화면 하단에 RESPONSE TIME이 표시되며 음성으로 다음과 같은 지시와 '삐' 소리가 나온 후 60초 동안 응답합니다.

"Begin speaking now." [Beep]

Part 5에서 자신의 의견과 이유 및 근거를 제시할 때 사용할 수 있는 기본 표현은 미리 익혀 두는 것이 좋습니다. 또한 자주 나오는 주제와 관련된 표현들을 알아두면 문제를 이해하는 데 도움이 되며, 답변에도 이를 활용할 수 있습니다.

기본 답변 표현 🎧 Part 5_01

의견 말하기

I agree[disagree] that ~ ~에 찬성[반대]합니다.
I prefer -ing[to ~]. ~하는 것을 선호합니다.
I would rather ~. 차라리 ~하겠습니다.

I think[believe] that ~. ~라고 생각합니다.
I don't think that ~. ~라고 생각하지 않습니다.
In my opinion, ~ 제 의견으로는,

- **I disagree with** the statement that technology brings people closer.
  저는 기술이 사람들을 더 가깝게 해준다는 의견에 반대합니다.

- **I prefer to** work on my own rather than in a team.
  저는 팀으로 일하는 것보다 혼자 일하는 것을 선호합니다.

이유 말하기

because ~ / It's because ~ 왜냐하면
For one thing, (이유를 소개할 때) 한 가지는

since ~ ~이기 때문에
The reason ~ is that ~. ~한 이유는 ~입니다.

- **It's because** I can keep in close touch with my friends.
  왜냐하면 친구들과 자주 연락할 수 있기 때문입니다.

- **For one thing,** people are getting more health conscious these days.
  한 가지 이유는, 요즘 사람들이 점점 더 건강에 신경을 쓰고 있다는 것입니다.

열거하기

First (of all), 우선
Second/Secondly, 두 번째로는,

In addition, 게다가
Lastly, 마지막으로,

- **First (of all),** face-to-face teaching is the most effective way to train employees.
  우선, 면대면 교육은 직원들을 교육시키기에 가장 효과적인 방법입니다.

- **Second,** if you get paid enough, you can enjoy both your job and your free time.
  둘째, 급여를 충분히 받으면, 일과 여가 모두를 즐길 수 있습니다.

예를 들어 말하기

For example[instance], 예를 들면.

like ~ / such as ~ ~와 같은

As a result, 결과적으로.

In my case, 제 경우에는.

When I ~, 제가 ~할 때.

However, 그러나.

- **For example,** there are more job openings and potential business contacts in big cities.
  예를 들어, 대도시에는 일자리와 사업에 도움을 줄 수 있는 사람이 더 많습니다.

- **When I** was young, my parents gave me an allowance for doing house chores.
  어렸을 때는, 제가 집안일을 하면 부모님께서 용돈을 주셨습니다.

답변 마무리하기

Therefore, 그러므로.

This[That] is why I ~ 이/그것이 제가 ~한 이유입니다.

For this reason[these reasons], 이러한 이유(들)로.

So, 그래서

- **Therefore,** I would rather spend more time with my family.
  그러므로, 저는 차라리 가족들과 더 많은 시간을 보내겠습니다.

- **For this reason,** I think that customer service is the most important factor in business.
  이러한 이유로, 저는 고객 서비스가 사업에서 가장 중요한 요소라고 생각합니다.

 PRACTICE 주어진 우리말을 참고하여 빈칸을 채워서 문장을 말해보세요. Part 5_02 / 해설집 p.53

1. _____, I would be able to get real work experience before I graduate.
   우선, 졸업 전에 실무 경험을 쌓을 수 있을 것입니다.

2. _____, there are some disadvantages of doing these activities every day.
   그러나, 매일 이런 활동을 하는 데에는 몇 가지 단점이 있습니다.

3. _____, taking part in outdoor activities will keep you healthy.
   게다가, 야외 활동에 참여하면 건강을 유지할 수 있습니다.

4. _____ my friends would give me their honest opinions.
   왜냐하면 친구들은 저에게 솔직한 의견을 말해줄 것이기 때문입니다.

5. _____, I think the best way for students to spend their vacation is traveling abroad.
   이러한 이유들로, 학생들이 방학을 보내는 가장 좋은 방법은 해외 여행을 가는 거라고 생각합니다.

주제별 빈출 표현

일상 생활

do house chores 집안일을 하다
keep in shape 몸매/건강을 유지하다
play a musical instrument 악기를 연주하다
pay by credit card 신용카드로 결제하다
public transportation 대중교통
read reviews 후기를 읽다
save time and money 시간과 돈을 절약하다
eat out, go out to eat 외식하다

interests 관심사
have fun with ~와 함께 즐거운 시간을 보내다
work out 운동하다
go abroad 해외에 가다
have something delivered ~을 배송시키다
living expenses 생활비
by myself 나 혼자서
get rid of[relieve] stress 스트레스를 해소하다

학교 / 교육

make new friends 새 친구를 사귀다
after-school activities 방과 후 활동
wear a school uniform 교복을 입다
get instant feedback 즉각적인 피드백을 얻다
graduate student 대학원생
participate[take part] in ~에 참여하다
register for ~ classes ~ 수업에 등록하다
physical exercise 신체 운동

attend a class 수업에 참석하다
transfer to ~으로 편입하다, 전학 가다
earn credits 학점을 취득하다
take a course online 온라인으로 강의를 듣다
have a part-time job 아르바이트를 하다
pay tuition (fees) 학비를 내다
study in a foreign country 외국에서 공부하다
improve one's skills 실력을 향상시키다

직장 / 업무

job requirements 취업 자격 요건
applicant 지원자
qualifications for the job 직업에 필요한 자격
work(ing) hours 근무 시간
flexible work schedule 탄력 근무제
open(-plan) office 개방형 사무실
experienced worker 경력자
a long commute 장거리 통근
benefits 복리 후생
a high-paying[well-paid] job 고소득 직업
work efficiently 효율적으로 일하다
attract more customers 더 많은 고객을 유치하다

work-related 업무와 관련된
supervisor 상사, 관리자
be suitable for ~에 적합하다
be skilled at ~를 잘하다
interpersonal skills 대인관계 기술
take a day off 하루 쉬다
get promoted 승진하다
go on a business trip 출장을 가다
deal with problems 문제를 처리하다
co-workers, colleagues 동료들
compete with ~와 경쟁하다
improve[increase] productivity 생산성을 높이다

142

디지털/기술

share ideas online 온라인에서 의견을 공유하다

get access to ~에게 접근/접속하다

update one's status ~의 근황을 업데이트하다

in real time 실시간으로

be addicted to social media
소셜 미디어에 중독되다

digital devices 디지털 기기

telecommuting, working from home 재택근무

surf the Internet 인터넷 서핑하다

look ~ up on the Internet 인터넷에서 ~를 검색하다

send a text message to ~, text ~
~에게 문자를 보내다

video chat, make a video call 화상 통화를 하다

check one's e-mail 이메일을 확인하다

write[post] a comment 댓글을 달다

upload pictures and videos 사진과 동영상을 올리다

technical problem 기술적 문제

advances in technology 기술의 발달

환경/사회

sacrifice time 시간을 바치다

celebrities 유명인사

be a role model to[for] ~에게 롤 모델이 되다

have an influence on ~에 영향을 미치다

pros and cons 장단점

city council 시의회

prohibit, ban 금지시키다

volunteer 자원봉사자; 자원봉사 하다

community service 지역사회 봉사

serve the public 공익을 위해 일하다

public policy 공공 정책

make a donation 기부하다

renewable resources 재생 가능 자원

recycle 재활용하다

climate change 기후 변화

live[go] green 친환경적으로 생활하다

pollution 오염

eco-friendly 친환경적인

🎙 PRACTICE 주어진 우리말을 참고하여 빈칸을 채워서 문장을 말해보세요. 🎧 Part 5_04 / 해설집 p.53

1. When I was a high school student, I used to _____.
   제가 고등학생이었을 때, 방과 후 활동에 참여하곤 했습니다.

2. I believe business leaders need to have strong _____ to be successful.
   비즈니스 리더가 성공하려면 대인관계 능력이 뛰어나야 한다고 생각합니다.

3. Nowadays, people _____ or _____ to keep in touch with their friends.
   요즘 사람들은 문자를 보내거나 화상 통화를 하며 친구들과 연락합니다.

4. I always _____ before I _____ to my computer.
   저는 컴퓨터에 영화를 다운로드하기 전에 항상 후기를 읽어 봅니다.

5. The law requires us to _____ plastic bottles and paper products.
   법에 따라 플라스틱병과 종이 제품을 재활용해야 합니다.

전략 1 | 질문 파악하고 의견 말하기

🎧 Part 5_05

(1) 찬성/반대 의견 말하기 (Do you agree or disagree ~? / Should ~?)

찬성/반대 의견을 묻는 질문은 Do you agree or disagree ~? 형태로 주로 출제됩니다. 주제문의 의미를 파악하고 이에 대해 찬성할지 반대할지 결정한 후, I agree/disagree that ~ 이나 I think/don't think that ~ 뒤에 주제문을 연결하여 의견을 말하면 됩니다. Should로 시작하는 질문의 경우, In my opinion, I think/don't think ~ 등의 표현을 사용하면 됩니다.

Q	**Do you agree or disagree** with the following statement? *Schools should require students to learn how to play a musical instrument.* Use specific reasons or examples to support your opinion.	다음 문장에 찬성합니까, 반대합니까? 학교에서 학생들이 악기 연주하는 법을 배우게 해야 한다. 의견을 뒷받침할 수 있는 구체적인 이유나 예를 제시하세요.
A	**I agree that** schools should require students to learn how to play a musical instrument.	학교에서 학생들이 악기 연주하는 법을 배우게 해야 한다는 의견에 찬성합니다

(2) 세 가지 보기 중 선택하기 (Which of the following ~? / What is the best way ~?)

세 가지 보기 중에서 한 가지를 선택하는 문제입니다. 말할 내용이 많고 관련 어휘를 잘 알고 있는 보기를 고르는 것이 유리합니다. 의견을 나타내는 표현에 주어진 보기를 연결할 때는 문법에 맞게 말하도록 주의합니다. In my opinion, ~ I think ~, As far as I'm concerned, ~ 와 같은 표현으로 답변을 시작하면 됩니다.

Q	**Which of the following** is the most important skill for a business leader to have? Choose ONE of the options provided below, and give reasons or examples to support your opinion. • Communication skills • Time management skills • Problem-solving skills	다음 중 비즈니스 리더가 갖추어야 할 가장 중요한 능력은 무엇입니까? 아래 주어진 보기에서 하나를 선택한 후, 의견을 뒷받침할 수 있는 구체적인 이유나 예를 제시하세요. • 소통 능력 • 시간 관리 능력 • 문제 해결 능력
A	**In my opinion,** communication skills are **the most important skills** for a business leader to have.	제 생각에 비즈니스 리더가 갖추어야 할 가장 중요한 능력은 소통 능력입니다.

(3) 선호 사항 말하기 (Which do[would] you prefer ~? / Which is better ~?)

질문에서 두 가지 선택사항 A와 B가 주어지며, 이 중 더 선호하는 것을 선택한 후 그 이유를 말해야 합니다. 두 가지 선택 사항이 무엇인지 정확히 구별하는 것이 중요합니다. I (would) prefer A 혹은 I think A is better 표현을 사용하여 의견을 말해줍니다.

Q	**Which would you prefer,** <u>a high-paying job</u> **or** <u>an interesting</u> <u>job</u>? Use specific ideas and examples to support your opinion.	당신은 고소득 직업과 흥미로운 직업 중에 어느 것을 선호합니까? 의견을 뒷받침할 수 있는 구체적인 이유나 예를 제시하세요.
	A　　　　　　　　B	
A	**I would prefer** a high-paying job.	저는 고소득 직업을 선호합니다.

(4) 상황 가정해서 말하기 (If 주어+과거형~, (what) would you ~?)

특정 상황을 가정한 후 의견을 묻는 문제입니다. 현재와 다른 상황을 가정하는 질문이므로, 답변할 때는 문제에 주어진 조동사나 동사의 과거 시제를 이용하여 의견 문장을 만듭니다.

Q	**If your city wanted** to charge drivers for entering its busiest areas in order to reduce traffic, **would you support** that plan? Why or why not? Give specific reasons or examples to support your opinion.	만약 당신이 거주하는 도시에서 교통량을 줄이기 위해 가장 붐비는 지역에 진입하는 운전자들에게 요금을 부과하고자 한다면, 그 방침을 지지하겠습니까? 그 이유는 무엇인가요? 의견을 뒷받침할 수 있는 구체적인 이유나 예를 제시하세요.
A	**If my city wanted to** charge drivers for entering its busiest areas to reduce traffic, **I would support** that plan.	만약 제가 사는 도시가 교통량을 줄이기 위해 가장 붐비는 지역에 진입하는 운전자들에게 요금을 부과하고자 한다면, 그 방침을 지지하겠습니다.

(5) 장단점 말하기 (What are some advantages[disadvantages] of ~?)

특정 주제에 대한 장·단점을 묻는 문제 유형입니다. There are several advantages of ~, One of the advantages is that ~과 같은 표현으로 답변을 시작합니다. 평소 다양한 주제에 대한 장·단점을 정리해 두면 좋습니다. benefits(이점)나 challenges(어려운 점)를 묻는 형태로 출제될 수도 있습니다.

Q	**What are some advantages** of being a leader in a group at work or at school? Use specific reasons or examples to support your answer.	직장이나 학교에서 그룹의 리더가 되는 것의 장점은 무엇입니까? 의견을 뒷받침할 수 있는 구체적인 이유나 예를 제시하세요.
A	**One of the advantages is** that you have the authority to make decisions.	장점 중 하나는 당신에게 결정을 내릴 권한이 있다는 것입니다.

전략 2 답변 방식 익히기

질문의 종류를 파악한 후 의견을 정합니다. 이후 45초의 준비 시간 동안 이유 및 근거를 생각하여 답변을 구성해야 합니다. 답변은 의견 → 이유 및 근거/예시 → 결론 순으로 하면 됩니다. 이유를 두 가지 이상 제시할 수 있으면 좋지만, 한 가지 이유와 구체적인 예시를 들어도 됩니다. 아래 템플릿을 보고 방식을 익혀두면 답변을 쉽게 구성할 수 있습니다. 실전에서는 추가 문장을 덧붙여 주어진 답변 시간을 채우는 것이 좋습니다.

▶ 답변 구성 방식 1

의견	**I agree[disagree] that** _____. ~에 찬성[반대]합니다.	질문을 파악한 후, 유형에 맞는 의견 문장으로 답변을 시작합니다.
이유 1	**First (of all),** _____. 첫 번째로,	가장 중요하다고 생각하는 첫 번째 이유를 들어줍니다.
이유 2	**Also / Second / In addition,** _____. 또한 / 두 번째로 / 덧붙여서,	부가적인 이유를 덧붙여 줍니다.
결론	**For these reasons,** _____. 이러한 이유들로	답변을 마무리하며 의견 문장을 다시 말해줍니다.

▶ 답변 구성 방식 2

의견	**I think[don't think]** _____. ~라고 생각합니다[생각하지 않습니다].	질문을 파악한 후, 유형에 맞는 의견 문장으로 답변을 시작합니다.
이유	**It's because** _____. ~이기 때문입니다.	대표적인 이유를 제시합니다.
예시	**For example,** _____. 예를 들면,	예를 들어줍니다. When I was ~, In my case와 같은 표현으로 자신의 경험을 이야기해도 됩니다.
결론	**Therefore,** _____. 그러므로,	답변을 마무리하며 의견 문장을 다시 말해줍니다.

예제

Do you agree or disagree with the following statement? *Reading books is the best way to learn.* Give specific reasons or examples to support your opinion.	다음 문장에 찬성합니까, 반대합니까? 독서가 학습에 가장 좋은 방법이다. 의견을 뒷받침할 수 있는 구체적인 이유나 예를 제시하세요.

방식 1

의견	I agree that reading books is the best way to learn.	독서가 학습에 가장 좋은 방법이라는 의견에 동의합니다.
이유 1	**First of all,** you can learn about the world—different places, people, languages, and cultures. It would take a lot of time and money to experience all of these things first-hand.	첫 번째로, 다양한 장소, 사람, 언어, 문화 등 세상에 대해 배울 수 있습니다. 이 모든 것들을 직접 경험하려면 많은 시간과 비용이 소요될 것입니다.
이유 2	**In addition,** books are more reliable than online sources, since they are written and edited by experts.	또한 책은 전문가들이 집필하고 편집했기 때문에 온라인 자료보다 더 신뢰할 수 있습니다.
결론	**For these reasons,** I think reading is the best way to learn.	이러한 이유들로, 독서가 학습에 가장 좋은 방법이라고 생각합니다.

방식 2

의견	I don't think that reading books is the best way to learn.	독서가 학습에 가장 좋은 방법이라고 생각하지 않습니다.
이유	**It's because** there are more fun and effective ways to learn.	왜냐하면 더 재미있고 효과적으로 배울 수 있는 방법이 있기 때문입니다.
예시	**For example,** if you want to learn a language, it's better to take a course at a school, where you can practice speaking and have fun with other students. This would help you improve your skills more than just reading a book.	예를 들어, 언어를 배우고 싶다면, 학원에서 수업을 듣는 것이 더 좋습니다. 그곳에서 말하기 연습을 하고 다른 학생들과 재미있는 시간을 보낼 수 있습니다. 독서보다는 이런 방법이 실력을 향상시키는 데 더 도움이 될 것입니다.
결론	**Therefore,** I disagree that reading books is the best way to learn.	그러므로, 저는 독서가 학습에 가장 좋은 방법이라는 의견에 반대합니다.

PART 5

PRACTICE 주어진 우리말을 참고하여 빈칸을 채우고 답변을 완성하여 말해 보세요. Part 5_07 / 해설집 p.54

1.

> Which of the following is the most important skill for a manager to have?
>
> Problem-solving skills / Organizational skills / Communication skills
>
> Use specific reasons or examples to support your opinion.

🔔 답변 : 60초

의견	_____, communication skills are _____ for a 제 생각에는 가장 중요한 능력 manager to have.
이유 1	_____, good communication skills are _____ when giving 우선 필요한 feedback to employees on their performance. If the feedback _____ 제공된 by the manager is clear and constructive, employees will be able to _____. 더 좋은 성과를 내다
이유 2	_____, a manager with effective communication skills can 또한. _____, because they will listen to employees' voice 더 나은 결정을 하다 and take their comments on board.
결론	_____, I think communication skills are the most important skills 이러한 이유로. for a manager to have.

148

2.

Do you agree or disagree with the following statement?

Open-plan offices increase productivity.

Give reasons or examples to support your opinion.

🔔 답변 : 60초

의견	_____ open-plan offices increase productivity. ~라는 데 찬성합니다
이유	_____ employees can easily talk about work and ~이기 때문입니다. _____ each other in such an _____. ~와 협업하다 환경
예시	_____, working in an open-plan office has been really beneficial. 제 경우에는 I can _____ with my colleagues and _____ 아이디어를 공유하다 그들에게 도움을 요청하다 without even leaving my seat. This makes it easier to _____ our common _____. 달성하다 목표
결론	_____, I think open-plan offices _____ productivity. 그러므로 향상시키다

PART 5

유형 1 일상 생활

🎧 Part 5_08

가족이나 친구, 취미, 혹은 편의시설 이용과 관련된 질문이 자주 출제됩니다.

찬반		친구 관계에 있어서 공통의 관심사를 갖는 게 중요하다는 의견에 찬성합니까?
의견	찬성	I agree that common interests are important in a friendship. 찬성한다.
이유	만남 빈도	People tend to meet up more often with friends who share their interests. 관심사가 비슷한 친구들과 더 자주 만나는 경향이 있다.
		If you and your friends have nothing in common, you might not want to spend much time with them. 공통점이 없으면 함께 시간을 보내고 싶지 않을 것이다.

선택		다음 중 제품을 구매할 때 가장 신뢰하는 것 무엇입니까? 고객 후기/ 영업 사원의 설명/ 친구의 추천
의견	찬성	I rely most on customer reviews. 고객 후기를 가장 신뢰한다.
이유	실사용자 의견	I can get honest opinions from people who have actually used the product. 실제 제품을 사용해 본 사람들의 솔직한 의견을 얻을 수 있다.
예시	의류 구매	When buying clothes, I read customer reviews because they help me to choose the right size. 맞는 사이즈를 고를 수 있도록 도와준다.

선호		대중교통을 이용하는 것과 자가용을 이용하는 것 중 어느 편을 선호합니까?
의견	대중교통	I prefer using public transportation. 대중교통을 선호한다.
이유	비용 절감	It costs less than having my own car. 차를 소유하는 것보다 비용이 적게 든다. If I had a car, I would have to pay for the car itself, insurance, gas and more. 차를 소유하면 차량 가격, 보험료, 기름값 등을 지불해야 한다.
	환경 보호	Using public transport helps to reduce traffic and air pollution. 교통량과 대기 오염을 줄이는 데 도움이 된다.

가정	새로운 취미를 시작하고자 한다면, 친구들과 함께 하겠습니까?	
의견	함께	Yes, I would do it with my friends. 함께 하겠다.
이유	즐거운 시간	We would be able to enjoy our hobby and have fun together at the same time. 취미를 즐기는 동시에 함께 즐거운 시간을 보낼 수 있다.
	유대감	By sharing a new hobby, we can get to know each other better and strengthen our bond. 서로를 더 잘 알게 되고 유대감을 돈독히 할 수 있다.

장단점	반려동물을 기르는 것의 이점은 무엇이라고 생각합니까?	
장점	좋은 친구	Pets make great companions, so you won't feel lonely. 반려동물은 좋은 친구가 되어주기 때문에 외로움을 느끼지 않을 것이다.
	책임감	Raising a pet can help you develop a sense of responsibility. 책임감을 기를 수 있게 해준다.

PART 5

🎙 **PRACTICE**   주어진 우리말을 참고하여 빈칸을 채운 뒤 말해 보세요.   🎧 **Part 5_09** / 해설집 p.55

Q.   What are some benefits of having a pet?

의견   I think ＿＿＿＿＿＿＿＿＿＿＿＿＿＿ of having a pet.
        몇 가지 이점이 있다

장점 1   First of all, pets ＿＿＿＿＿＿＿＿＿＿, so you won't feel lonely if you have one. They will be
                                좋은 친구가 되어주다

always there to ＿＿＿＿＿＿＿ you home and keep you company after a long day.
                        환영하다

장점 2   Secondly, raising a pet can help you be more ＿＿＿＿＿＿＿. If you have a pet, you
                                                                책임감 있는

get to learn how to ＿＿＿＿＿＿＿ another living creature. This is especially good for
                            돌보다

children, because it can help them ＿＿＿＿＿＿＿＿＿＿＿＿＿.
                                                책임감을 기르다

유형 2 학교/교육

교육 과목 및 대상, 다양한 교육 방식, 혹은 학교 시설과 관련된 질문이 자주 출제됩니다.

찬반		학교에 있는 자판기가 학생들에게 이롭다는 의견에 찬성합니까?
의견	찬성	I agree that having vending machines in schools benefits students. 찬성한다.
이유	학생 기분 전환	Students can get food or drinks when they need energy. 기운을 얻고 기분 전환을 할 수 있다.
	학생 혜택	Schools can make some profits and use the money to benefit students. For example, they can invest in school facilities. 수익을 학생을 위해 사용할 수 있다.

선택		고등학교에서 방과 후 수업을 진행한다면, 다음 중 학생들에게 가장 유익한 것은 어느 것이라고 생각합니까? 컴퓨터 / 외국어 / 악기
의견	컴퓨터	I think computer lessons would be most beneficial for students. 컴퓨터 수업이라고 생각한다.
이유	필요한 기술	Computer skills are essential for success in their studies or future careers. 학업 및 업무를 성공적으로 하려면 필수적이다.
예시	과제에 도움	I learned basic computer skills such as word processing at high school. They were very useful when doing my assignments at university. 고등학교에서 배운 기술이 대학교에서 과제할 때 큰 도움이 되었다.

선호		대학생들이 방학 동안에 여행을 가는 것이 나을까요, 인턴십을 하는 것이 나을까요?
의견	인턴십	It's better to do an internship. 인턴십을 하는 것이 낫다.
이유	진로 선택	Internship programs help students choose the right career path. 자신에게 맞는 진로를 선택할 수 있도록 도와준다.
	실무 경험	Students can gain valuable work experience. 유익한 실무 경험을 쌓을 수 있다. This will be a great advantage when they apply for a job, because many companies prefer candidates with work experience. 많은 기업이 경력이 있는 지원자를 선호하기 때문에 구직 시 유리할 것이다.

가정	당신이 사는 나라의 교육 제도 중 한 가지를 바꿀 수 있다면, 무엇을 바꾸겠습니까?	
의견	체육 시간 추가	If I could make one change to the education system of my country, I would increase the time allocated for physical education in schools. 학교 체육 수업 시간을 늘리겠다.
이유	건강 유지	Regular sports activities help students stay healthy. 주기적인 스포츠 활동은 건강을 유지하게 해준다.
	스트레스 해소	Also, students can reduce stress and anxiety by taking part in physical activities. 스트레스와 불안감을 해소할 수 있다.

장단점	온라인으로 언어 수업을 듣는 것의 단점은 무엇입니까?	
단점	방해 요소	It's not easy to focus on the lessons, because there are many distractions like social media. 소셜 미디어 같은 방해 요소가 많아 집중하기가 쉽지 않다.
	피드백 부재	There is no face-to-face interaction with a teacher, so it's impossible to get instant feedback. 선생님과 직접 소통하지 않아 즉각적인 피드백을 받을 수 없다.

PART 5

🎙 PRACTICE 주어진 우리말을 참고하여 빈칸을 채운 뒤 말해 보세요. 🎧 Part 5_11 / 해설집 p.55

Q. Which is a better way for a university student to spend a long vacation: traveling abroad or doing an internship?

의견 I think it's better for a university student to _____.
    인턴십을 하다

이유 1 First of all, internship programs help students _____.
    맞는 진로를 선택하다

    While they are _____ the programs, they can find out what they want to
    ~에 참여하다

    do or what they are good at.

이유 2 In addition, students can _____ in the field they're interested in.
    유익한 실무 경험을 쌓다

    This will be a great advantage when they apply for a job, because many companies prefer

    _____.
    업무 경험이 있는 지원자

유형 3 직장 / 업무

직원, 상사, 동료의 자질 관련 질문이나 업무, 사업 성공 조건 등과 관련된 질문이 주로 출제됩니다.

찬반		회사는 직원에게 탄력 근무제를 허용해야 합니까?
의견	찬성	Yes, I think companies should allow their employees to have a flexible work schedule. 허용해야 한다.
이유	생산성	Employees can choose to work during their most productive hours. 자신의 업무 능률이 가장 높은 시간에 근무할 수 있다. They will be able to work more efficiently. 더 효율적으로 근무할 수 있을 것이다.
	일과 삶의 균형	Employees can achieve better work-life balance. 일과 삶의 균형을 더 잘 맞출 수 있다. This will increase their level of job satisfaction. 직무 만족도를 높일 것이다.

선택		직업을 선택할 때, 다음 중 당신이 가장 중요하다고 생각하는 것은 무엇입니까? 회사 명성/ 급여/ 업무량
의견	업무량	Workload is most important to me. 업무량이 가장 중요하다.
이유	영향	It has a significant influence on my job satisfaction. 직무 만족도에 큰 영향을 미친다.
예시	초과 근무	At my previous job, I had to work a lot of overtime, because we were understaffed. 예전 직장에서 인력이 부족해서 초과 근무를 많이 해야 했다. But the management didn't want to hire more staff, so I decided to leave. 하지만 경영진이 충원을 원하지 않아서 퇴사하기로 결정했다.

선호		재미있지만 급여가 낮은 직업과 지루하지만 급여가 높은 직업 중 무엇을 선택하겠습니까?
의견	고소득 직업	I would rather have a well-paid job even if it's boring. 지루하더라도 급여가 높은 직장을 택하겠다.
이유	동기 부여	Money is the main reason why I work. 돈이 일을 하는 주된 이유이다.
	금전 문제 해결	If I receive a high salary, I won't have to worry about financial problems. 급여를 많이 받는다면, 금전적인 문제에 대해 걱정할 필요가 없을 것이다.

가정		본인의 가게를 운영한다면, 고객들에게 상품과 서비스에 관한 후기를 요청하겠습니까?
의견	요청	If I were running my own store, I would ask customers for reviews of my products and services. 요청하겠다.
이유	고객 의견 반영	I could learn what my customers really want and improve my products and services based on their feedback. 고객이 원하는 바를 파악하고 그들의 의견을 바탕으로 상품 및 서비스를 개선할 수 있다.
		If I show them I care about their opinions, they will visit my store more often. 고객의 의견에 신경 쓴다는 것을 보여주면 내 가게에 더 자주 방문할 것이다.

장단점		대기업에서 근무하는 것의 어려움은 무엇이라고 생각합니까?
단점	의사 결정 과정	It's difficult to get decisions made. 의사 결정에 있어 어려움이 있다. If you want to suggest an idea, you need to follow complex procedures. 제안을 하려면 복잡한 절차를 따라야 한다.
	회의 장기화	It takes a long time to reach agreements. 합의에 이르는 데 시간이 걸린다. I'm in a team of 15 people, and every time there's an issue, I have to sit through endless meetings. 끝나지 않을 것 같은 회의에 참석해야 한다.

🎤 PRACTICE   주어진 우리말을 참고하여 빈칸을 채운 뒤 말해 보세요.   🎧 Part 5_13 / 해설집 p.56

Q.   Should companies allow their employees to have a flexible work schedule?

의견   I think companies should allow their employees to have a flexible work schedule.

이유 1   If employees have flexible working hours, they can choose to work during their

_____. So they will be able to _____ and perform better.
업무 능률이 가장 높은 시간   더 효율적으로 일하다

이유 2   Also, employees can _____ by changing their working hours to suit their
일과 삶의 균형을 더 잘 맞추다

schedule. They won't have to worry about missing out on family life. In the long run, this will

increase their _____.
직업 만족도

유형 4 디지털/기술

Part 5_14

인터넷과 기술의 발달이 개인이나 사회에 미치는 영향, 특정 기술의 장단점을 묻는 질문이 자주 출제됩니다.

찬반	기술의 이점이 단점보다 더 많다는 의견에 찬성합니까?	
의견	반대	I disagree that the benefits of technology outweigh the disadvantages. 반대한다.
이유	환경 문제	Advances in technology have had a negative impact on the environment. 기술의 발달은 환경에 부정적인 영향을 끼쳐왔다.
	중독 문제	More and more people have become addicted to technology. 점점 더 많은 사람들이 기술에 중독되고 있다.

선택	다음 중 뉴스를 접하는 가장 좋은 방법은 무엇이라고 생각합니까? 인터넷 사용/ 텔레비전 보기/ 신문 읽기	
의견	인터넷	I think the best way to get news is by using the Internet. 인터넷을 사용하는 것이다.
이유	용이함	I can read news articles on my mobile phone anywhere if there's an Internet connection. 인터넷 연결만 되면 휴대폰으로 기사를 읽을 수 있다. It is the fastest, the most convenient way to learn about current affairs. 시사를 접할 수 있는 가장 빠르고 편리한 방법이다.
	댓글	Many people write comments on online articles, and these help me see both sides of the story. 사람들의 댓글을 보고 해당 이야기의 양면을 파악할 수 있다.

선호	온라인에서 쇼핑하는 것과 상점에서 쇼핑하는 것 중에 어느 것을 선호합니까?	
의견	온라인	I prefer to shop online. 온라인 쇼핑을 선호한다.
이유	시간 절약	I can place an order with just one click, so it takes less time. 클릭 한 번으로 주문할 수 있어 시간이 적게 든다. I don't have to walk around a store and wait in line at the checkout. 상점을 돌아다니고 계산대에서 줄을 서서 기다릴 필요가 없다.
	저렴한 가격	I can buy goods at cheaper prices on the Internet. 인터넷에서 물건을 더 저렴하게 구매할 수 있다.

가정	어떤 사람들은 거주할 곳을 찾기 위해 모바일 앱을 사용합니다. 만일 당신에게 다른 도시로 이사할 계획이 있다면, 이러한 앱을 사용할 의향이 있습니까?	
의견	있음	Yes, I would consider using this kind of mobile app. 의향이 있다.
이유	편리함	In fact, I've used one before, and it was very convenient. 사실 사용한 경험이 있으며 매우 편리했다.
예시	사용 경험	The app I used offered a variety of search and filtering options. 다양한 검색 및 필터링 옵션이 있었다. It was easy to find a studio apartment near my work. 직장 근처에 원룸 아파트를 쉽게 찾을 수 있었다.

장단점	직장에서 이메일을 사용하는 것의 장점은 무엇입니까?	
장점	단체 메일	You can send the same message to many people at once. 한 번에 많은 사람들에게 같은 메시지를 보낼 수 있다.
	기록	E-mails you send or receive are stored automatically, so you can refer to them whenever you want. 주고 받은 메일이 자동으로 저장되어 원할 때마다 참고할 수 있다.

PART 5

🎙 **PRACTICE**   주어진 우리말을 참고하여 빈칸을 채운 뒤 말해 보세요.   🎧 Part 5_15 / 해설집 p.56

Q. Which of the following do you think is the best way to get news? Why?
Using the Internet / Watching news on television / Reading a newspaper

의견   I think the best way to get news is by _____.
인터넷을 사용하는 것

이유 1   For one thing, it is the fastest and _____ to learn about current affairs.
가장 편리한 방법

I can read news articles on my mobile phone anywhere if there's an _____.
인터넷 연결

이유 2   In addition, many people write _____, and these help me to see both
온라인 기사에 댓글

sides of the story. I enjoy reading those comments because I can learn more about the story.

유형 5 환경/사회

Part 5_16

재활용 등의 환경 관련 질문이나 정부기관 및 기업의 사회적 역할을 묻는 질문이 자주 출제됩니다. 또한 유명 인사의 영향력에 관한 질문도 종종 출제됩니다.

찬반	유명 인사는 아이들에게 모범적인 롤 모델이 되어야 할 책임이 있다는 의견에 찬성합니까?	
의견	찬성	I agree that celebrities have a responsibility to be positive role models for children. 찬성한다.
이유	영향력	Celebrities can have a big influence on children who look up to them. 유명 인사를 우러러보는 아이들에게 큰 영향을 미칠 수 있다.
예시	모방	Children tend to imitate their role models, from the way they look to the way they behave. 외모부터 행동 방식까지 따라 하려는 경향이 있다.

선택	다음 중 당신이 거주하는 도시에서 가장 많이 투자해야 한다고 생각하는 것은 무엇입니까? 교육/ 녹지 공간/ 대중 교통	
의견	녹지 공간	I think my city should invest the most in green spaces such as parks. 녹지 공간이라고 생각한다.
이유	자연 감상 공간 필요	My city is full of buildings and cars, so we need more places to enjoy nature. 건물과 차로 가득 차 있어서 자연을 감상할 공간이 더 필요하다.
	삶의 질 향상	Green spaces will improve our well-being and quality of life in the long run. 녹지 공간은 우리의 행복과 삶의 질을 향상시킬 것이다.

선호	지역 도서관과 동물 보호소 중 어느 곳에서 봉사활동을 하고 싶습니까?	
의견	동물 구조 보호소	I want to work as a volunteer at an animal shelter. 동물 보호소에서 하고 싶다.
이유	봉사자 부족	I heard there are many animals in need of help but most animal shelters are short of volunteers. 많은 동물이 도움을 필요로 하지만 봉사자가 부족하다.
	보람	Helping out rescued animals is emotionally rewarding, and I can see the results of my work almost instantly. 구조된 동물을 돕는 것은 보람 있으며, 그 결과를 거의 바로 볼 수 있다. Spending time with animals is good for my physical and mental health. 동물들과 시간을 보내는 것은 내 신체 및 정신 건강에도 유익하다.

가정		당신의 나라에서 재활용을 하지 않는 사람들을 처벌하고자 한다면, 그 방침을 지지하겠습니까?
의견	지지	If my country wanted to impose a penalty on people for not recycling, I would support that plan. 지지하겠다.
이유	환경 보호	We should protect the environment, so recycling should be mandatory. 환경을 보호해야 하기 때문에 재활용은 의무화되어야 한다.
	동기 부여	If there were penalties for not recycling, people would pay more attention. 재활용하지 않는 것을 처벌한다면 사람들이 더 주의를 기울일 것이다.

장단점		정부에서 예술 및 문화 활동을 후원하는 것의 이점은 무엇입니까?
장점	문화적 혜택	More people can engage in cultural activities and have interesting experiences. 더 많은 사람들이 문화 행사에 참여할 수 있고 재미있는 경험을 할 수 있다. It enriches our society. 이는 우리 사회를 풍요롭게 한다.
예시	감상 경험	There is a park with public artwork in my area, and I often go there with my family. 내가 사는 지역에 공공 예술 작품이 있는 공원이 있어서 가족과 함께 자주 간다. I can see beautiful pieces of art without having to buy tickets or dress up. 표를 사거나 옷을 차려 입지 않고도 아름다운 예술 작품을 감상할 수 있다.

PART 5

PRACTICE 주어진 우리말을 참고하여 빈칸을 채운 뒤 말해 보세요. 🎧 Part 5_17 / 해설집 p.57

Q. If your country wanted to impose a penalty on people for not recycling, would you support that plan?

의견 If my country wanted to impose a penalty on people for not recycling, I would support that plan.

이유 1 First of all, we should ＿＿＿＿＿＿＿＿＿＿＿＿＿, so recycling should be ＿＿＿＿＿＿＿.
환경을 보호하다 　　　　　　　　　　　　　　　　　　　　 의무적인

Since pollution levels are getting higher these days, I think the government should take strong

action to ＿＿＿＿＿＿＿＿＿＿.
오염을 줄이다

이유 2 Also, if there were penalties such as fines for not recycling, people would ＿＿＿＿＿＿＿.
더 주의를 기울이다

PART 5 | MINI TEST

주제에 대하여 의견을 정하고 제시된 이유나 예시를 바탕으로 답변을 완성해 보세요.   🎧 Part 5_18 / 해설집 p.58

1. [일상 생활]

> Some people live in the same place all of their lives. Other people move frequently and live in many different places during their lives. Which do you think is better and why?

- **나의 의견: 이사를 자주하고 다양한 곳에서 사는 것**

  이유 1 견문을 넓힐 수 있다.

  이유 2 적응력과 독립성을 기를 수 있다.

🔔 답변 : 60초

의견	I think _____.
이유 1	First of all, _____ _____ _____.
이유 2	In addition, _____ _____ _____.
결론	For these reasons, I believe _____.

2. [학교/교육]

Should parents help their children choose a field of study? Why or why not?

Give reasons and examples to support your opinion.

• 나의 의견: 도와주어야 한다

이유 부모는 자녀에 대해 잘 알아서 그들이 잘할 것 같은 분야를 선택하도록 도와줄 수 있다.

예시 부모님의 조언을 따라서 성공적으로 학업을 마쳤다.

🔔 답변 : 60초

| 의견 | Yes, I believe _____. |

이유	For one thing, _____
	_____
	_____.

예시	When I was _____
	_____
	_____.

| 결론 | This is why I think _____. |

PART 5

3. [직장/업무]

Do you agree or disagree with the following statement?

In most jobs, people get more satisfaction from doing what they love than from receiving a high salary.

Use specific reasons and examples to support your answer.

• 나의 의견: 동의한다

이유 1 많은 시간을 직장에서 보내기 때문에 좋아하는 일을 해야 만족스럽다.

이유 2 자신의 일을 좋아하지 않으면 급여가 높아도 불행을 느낀다.

🔔 답변 : 60초

의견	I agree that _____ .
이유 1	First of all, _____ _____ _____ .
이유 2	Also, _____ _____ _____ .
결론	Therefore, I agree that _____ .

4. [디지털/기술]

What are some advantages of using social media as a marketing tool?

Use specific reasons and examples to support your opinion.

• **나의 의견: 장점이 있다**

장점 1 비용 대비 효과적인 방법이다.

장점 2 사업체의 인지도를 쉽게 높일 수 있다.

🔔 답변 : 60초

의견	There are several advantages of _____.
장점 1	First of all, _____ _____ _____.
장점 2	Second, _____ _____ _____.
결론	So, I think it is a good idea to _____ _____.

5. [환경/사회]

Do you think every business should have an environmental policy? Why or why not?

Use specific reasons and examples to support your opinion.

- 나의 의견: 모든 기업이 환경 정책을 수립해야 한다

  이유 기업은 환경에 어느 정도 영향을 미친다.

  예시 온실 가스 및 유해 폐기물을 배출하여 환경을 오염시킨다.

🔔 답변 : 60초

의견	Yes, I think _____.
이유	It's because _____ _____ _____.
예시	For example, _____ _____ _____.
결론	Therefore, I believe _____.

6. [직장/업무]

What is the best way to get trained for a job? Choose ONE of the options provided below and give reasons or examples to support your opinion.

· By reading training manuals

· By watching training videos

· By taking a class taught by an instructor

· 나의 의견: 강사가 가르치는 수업을 듣는 것

이유 1 매뉴얼을 읽거나 비디오를 보는 건 집중하기 힘들다.

이유 2 질문이 있으면 강사에게 물어볼 수 있다.

🔔 답변 : 60초

의견	In my opinion, _____.
이유 1	I have this opinion because _____ _____ _____.
이유 2	In addition, _____ _____ _____.
결론	For these reasons, I think _____ _____.

PART 5 | ACTUAL TEST

음원을 들으며 테스트해 보세요.

🎧 Part 5_19 / 해설집 p.62

1

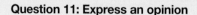

TOEIC Speaking

VOLUME 🔊

Question 11: Express an opinion

Directions: In this part of the test, you will give your opinion about a specific topic. Be sure to say as much as you can in the time allowed. You will have 45 seconds to prepare. Then you will have 60 seconds to speak.

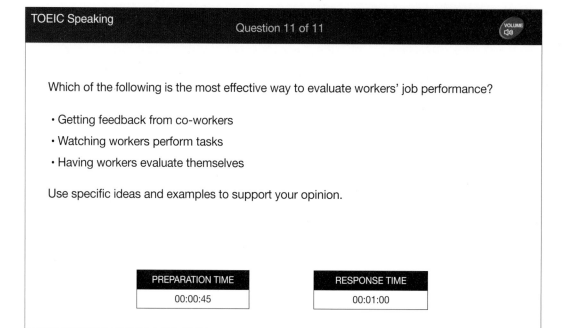

TOEIC Speaking

Question 11 of 11

VOLUME 🔊

Which of the following is the most effective way to evaluate workers' job performance?

- Getting feedback from co-workers
- Watching workers perform tasks
- Having workers evaluate themselves

Use specific ideas and examples to support your opinion.

PREPARATION TIME	RESPONSE TIME
00:00:45	00:01:00

2 | TOEIC Speaking

Question 11: Express an opinion

Directions: In this part of the test, you will give your opinion about a specific topic. Be sure to say as much as you can in the time allowed. You will have 45 seconds to prepare. Then you will have 60 seconds to speak.

TOEIC Speaking

PART 5

What are some advantages of reading customer reviews when deciding which products to buy? Use specific reasons and examples to support your opinion.

PREPARATION TIME	RESPONSE TIME
00:00:45	00:01:00

ETS FINAL TEST

온라인(www.ybmbooks.com)에서
실제 시험처럼 테스트해 보세요.

ETS **FINAL TEST 1**

온라인(www.ybmbooks.com)에서 실제 시험처럼 테스트해 보세요.

Final 1_01-11 / 해설집 p.65

Speaking Test Directions

This is the TOEIC Speaking Test. This test includes eleven questions that measure different aspects of your speaking ability. The test lasts approximately 20 minutes.

Question	Task	Evaluation Criteria
1-2	Read a text aloud	• pronunciation • intonation and stress
3-4	Describe a picture	all of the above, plus • grammar • vocabulary • cohesion
5-7	Respond to questions	all of the above, plus • relevance of content • completeness of content
8-10	Respond to questions using information provided	all of the above
11	Express an opinion	all of the above

For each type of question, you will be given specific directions, including the time allowed for preparation and speaking.

It is to your advantage to say as much as you can in the time allowed. It is also important that you speak clearly and that you answer each question according to the directions.

Click on **Continue** to go on.

Questions 1-2: Read a text aloud

Directions : In this part of the test, you will read aloud the text on the screen. You will have 45 seconds to prepare. Then you will have 45 seconds to read the text aloud.

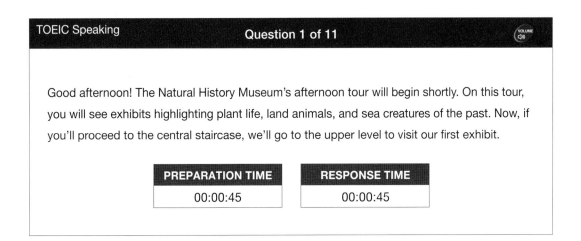

Good afternoon! The Natural History Museum's afternoon tour will begin shortly. On this tour, you will see exhibits highlighting plant life, land animals, and sea creatures of the past. Now, if you'll proceed to the central staircase, we'll go to the upper level to visit our first exhibit.

PREPARATION TIME	RESPONSE TIME
00:00:45	00:00:45

FINAL 1

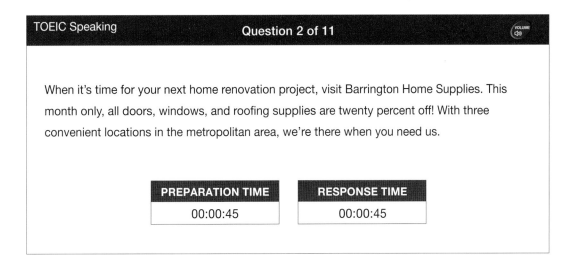

When it's time for your next home renovation project, visit Barrington Home Supplies. This month only, all doors, windows, and roofing supplies are twenty percent off! With three convenient locations in the metropolitan area, we're there when you need us.

PREPARATION TIME	RESPONSE TIME
00:00:45	00:00:45

Questions 3-4: Describe a picture

Directions : In this part of the test, you will describe the picture on your screen in as much detail as you can. You will have 45 seconds to prepare your response. Then you will have 30 seconds to speak about the picture.

PREPARATION TIME	RESPONSE TIME
00:00:45	00:00:30

PREPARATION TIME	RESPONSE TIME
00:00:45	00:00:30

Questions 5-7: Respond to questions

Directions : In this part of the test, you will answer three questions. You will have three seconds to prepare after you hear each question. You will have 15 seconds to respond to Questions 5 and 6 and 30 seconds to respond to Question 7.

Imagine that a cooking Web site is conducting market research. You have agreed to participate in a telephone interview.

Imagine that a cooking Web site is conducting market research. You have agreed to participate in a telephone interview.

Who usually cooks in your house, and how many times a week does that person cook?

PREPARATION TIME	RESPONSE TIME
00:00:03	00:00:15

Imagine that a cooking Web site is conducting market research. You have agreed to participate in a telephone interview.

When was the last time you used the Internet to look up a food recipe, and were the instructions easy?

PREPARATION TIME	RESPONSE TIME
00:00:03	00:00:15

FINAL 1

Imagine that a cooking Web site is conducting market research. You have agreed to participate in a telephone interview.

Would you ever consider taking a cooking course online? Why or why not?

PREPARATION TIME	RESPONSE TIME
00:00:03	00:00:30

Questions 8-10: Respond to questions using information provided

Directions : In this part of the test, you will answer three questions based on the information provided. You will have 45 seconds to read the information before the questions begin. You will have three seconds to prepare and 15 seconds to respond to Questions 8 and 9. You will hear Question 10 two times. You will have three seconds to prepare and 30 seconds to respond to Question 10.

Emmons Company

Scott Tyler, Customer Service Manager
Thursday, November 16

9:00–9:30 A.M.	Attend breakfast for new employees (Conference Room)
9:30–10:00 A.M.	Finish budget report (Note: E-mail to director by 10:00 A.M.)
10:00 A.M.–noon	New employee training (Conference Room)
Noon–1:00 P.M.	~~Lunch with Mr. Kim (Baker's Café)~~ Moved to November 21
1:00–2:00 P.M.	Review new customer satisfaction survey
2:00–3:00 P.M.	Conference call: All department managers-Progress report
3:00–4:00 P.M.	Budget discussion with director (Meeting Room B)

PREPARATION TIME
00:00:45

PREPARATION TIME	PREPARATION TIME	PREPARATION TIME
00:00:03	00:00:03	00:00:03

RESPONSE TIME	RESPONSE TIME	RESPONSE TIME
00:00:15	00:00:15	00:00:30

Question 11: Express an opinion

Directions : In this part of the test, you will give your opinion about a specific topic. Be sure to say as much as you can in the time allowed. You will have 45 seconds to prepare. Then you will have 60 seconds to speak.

Should schools schedule time each day for students to participate in outdoor activities? Why or why not? Give reasons or examples to support your opinion.

PREPARATION TIME	RESPONSE TIME
00:00:45	00:01:00

FINAL 1

ETS FINAL TEST 2

온라인(www.ybmbooks.com)에서 실제 시험처럼 테스트해 보세요.

Final 2_01-11 / 해설집 p.72

TOEIC Speaking

Speaking Test Directions

This is the TOEIC Speaking Test. This test includes eleven questions that measure different aspects of your speaking ability. The test lasts approximately 20 minutes.

Question	Task	Evaluation Criteria
1-2	Read a text aloud	• pronunciation • intonation and stress
3-4	Describe a picture	all of the above, plus • grammar • vocabulary • cohesion
5-7	Respond to questions	all of the above, plus • relevance of content • completeness of content
8-10	Respond to questions using information provided	all of the above
11	Express an opinion	all of the above

For each type of question, you will be given specific directions, including the time allowed for preparation and speaking.

It is to your advantage to say as much as you can in the time allowed. It is also important that you speak clearly and that you answer each question according to the directions.

Click on **Continue** to go on.

Questions 1-2: Read a text aloud

Directions : In this part of the test, you will read aloud the text on the screen. You will have 45 seconds to prepare. Then you will have 45 seconds to read the text aloud.

Hello residents of Stockton! It's time for this afternoon's weather forecast. We anticipate a beautiful summer day with clear skies, light wind, and plenty of sunshine. If you have any outdoor activities planned this evening, make sure to bring a light jacket. After sunset, temperatures will be noticeably cooler.

PREPARATION TIME	RESPONSE TIME
00:00:45	00:00:45

FINAL 2

Next, we will present our annual report on the best sports teams in Anderson County. We'll reveal how your local baseball, tennis, and soccer teams rank against others in our region. While this year's list includes familiar names, there are also new entries into this special group.

PREPARATION TIME	RESPONSE TIME
00:00:45	00:00:45

Questions 3-4: Describe a picture

Directions : In this part of the test, you will describe the picture on your screen in as much detail as you can. You will have 45 seconds to prepare your response. Then you will have 30 seconds to speak about the picture.

PREPARATION TIME	RESPONSE TIME
00:00:45	00:00:30

PREPARATION TIME	RESPONSE TIME
00:00:45	00:00:30

Questions 5-7: Respond to questions

Directions : In this part of the test, you will answer three questions. You will have three seconds to prepare after you hear each question. You will have 15 seconds to respond to Questions 5 and 6 and 30 seconds to respond to Question 7.

Imagine that you are talking to a friend on the telephone. You are talking about jobs.

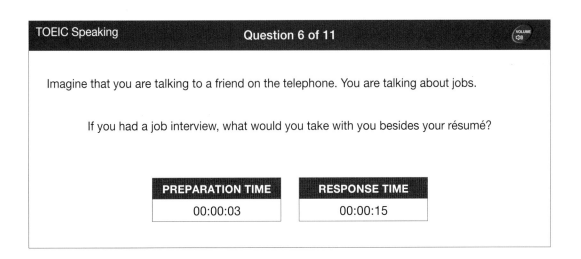

Imagine that you are talking to a friend on the telephone. You are talking about jobs.

What kind of job do you have now, or what kind of job are you interested in having?

PREPARATION TIME	RESPONSE TIME
00:00:03	00:00:15

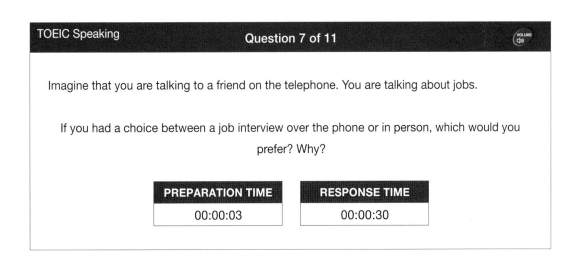

Imagine that you are talking to a friend on the telephone. You are talking about jobs.

If you had a job interview, what would you take with you besides your résumé?

PREPARATION TIME	RESPONSE TIME
00:00:03	00:00:15

FINAL 2

Imagine that you are talking to a friend on the telephone. You are talking about jobs.

If you had a choice between a job interview over the phone or in person, which would you prefer? Why?

PREPARATION TIME	RESPONSE TIME
00:00:03	00:00:30

Questions 8-10: Respond to questions using information provided

Directions : In this part of the test, you will answer three questions based on the information provided. You will have 45 seconds to read the information before the questions begin. You will have three seconds to prepare and 15 seconds to respond to Questions 8 and 9. You will hear Question 10 two times. You will have three seconds to prepare and 30 seconds to respond to Question 10.

Digital Marketing Conference

HATTLEY CENTER

Advance Registration: $80.00   **Same-day Registration:** $90.00

May 16	9:30 A.M.	Welcome	Seji Otani
	10:00 A.M.	Lecture: Know Your Audience	Alan Forrester
	Noon	Lunch	
	2:00 P.M.	Lecture: Content Marketing	Joyce Murphy
	3:30 P.M.	Discussion: Digital Trends	Becky Butler
May 17	9:30 A.M.	Lecture: Marketing Costs	JamieKarsten
	11:00 A.M.	Discussion: Mobile Marketing	Ana Himmel
	12:30 P.M.	Lunch	
	2:00 P.M.	Workshop: Social Media	John Richards
	3:30 P.M.	Workshop: Branding Strategies	Alan Forrester

PREPARATION TIME
00:00:45

PREPARATION TIME	PREPARATION TIME	PREPARATION TIME
00:00:03	00:00:03	00:00:03

RESPONSE TIME	RESPONSE TIME	RESPONSE TIME
00:00:15	00:00:15	00:00:30

Question 11: Express an opinion

Directions : In this part of the test, you will give your opinion about a specific topic. Be sure to say as much as you can in the time allowed. You will have 45 seconds to prepare. Then you will have 60 seconds to speak.

What is the best way for a high school student to spend a long vacation from school? Choose ONE of the options provided below and give reasons or examples to support your opinion.

- Working
- Studying
- Traveling

PREPARATION TIME	RESPONSE TIME
00:00:45	00:01:00

FINAL 2

ETS **FINAL TEST 3**

온라인(www.ybmbooks.com)에서 실제 시험처럼 테스트해 보세요.

Final 3_01-11 / 해설집 p.79

TOEIC Speaking

Speaking Test Directions

This is the TOEIC Speaking Test. This test includes eleven questions that measure different aspects of your speaking ability. The test lasts approximately 20 minutes.

Question	Task	Evaluation Criteria
1-2	Read a text aloud	• pronunciation • intonation and stress
3-4	Describe a picture	all of the above, plus • grammar • vocabulary • cohesion
5-7	Respond to questions	all of the above, plus • relevance of content • completeness of content
8-10	Respond to questions using information provided	all of the above
11	Express an opinion	all of the above

For each type of question, you will be given specific directions, including the time allowed for preparation and speaking.

It is to your advantage to say as much as you can in the time allowed. It is also important that you speak clearly and that you answer each question according to the directions.

Click on **Continue** to go on.

Questions 1-2: Read a text aloud

Directions : In this part of the test, you will read aloud the text on the screen. You will have 45 seconds to prepare. Then you will have 45 seconds to read the text aloud.

At the Holden Museum, we're committed to sharing art, music, and culture with our community. However, because many city residents cannot visit during regular hours, we'll now stay open until eight P.M. each Friday. So come visit us on a Friday evening and see what we have to offer!

PREPARATION TIME	RESPONSE TIME
00:00:45	00:00:45

Welcome to today's new employee orientation. Here at Stonebridge Bank, we believe that satisfied employees provide the best customer service. We offer flexible schedules, competitive wages, and paid holidays. Because we take care of our employees, we're ranked as one of the best places to work in the banking industry.

PREPARATION TIME	RESPONSE TIME
00:00:45	00:00:45

Questions 3-4: Describe a picture

Directions : In this part of the test, you will describe the picture on your screen in as much detail as you can. You will have 45 seconds to prepare your response. Then you will have 30 seconds to speak about the picture.

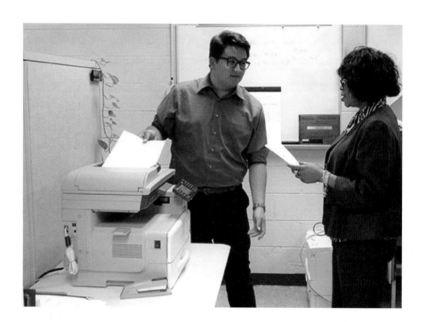

PREPARATION TIME	RESPONSE TIME
00:00:45	00:00:30

VOLUME ◁))

FINAL 3

PREPARATION TIME	RESPONSE TIME
00:00:45	00:00:30

Questions 5-7: Respond to questions

Directions : In this part of the test, you will answer three questions. You will have three seconds to prepare after you hear each question. You will have 15 seconds to respond to Questions 5 and 6 and 30 seconds to respond to Question 7.

Imagine that a marketing firm is doing research in your area. You have agreed to participate in a telephone interview about vending machines, which are machines that sell snacks and other products.

Imagine that a marketing firm is doing research in your area. You have agreed to participate in a telephone interview about vending machines, which are machines that sell snacks and other products.

When was the last time you bought a snack from a vending machine, and what did you buy?

PREPARATION TIME	RESPONSE TIME
00:00:03	00:00:15

Imagine that a marketing firm is doing research in your area. You have agreed to participate in a telephone interview about vending machines, which are machines that sell snacks and other products.

Would you ever use a credit card to make a purchase at a vending machine? Why or why not?

PREPARATION TIME	RESPONSE TIME
00:00:03	00:00:15

Imagine that a marketing firm is doing research in your area. You have agreed to participate in a telephone interview about vending machines, which are machines that sell snacks and other products.

Which of the following products would you be MOST likely to buy from a vending machine?

Why?

- Ice cream
- Movies
- Toys

PREPARATION TIME	RESPONSE TIME
00:00:03	00:00:30

Questions 8-10: Respond to questions using information provided

Directions : In this part of the test, you will answer three questions based on the information provided. You will have 45 seconds to read the information before the questions begin. You will have three seconds to prepare and 15 seconds to respond to Questions 8 and 9. You will hear Question 10 two times. You will have three seconds to prepare and 30 seconds to respond to Question 10.

Fredrick School of Continuing Education

Music Class Schedule
Fall Program Dates: October 1–December 19
Price: $130 per class

Class Name	Day of the Week	Class Time	Instructor
Beginning Violin	Monday	10:00–11:00 A.M.	Hal Silver
Advanced Guitar	Tuesday	6:00–7:00 P.M.	Sofia Rojas
Advanced Keyboard	Wednesday	6:00–7:00 P.M.	Lam Nguyen
Beginning Flute	Thursday	10:00–11:00 A.M.	Steven Blume
Advanced Violin	Friday	6:00–7:00 P.M.	Hal Silver

PREPARATION TIME
00:00:45

PREPARATION TIME	PREPARATION TIME	PREPARATION TIME
00:00:03	00:00:03	00:00:03

RESPONSE TIME	RESPONSE TIME	RESPONSE TIME
00:00:15	00:00:15	00:00:30

Question 11: Express an opinion

Directions : In this part of the test, you will give your opinion about a specific topic. Be sure to say as much as you can in the time allowed. You will have 45 seconds to prepare. Then you will have 60 seconds to speak.

If you were considering buying a house or apartment, whose advice would most influence your decision: a trusted friend or a real estate agent? Why? Give reasons or examples to support your opinion.

PREPARATION TIME	RESPONSE TIME
00:00:45	00:01:00

FINAL 3

ETS **FINAL TEST 4**

온라인(www.ybmbooks.com)에서 실제 시험처럼 테스트해 보세요.

🎧 **Final 4_01-11** / 해설집 p.86

TOEIC Speaking

Speaking Test Directions

This is the TOEIC Speaking Test. This test includes eleven questions that measure different aspects of your speaking ability. The test lasts approximately 20 minutes.

Question	Task	Evaluation Criteria
1-2	Read a text aloud	• pronunciation • intonation and stress
3-4	Describe a picture	all of the above, plus • grammar • vocabulary • cohesion
5-7	Respond to questions	all of the above, plus • relevance of content • completeness of content
8-10	Respond to questions using information provided	all of the above
11	Express an opinion	all of the above

For each type of question, you will be given specific directions, including the time allowed for preparation and speaking.

It is to your advantage to say as much as you can in the time allowed. It is also important that you speak clearly and that you answer each question according to the directions.

Click on **Continue** to go on.

Questions 1-2: Read a text aloud

Directions : In this part of the test, you will read aloud the text on the screen. You will have 45 seconds to prepare. Then you will have 45 seconds to read the text aloud.

This weekend, City Electronics is holding the biggest sales event of the year! You'll find discounts on our entire stock of cameras, computers, and appliances. And when you make your purchase, you can add an affordable plan for service and repairs. Come check out the bargains at City Electronics!

PREPARATION TIME	RESPONSE TIME
00:00:45	00:00:45

FINAL 4

Welcome to the Huntington Gallery. This evening, we open an exhibit featuring the art of Edwin Colby. Colby, a local artist, has achieved success in multiple forms of art. Throughout this month, our gallery will feature his paintings, sculptures, and photographs.

PREPARATION TIME	RESPONSE TIME
00:00:45	00:00:45

Questions 3-4: Describe a picture

Directions : In this part of the test, you will describe the picture on your screen in as much detail as you can. You will have 45 seconds to prepare your response. Then you will have 30 seconds to speak about the picture.

PREPARATION TIME	RESPONSE TIME
00:00:45	00:00:30

PREPARATION TIME

00:00:45

RESPONSE TIME

00:00:30

FINAL 4

Questions 5-7: Respond to questions

Directions : In this part of the test, you will answer three questions. You will have three seconds to prepare after you hear each question. You will have 15 seconds to respond to Questions 5 and 6 and 30 seconds to respond to Question 7.

Imagine that a marketing firm is doing research in your area. You have agreed to participate in a telephone interview about traveling by taxi.

Imagine that a marketing firm is doing research in your area. You have agreed to participate in a telephone interview about traveling by taxi.

When was the last time you used a taxi, and where did you take it to?

PREPARATION TIME	RESPONSE TIME
00:00:03	00:00:15

Imagine that a marketing firm is doing research in your area. You have agreed to participate in a telephone interview about traveling by taxi.

If you were taking a long taxi ride, how would you prefer to spend the travel time? Why?

PREPARATION TIME	RESPONSE TIME
00:00:03	00:00:15

FINAL 4

Imagine that a marketing firm is doing research in your area. You have agreed to participate in a telephone interview about traveling by taxi.

What would encourage you to take taxis more often? Why?

PREPARATION TIME	RESPONSE TIME
00:00:03	00:00:30

Questions 8-10: Respond to questions using information provided

Directions : In this part of the test, you will answer three questions based on the information provided. You will have 45 seconds to read the information before the questions begin. You will have three seconds to prepare and 15 seconds to respond to Questions 8 and 9. You will hear Question 10 two times. You will have three seconds to prepare and 30 seconds to respond to Question 10.

Olson Community Center—831 Pine Street
Business Class Schedule: Summer Term
ClassDates: June 3–August 28

Class	Day of Week	Time
Basic Accounting *textbook included in price*	Tuesdays	5:30–7:30 P.M.
Sales Techniques	Wednesdays	3:00–5:00 P.M.
Mastering Accounting Software	Thursdays	4:00–6:00 P.M.
Advertising Made Easy	Thursdays	6:00–8:00 P.M.
Small Business Management *local guest speakers will present*	Fridays	1:00–3:00 P.M.

Price: $150.00/class

PREPARATION TIME
00:00:45

PREPARATION TIME	PREPARATION TIME	PREPARATION TIME
00:00:03	00:00:03	00:00:03

RESPONSE TIME	RESPONSE TIME	RESPONSE TIME
00:00:15	00:00:15	00:00:30

Question 11: Express an opinion

Directions : In this part of the test, you will give your opinion about a specific topic. Be sure to say as much as you can in the time allowed. You will have 45 seconds to prepare. Then you will have 60 seconds to speak.

In your opinion, should vending machines in high schools sell only healthy food and drink options? Why or why not? Give reasons or examples to support your opinion.

PREPARATION TIME	RESPONSE TIME
00:00:45	00:01:00

FINAL 4

ETS FINAL TEST 5

온라인(www.ybmbooks.com)에서 실제 시험처럼 테스트해 보세요.

🎧 Final 5_01-11 / 해설집 p.93

Speaking Test Directions

This is the TOEIC Speaking Test. This test includes eleven questions that measure different aspects of your speaking ability. The test lasts approximately 20 minutes.

Question	Task	Evaluation Criteria
1-2	Read a text aloud	• pronunciation • intonation and stress
3-4	Describe a picture	all of the above, plus • grammar • vocabulary • cohesion
5-7	Respond to questions	all of the above, plus • relevance of content • completeness of content
8-10	Respond to questions using information provided	all of the above
11	Express an opinion	all of the above

For each type of question, you will be given specific directions, including the time allowed for preparation and speaking.

It is to your advantage to say as much as you can in the time allowed. It is also important that you speak clearly and that you answer each question according to the directions.

Click on **Continue** to go on.

Questions 1-2: Read a text aloud

Directions : In this part of the test, you will read aloud the text on the screen. You will have 45 seconds to prepare. Then you will have 45 seconds to read the text aloud.

And now, here's a Channel Six traffic advisory. If you're heading to the mountains this weekend, note that construction on the Independence Freeway is planned. The entrances at Grant Street, Swann Avenue, and Third Avenue will be closed. Be prepared for significant delays along alternate routes.

PREPARATION TIME	RESPONSE TIME
00:00:45	00:00:45

Welcome to the Kimball Chocolate factory tour! Today you will observe how our famous chocolate bars, nut clusters, and other delicious candies are created. As the tour progresses, we will follow a batch of chocolate through the factory. At the end of the tour, we will provide you with samples of each candy produced during your time here.

PREPARATION TIME	RESPONSE TIME
00:00:45	00:00:45

Questions 3-4: Describe a picture

Directions : In this part of the test, you will describe the picture on your screen in as much detail as you can. You will have 45 seconds to prepare your response. Then you will have 30 seconds to speak about the picture.

PREPARATION TIME	RESPONSE TIME
00:00:45	00:00:30

PREPARATION TIME	RESPONSE TIME
00:00:45	00:00:30

Questions 5-7: Respond to questions

Directions : In this part of the test, you will answer three questions. You will have three seconds to prepare after you hear each question. You will have 15 seconds to respond to Questions 5 and 6 and 30 seconds to respond to Question 7.

Imagine that you are talking to a friend on the telephone. You are talking about traveling on vacation.

Imagine that you are talking to a friend on the telephone. You are talking about traveling on vacation.

How long was your last vacation, and who did you go with?

PREPARATION TIME	RESPONSE TIME
00:00:03	00:00:15

Imagine that you are talking to a friend on the telephone. You are talking about traveling on vacation.

How do you usually decide where to go on a vacation?

PREPARATION TIME	RESPONSE TIME
00:00:03	00:00:15

FINAL 5

Imagine that you are talking to a friend on the telephone. You are talking about traveling on vacation.

Do you think I should schedule *all* the activities I want to do on my vacation before I leave? Why or why not?

PREPARATION TIME	RESPONSE TIME
00:00:03	00:00:30

Questions 8-10: Respond to questions using information provided

Directions : In this part of the test, you will answer three questions based on the information provided. You will have 45 seconds to read the information before the questions begin. You will have three seconds to prepare and 15 seconds to respond to Questions 8 and 9. You will hear Question 10 two times. You will have three seconds to prepare and 30 seconds to respond to Question 10.

Annual Teacher Conference–Leedsville Conference Center
June 20–21

JUNE 20	9:00	Superintendent's Address	Ana Hernandez
	10:00	Discussion: District Math Performance	Sofia Bruno
	Noon	Lunch	
	1:00	Workshop: Traditional Art Projects	Jason Alston
	4:00	Teacher of the Year Award: YanfangSun	

JUNE 21	9:00	Presentation: Library Acquisitions	Afifa Khan
	10:00	Presentation: Technology in the Classroom	HannahEllis
	Noon	Lunch	
	1:00	Workshop: Student-Centered Technology	MehmetAli
	4:00	Closing Remarks	Roberta Lee

PREPARATION TIME
00:00:45

PREPARATION TIME	**PREPARATION TIME**	**PREPARATION TIME**
00:00:03	00:00:03	00:00:03

RESPONSE TIME	**RESPONSE TIME**	**RESPONSE TIME**
00:00:15	00:00:15	00:00:30

Question 11: Express an opinion

Directions : In this part of the test, you will give your opinion about a specific topic.
Be sure to say as much as you can in the time allowed. You will have 45 seconds to
prepare. Then you will have 60 seconds to speak.

If you were a university student and had a choice between studying in a foreign country or

working at an internship, which would you prefer? Why? Give reasons or examples to support

your opinion.

FINAL 5

PREPARATION TIME	RESPONSE TIME
00:00:45	00:01:00

부록

www.ybmbooks.com에서
MP3를 다운받으세요.
부록 내용을 원어민의 음성으로 들을 수 있습니다.
자주 들으면서 익혀 내 것으로 만들어 보세요.

Appendix 1
주제별 스피킹 핵심 표현

🎧 Appendix 1_01

일상 생활

☑ **sit around ~** ~에 둘러 앉다
Family members are **sitting around** the table. 식구들이 테이블에 둘러 앉아 있다.

☐ **have a meal** 식사를 하다
They are **having a meal.** 그들은 식사를 하고 있다.

☐ **hang on the wall** 벽에 걸려 있다
A big TV is **hanging on the wall.** 큰 TV가 벽에 걸려 있다.

☐ **be reflected in** ~에 비치다
Books **are reflected in** the mirror. 책들이 거울에 비쳐 보인다.

☐ **on top of** ~의 위에
A laptop is **on top of** the bookcase. 노트북이 책장 위에 있다.

☐ **once a year** 일 년에 한 번
I visit my younger sister in New York **once a year.** 나는 일 년에 한 번씩 뉴욕에 내 여동생을 방문한다.

☐ **as far as I remember** 내가 기억하기로는
As far as I remember, my father bought me my first bike. 내가 기억하기로는, 아버지가 내 첫 자전거를 사주셨다.

☐ **let alone** ~은 말할 것도 없이
I don't have time to visit my parents, **let alone** my friends. 나는 친구는 말할 것도 없이 부모님 뵈러 갈 시간도 없다.

☐ **be filled with** ~로 채우다
All bookcases **are filled with** many books. 모든 책장들은 많은 책들로 채워져 있다.

☐ **do house chores** 집안일을 하다
My older sister **does house chores.** 누나가 집안일을 한다.

☐ **do the dishes** 설거지하다
I don't like **doing the dishes.** 나는 설거지하는 것을 싫어한다.

☐ **would rather** (차라리) ~하겠다
I **would rather** stay at home than go out. 나는 외출하느니 집에 있겠다.

☐ **be grateful to** ~에게 감사하다
I **am grateful to** my family for helping me succeed. 내가 성공하도록 도와준 가족에게 감사한다.

☐ **in need of** ~이 필요한
Are you **in need of** financial support from your parents? 당신은 부모님으로부터 금전적 도움이 필요한가요?

☐ **be tied up with**　～로 묶여 있다, ～하느라 바쁘다
She **is tied up with** house chores on weekends. 그녀는 주말에는 집안일로 바쁘다.

☐ **accompanied by**　～와 동반한
Children under 7 should be **accompanied by** parents. 7세 이하 아이들은 부모님과 동반해야 한다.

☐ **have a conversation**　대화를 나누다
We **have a conversation** in a coffee shop. 우리는 커피숍에서 대화를 나눈다.

☐ **lose weight**　살이 빠지다
I need to **lose weight** for my health. 나는 건강을 위해 살을 빼야 한다.

☐ **gain weight**　살이 찌다
I've **gained** some **weight** during my vacation. 나는 휴가 동안에 살이 쪘다.

☐ **get rid of**　～을 제거하다, 없애다
There are many ways to **get rid of** stress. 스트레스를 해소하는 많은 방법들이 있다.

☐ **apologize for**　～에 대해 사과하다
We'd like to **apologize for** the inconvenience. 불편을 끼쳐드려 사과 드립니다.

☐ **be aware of**　～을 알다
Please **be aware of** safety regulations. 안전 규칙을 잘 숙지해주세요.

☐ **get one's hair done**　머리를 하다
I go to a hair salon to **get my hair done**. 나는 머리 하러 미장원에 간다.

☐ **in the same direction**　같은 방향으로
Cars are moving **in the same direction**. 자동차들이 같은 방향으로 움직이고 있다.

☐ **at the end of**　～의 끝에
There is a traffic sign **at the end of** the street. 거리 끝에 교통 표지판이 있다.

☐ **cross the street**　길을 건너다
Three people are **crossing the street**. 3명의 사람이 길을 건너고 있다.

☐ **get together**　모이다
My family **gets together** in the living room every night. 우리 가족은 매일 밤 거실에 모인다.

☐ **have fun**　즐겁게 보내다
We **had fun** at the party last night. 우리는 어젯밤 파티에서 즐거웠다.

☐ **go to see a doctor**　병원에 가다
I don't feel good and I need to **go to see a doctor**. 몸이 좋지 않아서 병원에 가봐야겠다.

여가/스포츠/여행

☐ take place 열리다, 일어나다
The concert will **take place** at the World Stadium. 그 콘서트는 월드 경기장에서 열릴 것이다.

☐ be supposed to 부정사 ~하기로 되어 있다
All attendees **are supposed to** buy tickets. 모든 참석자들은 티켓을 사야 한다.

☐ participate in ~에 참가하다
I **participate in** the festival every year. 나는 매년 축제에 참가한다.

☐ spare some time to 부정사 ~하기 위해 시간을 할애하다
I usually **spare some time to** work out at a gym. 나는 주로 체육관에서 운동하기 위해 시간을 할애한다.

☐ sing into a microphone 마이크에 대고 노래하다
The man in the middle is **singing into a microphone**. 가운데 남자는 마이크에 대고 노래하고 있다.

☐ take a picture of ~의 사진을 찍다
Some people are **taking pictures of** flowers. 일부 사람들은 꽃들의 사진을 찍고 있다.

☐ socialize with ~와 어울리다, 사귀다
It's a good chance to **socialize with** instructors. 강사들과 어울릴 좋은 기회이다.

☐ get to know each other 서로를 알게 되다
It takes some time for us to **get to know each other**. 서로를 알게 되는 데 시간이 걸린다.

☐ go to see a movie 영화 보러 가다
I **went to see a movie** with my friends. 나는 친구들과 영화를 보러 갔다.

☐ tourist attraction 관광 명소
There are many **tourist attractions** in my city. 우리 도시에는 많은 관광 명소들이 있다.

☐ rental car 렌터카
I arranged a **rental car** at the airport. 나는 공항에 렌터카를 준비해 놓았다.

☐ go on a trip 여행을 가다
Let's **go on a trip** for a week. 일주일 동안 여행을 가자.

☐ fly with ~ airline ~항공사를 이용하다
He'll **fly with** Northeast **Airline** No. 737. 그는 노스이스트 항공 737편으로 갈 것이다.

☐ all-inclusive 전부 포함된
This is an **all-inclusive** trip without any extra cost. 이것은 추가 비용이 없는 전부 포함된 여행이다.

☐ save time 시간을 절약하다
Flights are faster than trains, so we can **save time**. 비행기가 기차보다 빠르므로, 시간을 절약할 수 있다.

쇼핑

☐ hold onto ~을 잡다
She is **holding onto** a shopping cart. 그 여자는 쇼핑 카트를 붙잡고 있다.

☐ chip in (돈을) 조금씩 걷다
We have to **chip in** some money to buy him a present. 그에게 선물을 사주기 위해 우리는 돈을 걷어야 한다.

☐ hand out ~을 나눠주다
We'd better **hand out** free samples in front of our store. 가게 앞에서 무료 샘플을 나눠 주는 것이 좋겠다.

☐ regular business hours 정상 영업시간
Please visit us during **regular business hours**. 정상 영업시간에 저희를 방문해 주십시오.

☐ a wide range of 다양한, 여러 가지의
Our store sells **a wide range of** furniture. 우리 가게는 다양한 가구를 판다.

☐ for free 공짜로
You can try our new product **for free**. 무료로 저희 신상품을 시험해 볼 수 있습니다.

☐ be crowded with ~로 붐비다
The market **is** always **crowded with** many customers. 그 시장은 항상 많은 고객들로 붐빈다.

☐ pick out 고르다
She is **picking out** some fruits. 그녀는 과일들을 고르고 있다.

☐ individual taste 개인의 취향
We have to consider their **individual tastes**. 우리는 그들의 개인적 취향을 고려해야 한다.

☐ out of stock 품절인, 재고가 없는
Sorry, it is temporarily **out of stock**. 죄송합니다만, 그것은 일시 품절입니다.

☐ special deal 특별 가격, 특가 상품
You can save up to 20% off from this **special deal**. 이 특별가로 20퍼센트까지 절약할 수 있습니다.

☐ regular price 정가
All items are 10% off the **regular price**. 모든 제품이 정가에서 10퍼센트 할인된다.

☐ as compensation 보상 차원으로
As compensation, we will send you an e-gift card online. 보상 차원으로, e-상품권을 온라인으로 보내드리겠습니다.

☐ express delivery 빠른 배송
I'll send it back to you by **express delivery**. 빠른 배송으로 그것을 다시 돌려 보내겠습니다.

☐ free trial service 무료 체험 서비스
Take this opportunity of **free trial service** this month. 이번 달 무료 체험 서비스 기회를 잡으세요.

- [ ] **wait in line** 줄 서다
  Some people are **waiting in line** at the counter. 일부 사람들은 카운터에서 줄 서서 기다리고 있다.

- [ ] **regular customer** 단골 고객
  We should offer store points to our **regular customers**. 단골 고객들에게 상점 포인트를 주어야 한다.

- [ ] **shop for** ~을 사다
  I usually **shop for** clothes online. 나는 주로 온라인으로 옷을 산다.

- [ ] **earn points** 적립금을 쌓다
  Earn points whenever you shop at our store. 저희 가게에서 쇼핑 하실 때마다 적립금을 쌓으세요.

- [ ] **order over the phone** 전화로 주문하다
  Ordering food online is better than **over the phone**. 온라인으로 음식을 주문하는 것이 전화 주문보다 낫다.

- [ ] **take up space** 공간을 차지하다
  It doesn't **take up** much **space**. 그것은 공간을 많이 차지하지 않는다.

- [ ] **pick up** 찾으러 가다, 태우러 가다
  I'll go to your store to **pick up** my order. 제가 주문품을 가지러 당신 가게로 가겠습니다.

- [ ] **under renovation** 수리 중
  The restaurant is **under renovation**. 그 식당은 수리 중이다.

- [ ] **make a reservation** 예약하다
  I **made a reservation** for two at 7 P.M. 나는 오후 7시에 2명을 예약했다.

- [ ] **be overbooked** 예약 초과되다
  Sorry, we **are overbooked** on June 25. 죄송합니다만, 6월 25일은 예약이 초과되었습니다.

- [ ] **eat out** 외식하다
  My friends like **eating out** for dinner. 내 친구들은 저녁 외식하는 것을 좋아한다.

- [ ] **hold a drink** 음료를 들다
  She is **holding a drink**. 그녀는 음료를 들고 있다.

- [ ] **carry cash** 현금을 가지고 다니다
  I use a credit card because I don't **carry cash** with me. 나는 현금을 가지고 다니지 않기 때문에 신용카드를 사용한다.

학교/교육

☐ **look into** ~을 자세히 들여다보다
When **looking into** it, you can find what a problem is. 그것을 자세히 들여다보면, 문제가 무엇인지 찾을 수 있다.

☐ **take notes** 필기하다
She is **taking notes** on a piece of paper. 그녀는 종이에 필기를 하고 있다.

☐ **give a lecture on** ~에 대해 강의하다
He will **give a lecture on** Asian history. 그는 아시아 역사에 관한 강의를 할 예정이다.

☐ **continuing education** 평생교육
We offer a variety of **continuing education** programs. 우리는 다양한 평생 교육 프로그램을 제공한다.

☐ **related to** ~에 관련 있는
My work is **related to** my major. 내 일은 내 전공과 관련 있다.

☐ **look up** 찾아보다
I'll **look up** the word in the online dictionary. 나는 온라인 사전에서 그 단어를 찾아 볼 것이다.

☐ **flip through** (책장을) 넘기다
She is **flipping through** the book. 그녀는 책장을 넘기고 있다.

☐ **academic performance** 학업 성과
Academic performance is not the key to success in life. 학업 성적이 인생의 성공의 열쇠는 아니다.

☐ **show off** 자랑하다
Local school children will **show off** their singing skills. 지역 학생들이 그들의 노래 실력을 뽐낼 것이다.

☐ **on behalf of** ~를 대신하여, 대표하여
I'm honored to speak **on behalf of** all students here. 여기서 모든 학생들을 대신하여 말하게 되어 영광입니다.

☐ **be interested in** ~에 흥미가 있다
I'**m interested in** foreign languages. 나는 외국어에 흥미가 있다.

☐ **go overseas to study** 해외로 유학 가다
It is better for some students to **go overseas to study**. 어떤 학생들은 해외로 유학 가는 것이 더 낫다.

☐ **register for** ~에 등록하다, 신청하다
Only a few students **registered for** the class. 몇 명의 학생들만이 그 수업에 수강신청했다.

☐ **a sense of belonging** 소속감
School uniforms give students **a sense of belonging**. 교복은 학생들에게 소속감을 준다.

직장/업무

☐ **as soon as possible** 가능한 한 빨리
Please call me back **as soon as possible**. 가능한 한 빨리 저에게 다시 전화해 주세요.

☐ **be disappointed at** ～에 실망하다
Sometimes, customers **are disappointed at** our service. 가끔, 고객들은 우리 서비스에 실망한다.

☐ **(at) any time** 언제든지
Please feel free to ask me **(at) any time**. 언제든지 편하게 질문하세요.

☐ **due to** ～때문에
Due to our tight budget, we will reduce travel expenses. 빠듯한 예산 때문에, 우리는 출장비를 줄일 것이다.

☐ **pass through** ～를 통과하다
All employees have to **pass through** the security desk. 모든 직원들은 보안대를 통과해야 한다.

☐ **make a decision** 결정을 내리다
Before we **make a decision**, we need to discuss it. 결정을 내리기 전에, 우리는 그것에 대해 논의해야 한다.

☐ **be busy –ing** ～하느라 바쁘다
They **are busy** prepar**ing** for the workshop. 그들은 워크숍 준비하느라 바쁘다.

☐ **to be exact** 정확히 말하면
To be exact, we'll hire 28 new employees. 정확히 말하자면, 우리는 28명의 신입사원을 고용할 것이다.

☐ **except for** ～이 없으면, ～을 제외하고
I work 9 to 5 **except for** a lunch break. 나는 점심시간을 제외하고 9시부터 5시까지 일한다.

☐ **no longer** 더 이상 ～아닌
The system is **no longer** available in our office. 그 시스템은 사무실에서 더 이상 이용할 수 없다.

☐ **get along well with** ～와 잘 지내다
You have to **get along well with** your co-workers. 당신은 동료들과 잘 지내야 합니다.

☐ **be good for** ～에 좋다
It **is good for** your business. 그것은 당신 사업에 좋습니다.

☐ **keep in touch with** ～와 연락을 유지하다
I still **keep in touch with** my old customers. 나는 아직도 옛 고객들과 연락한다.

☐ **keep up with** ～에 따라가다. 뒤지지 않다
All companies must **keep up with** new market trends. 모든 회사는 새로운 시장 경향을 따라가야 한다.

☐ **be required to** 부정사 ～ 하기를 요구 받다
All employees **are required to** submit sales reports today. 모든 직원들은 오늘 영업보고서를 제출해야 한다.

☐ **in time** 늦지 않게, 시간 맞춰
The package will be delivered **in time**. 소포는 늦지 않게 배송될 것이다.

☐ **based on** ~에 근거하여
We give a bonus **based on** employees' work performance. 우리는 직원들의 업무 성과에 근거하여 보너스를 준다.

☐ **apply for** ~에 지원하다
She is **applying for** a marketing manager position. 그녀는 마케팅 매니저 자리에 지원하고 있다.

☐ **at the beginning of** ~의 처음에, 초반부에
We will start the project **at the beginning of** next month. 우리는 다음 달 초에 그 프로젝트를 시작할 것이다.

☐ **no later than** 늦어도
Please hand in your paper **no later than** May 7. 늦어도 5월 7일까지 서류를 제출하세요.

☐ **business associate** 동업자, 동료
He is one of my **business associates**. 그는 나의 동업자 중 한 명이다.

☐ **come up with** ~을 생각해내다, 내놓다
Please **come up with** some ideas about this issue. 이 문제에 관해 아이디어를 생각해 내십시오.

☐ **take a day off** 하루 쉬다, 하루 휴가를 얻다
Can I **take a day off** tomorrow? 내일 하루 쉬어도 될까요?

☐ **take care of** ~을 보살피다, 처리하다
Don't worry about it. I'll **take care of** it. 그것에 대해 걱정 마세요. 제가 처리할게요.

☐ **take over one's job** ~의 일을 맡다
My assistant will **take over my job** next week. 다음 주는 내 부하직원이 내 일을 맡아 할 것이다.

☐ **temporary employee** 임시 직원
We'd better hire 2 **temporary employees**. 임시직 2명을 고용하는 것이 좋겠다.

☐ **tight budget** 빠듯한 예산
It's good for our **tight budget**. 그것은 우리의 빠듯한 예산에 좋다.

☐ **take on** 맡다, 착수하다
I'll **take on** the project right away. 나는 그 프로젝트에 바로 착수할 것이다.

☐ **do overtime** 연장 근무하다
We should ask employees to **do overtime**. 직원들에게 야근을 하도록 부탁해야 한다.

☐ **behind schedule** 예정보다 늦은
Hurry up or we'll be **behind schedule**. 서두르세요, 그렇지 않으면 예정보다 늦어요.

☐ **on-site training** 현장 교육
On-site training is better than online training. 현장 교육이 온라인 교육보다 낫다.

☐ **in a timely manner**   적절한 시기에
It's important to deliver our product **in a timely manner**. 적절한 시기에 제품을 배달하는 것이 중요하다.

☐ **first of all**   우선
First of all, we will visit the factory on Maypole Street. 우선, Maypole 가에 있는 공장을 방문할 것이다.

☐ **high-paying job**   고소득 직업
I prefer a **high-paying job** to an interesting job. 나는 흥미 있는 직업보다는 고소득 직업을 선호한다.

☐ **at work**   직장에서
I don't surf the Internet **at work**. 나는 직장에서 인터넷 검색을 하지 않는다.

☐ **do business**   사업을 하다
You need enough funds to **do business**. 사업을 하기 위해서는 충분한 자금이 필요하다.

☐ **work productivity**   업무 생산성
We can rearrange staff's schedule for **work productivity**. 업무 생산성을 위해 직원들 일정을 재조정할 수 있다.

☐ **deal with**   ~을 다루다, 처리하다
You asked me how to **deal with** this problem. 당신은 이 문제를 어떻게 다룰 지를 저에게 물으셨습니다.

☐ **be responsible for**   ~에 책임이 있다
Please call someone who **is responsible for** this. 이 일에 책임이 있는 사람에게 연락하십시오.

☐ **take a short break**   짧은 휴식을 갖다
Let's **take a short break**. 잠깐 쉽시다.

☐ **face-to-face**   얼굴을 맞대는, 대면의
Face-to-face communication is better than e-mail. 대면 의사소통이 이메일보다 좋다.

☐ **take advantage of**   ~를 이용하다
You can **take advantage of** all opportunities. 너는 모든 기회를 이용할 수 있다.

☐ **by accident**   실수로
They lost all data about clients **by accident**. 그들은 실수로 고객에 관한 모든 정보를 잃었다.

☐ **be known for**   ~으로 알려져 있다
The company **is** well **known for** its great customer service. 그 회사는 훌륭한 고객 서비스로 잘 알려져 있다.

☐ **at no fee**   무료로
Our gym members use a locker **at no fee**. 체육관 회원들은 무료로 사물함을 사용한다.

☐ **in advance**   사전에
We suggest you make a reservation 3 days **in advance**. 3일 전에 예약하시길 제안합니다.

☐ **in contact with**   ~와 연락하는, 연결된
Our representative will be **in contact with** you shortly. 상담원이 곧 연결될 것입니다.

회의/행사

☐ **go over** 검토하다 점검하다
Let's **go over** the issues on the agenda. 의제의 안건들을 검토해 봅시다.

☐ **opening speech** 개회사
There will be an **opening speech** at 10 A.M. 오전 10시에 개회사가 있을 예정이다.

☐ **welcome speech** 환영사
The **welcome speech** will be presented by Mr. Hopes. 환영사는 Hopes 씨에 의해 진행된다.

☐ **be followed by** 뒤이어 ~이 따르다
The event will **be followed by** a coffee break. 그 행사는 휴식 시간 이후에 있을 것이다.

☐ **prior to** ~에 앞서, 이전에
I'd like to introduce Mr. Howard **prior to** the meeting. 회의 전에 Howard 씨를 소개하고 싶습니다.

☐ **guest speaker** 초청 강연자
We'll have a **guest speaker** for our event. 우리는 행사에 초청 연사를 모실 예정이다.

☐ **in the middle of** ~하는 도중에
I'm sorry but I have to leave **in the middle of** the event. 죄송합니다만, 저는 행사 중간에 나가야 합니다.

☐ **give a presentation** 발표하다
Mr. Swindle is **giving a presentation** after lunch. Swindle 씨가 점심 이후에 발표를 할 예정이다.

☐ **promotional event** 홍보 행사
We are planning to hold a big **promotional event**. 우리는 큰 홍보 행사를 개최할 계획을 세우고 있다.

☐ **catering service** 출장 연회 서비스
We need **catering service** for our event. 우리 행사에 연회 서비스가 필요하다.

☐ **conference call** 전화 회의
We will have a **conference call** to save time. 우리는 시간을 절약하기 위해 전화 회의를 할 것이다.

☐ **compared to** ~와 비교하여
Compared to the last meeting, we have fewer complaints. 지난번 회의와 비교해서, 불평이 더 적다.

☐ **in charge** 담당인
I'm **in charge** of scheduling rooms for events. 나는 행사의 장소를 잡는 담당이다.

☐ **vote for** ~를 투표하다
Let's have a meeting to **vote for** the best manager. 최고의 매니저를 뽑기 위해 회의를 엽시다.

매스미디어/IT

☐ **sign up for** ~을 신청하다, 등록하다
First, you have to **sign up for** a new e-mail account. 우선, 당신은 새 이메일 계정을 위해 등록해야 합니다.

☐ **proficient with** ~를 잘 다루는
We need someone who is **proficient with** computers. 우리는 컴퓨터를 잘 다루는 사람이 필요하다.

☐ **compare prices** 가격을 비교하다
It is easier to **compare prices** online. 온라인에서 가격을 비교하는 것이 더 쉽다.

☐ **manage one's blog** 블로그를 관리하다
I spend one or two hours **managing my blog** every day. 나는 블로그를 관리하느라 매일 한두 시간을 보낸다.

☐ **in real time** 실시간으로
News is updated online **in real time**. 뉴스는 온라인에서 실시간으로 업데이트 된다.

☐ **up-to-date** 최신의, 최근의
You can get the most **up-to-date** information on jobs. 직업에 관한 가장 최신 정보를 얻을 수 있다.

☐ **built in** ~에 내장된
An electronic navigation device is **built in** to a car. 전자 내비게이션이 자동차에 내장되어 있다.

☐ **mass email** 단체 이메일
We'd better send a **mass e-mail** to all employees. 모든 직원들에게 단체 메일을 보내는 것이 좋겠다.

☐ **access the Internet** 인터넷에 접속하다
It helps you **access the Internet** easily. 그것은 인터넷에 쉽게 접속할 수 있도록 도와준다.

☐ **in good condition** 상태가 좋은
My mobile phone is still **in good condition**. 내 휴대폰은 여전히 상태가 좋다.

☐ **set up** 설치하다, 준비하다
We will demonstrate how to **set up** your new printer. 새 프린터를 어떻게 설치하는지 보여드리겠습니다.

☐ **remain on the line** 전화를 끊지 않고 기다리다
Please **remain on the line** and we will assist you soon. 끊지 말고 기다리시면, 저희가 곧 도와드리겠습니다.

☐ **feature** 특징, 기능
A new smartphone has great **features**. 새 스마트폰은 멋진 기능들을 가지고 있다.

환경

☐ recycle items 물건을 재활용하다
People **recycle** plastic **items,** paper and bottles. 사람들은 플라스틱 제품, 종이, 병 등을 재활용한다.

☐ separate the garbage 쓰레기를 분리 수거하다
They **separate the garbage** at home or at work. 그들은 집이나 회사에서 쓰레기를 분리 수거한다.

☐ environment-friendly 친환경적인
We have to encourage people to choose **environment-friendly** products.
사람들이 친환경 제품을 선택하도록 장려해야 한다.

☐ waste (materials) 쓰레기
You should place different **waste materials** in each separate bag.
각각 별개의 가방에 서로 다른 쓰레기들을 넣어야 한다.

☐ natural resource 천연자원
We can save **natural resources**. 천연자원을 아낄 수 있다.

☐ alternative energy 대체 에너지
Alternative energy sources are very important to our country. 대체 에너지 자원은 우리나라에 매우 중요하다.

☐ soundproof wall 방음벽
I think they should install **soundproof walls**. 그들이 방음벽을 설치해야 한다고 생각한다.

☐ live in the countryside 시골에 살다
I'd like to **live in the countryside** when I'm retired. 나는 은퇴하면 시골에 살고 싶다.

☐ conserve wildlife 야생동물을 보호하다
We should **conserve wildlife** to save our planet. 우리는 지구를 구하기 위해 야생동물을 보호해야 한다.

☐ yellow dust 황사
Yellow dust has caused a lot of damage. 황사는 큰 피해를 초래하고 있다.

☐ environmental pollution 환경 오염
The company is trying to reduce **environmental pollution**. 그 회사는 환경 오염을 줄이기 위해 노력하고 있다.

☐ organic ingredient 유기농 재료
I always choose **organic ingredients**. 나는 항상 유기농 재료를 선택한다.

Appendix 2
기능별 빈출 답변 100문장

1. 인사하기(첫인사/끝인사)

☑ **Hello, this is** Shawn **returning your call.** 안녕하세요. 저는 Shawn이고, 전화 답변 드립니다.

☐ **Hello, this is** Justin Noth **calling about** the new employees.
안녕하세요. 저는 Justin Noth이며, 신입 사원에 관해 전화 드립니다.

☐ **Welcome to** the Wild Bear Tour. Wild Bear 투어에 오신 걸 환영합니다.

☐ **Thank you for** calling the Norton Art Center. Norton 아트 센터에 전화 주셔서 감사합니다.

☐ **Please call me back and** let me know what you think. 다시 전화 주셔서 어떻게 생각하시는지 알려 주십시오.

☐ **If you have any questions, feel free to** call me back. 질문 있으시면, 편하게 다시 전화 주십시오.

☐ **This is all for** today's show. 이것으로 오늘 프로그램을 마칩니다.

☐ **Have a nice time** during your stay here. 여기 머무시는 동안 즐거운 시간 보내세요.

☐ **We would really appreciate** your business. 귀하의 거래에 정말 감사 드립니다.

2. 소개하기

☐ **There is** some free time from 3:00 to 4:00 P.M. 오후 3시부터 4시까지 휴식시간이 있습니다.

☐ **There will be** a speech by David Austin. David Austin 씨의 연설이 있을 예정입니다.

☐ **We are taking** a tour from 1:00 to 2:00 P.M. 오후 1시부터 2시까지 견학을 할 예정입니다.

☐ **We are offering** free samples of our new product. 저희 신제품의 샘플을 무료로 나눠드립니다.

☐ **I'll introduce** the advantages of this system to all of you. 여러분께 이 시스템의 장점을 소개해 드리겠습니다.

☐ **Let me introduce** your team leaders. 팀장들을 소개해 드리겠습니다.

☐ **We are proud to** have Laura Kim here with us today. 오늘 Laura Kim 씨를 모시게 되어 영광입니다.

3. 사과하기

☐ **I'm really sorry for** the inconvenience we caused. 저희가 일으킨 불편에 대해 정말 사과 드립니다.

☐ **I apologize for** the delay. 지연을 사과 드립니다.

☐ **I must apologize for** our misunderstanding of the issue. 이 사안에 대해 잘못 이해한 점 사과 드립니다.

□ **I feel sorry for** the problem you've been through. 당신이 겪은 문제에 관해 유감입니다.

□ **I deeply regret that** I cannot attend your seminar. 당신의 세미나에 참석할 수 없어 매우 유감입니다.

□ **I'm so sorry that** we haven't been returning your messages.
그동안 당신의 메시지에 답변 드리지 못해 매우 죄송합니다.

4. 제안하기

□ **May I suggest** you bring your own laptop? 본인 노트북을 가져오는 것이 어떠세요?

□ **I suggest** (that) you call a staff meeting tomorrow. 내일 직원 회의를 소집하는 것이 좋겠습니다.

□ **Please consider** which one to buy. 어느 것을 구입할지 고려해 주십시오.

□ **We'd better** put a notice about this on the office board. 회사 게시판에 공지를 올리는 것이 좋겠습니다.

□ **Why don't we** put an advertisement about this on the Internet?
인터넷에 이것에 관한 광고를 게재하는 것이 어떨까요?

□ **Let's** buy more copiers for our employees. 직원들을 위해 복사기를 몇 대 더 삽시다.

5. 요청/당부하기

□ **Please make sure** (that) you have all of your belongings with you. 소지품을 잘 챙기셨는지 확인 하십시오.

□ **Don't forget** to visit the produce section. 생산부를 방문하는 것을 잊지 마십시오.

□ **Don't miss** this opportunity to save up to 15%. 15퍼센트까지 절약할 수 있는 이 기회를 놓치지 마십시오.

□ **Please double check** the seat number on your ticket. 표의 좌석번호를 다시 확인해주십시오.

□ **Come and join** our dance classes. 오셔서 우리 댄스 수업에 참여하세요.

□ **I recommend** making a reservation in advance. 저는 미리 예약할 것을 권합니다.

6. 계획/약속하기

□ **I'll send** a mass text message to all staff members. 저는 전 직원에게 단체 문자를 보낼 것입니다.

□ **I'm thinking of** visiting my friend this Thursday night. 저는 이번 목요일 저녁에 친구를 방문할까 생각 중입니다.

☐ **I decided to** show new employees around the company. 저는 신입사원들에게 회사를 보여 주기로 결정했습니다.

☐ **I'll try to** deliver a new box of paper on time. 새 종이 박스를 시간에 맞춰 보내도록 노력하겠습니다.

☐ **You are supposed to** have dinner with your clients at 6. 당신은 6시에 고객들과 저녁을 드시기로 되어 있습니다.

☐ **He is scheduled to** give a presentation at 4. 그는 4시에 발표를 하기로 일정이 잡혔습니다.

☐ **I will see if I can** arrange a video conference with them. 그들과 화상 회의를 할 수 있는지 알아 보겠습니다.

☐ The budget plan **is due** on February 28th. 예산 계획안은 2월 28일까지입니다.

7. 조언하기

☐ **You have to** return them back by this Friday. 당신은 이번 금요일까지 그것들을 돌려 주어야 합니다.

☐ **You had better** check other places and find a cheaper one.
다른 곳을 확인해보고, 더 저렴한 곳을 고르는 것이 좋겠습니다.

☐ **You should** share ideas with other co-workers. 당신은 다른 동료들과 아이디어를 나누어야 합니다.

☐ **You need to** attend the meeting at 3 tomorrow. 당신은 내일 3시에 회의에 참석해야 합니다.

☐ **Why don't you** go to the factory and find out what's happening there?
공장에 가서 그곳에서 무슨 일이 일어나고 있는지 알아보는 것이 어떨까요?

8. 동의하기

☐ **I agree with** this statement. 저는 이 문장에 동의합니다.

☐ **I agree that** it's getting hard for people to find jobs.
저는 사람들이 일자리를 구하는 것이 어려워지고 있다는 점에 동의합니다.

☐ **Yes, I think that** parents should spend good quality time with their children.
네, 저는 부모들이 자식들과 의미 있는 시간을 보내야 한다고 생각합니다.

☐ **I believe that** it is better for students to go overseas to study.
저는 학생들이 외국에 나가 공부하는 것이 더 좋다고 믿습니다.

9. 반대하기

☐ **I disagree with** this statement. 저는 이 문장에 반대합니다.

☐ **I disagree that** it's easy for companies to attract new customers.
저는 회사들이 새 고객을 모으기 쉽다는 말에 반대합니다.

226

☐ **No, I don't agree with** this statement. 아니오, 저는 이 문장에 동의하지 않습니다.

☐ **I don't think that** young people spend a lot of money on entertainment.
저는 젊은 사람들이 유흥에 더 많은 돈을 쓴다고 생각하지 않습니다.

☐ **On the other hand,** advertisements are not always telling the truth.
반면에, 광고는 항상 진실만을 말하지는 않습니다.

10. 소망/선호하는 것 말하기

☐ **I would like to** talk about it with Mr. Argos. Agos 씨와 그것에 대해 이야기하고 싶습니다.

☐ **I hope to** hear good news from them. 그들에게서 좋은 소식을 듣기를 바랍니다.

☐ **Let me know if** you have any other suggestions. 다른 제안이 있으면 알려주십시오.

☐ **I prefer** buses to trains because they are cheaper. 더 저렴하기 때문에 저는 기차보다 버스를 선호합니다.

☐ **I would rather** get a bonus than have a vacation. 저는 휴가를 가는 것보다 보너스를 받고 싶습니다.

☐ **If I could** go abroad, I would go to Europe. 해외에 갈 수 있다면, 저는 유럽에 가겠습니다.

11. 의견 말하기

☐ **In my opinion,** having a pet can increase happiness. 제 생각에는, 애완동물을 키우는 것이 행복을 증가시킬 수 있습니다.

☐ **I think it's better** if there is more public transportation in my neighborhood.
저는 동네에 대중교통이 더 많이 있으면 좋을 것 같습니다.

☐ **It is not a good idea to** increase our price of products. 제품의 가격을 올리는 것은 좋은 생각이 아닙니다.

☐ **It would be great if** I could make enough money to support my family.
저는 가족을 부양하기 위해 충분한 돈을 벌 수 있다면 좋을 것 같습니다.

☐ **From my experience,** I learned that first impressions are very important.
제 경험을 통해, 첫 인상이 매우 중요하다는 것을 배웠습니다.

☐ **Here's what I think.** 제 생각은 이렇습니다.

☐ **I'll tell you why** I prefer to buy products online. 제가 상품을 온라인으로 구입하는 것을 선호하는 이유를 말하겠습니다.

☐ **There's no other** flower shop like Amy's. Amy's 같은 꽃집은 없습니다.

12. 확신/확인하기

☐ **I'm sure that** you can get a bonus check by the end of this month.
이번 달 말까지는 당신이 보너스 수표를 받을 수 있다고 확신합니다.

☐ **It is true that** this event will bring lots of new customers to our business.
이번 행사가 우리 사업에 많은 신규 고객을 유치해 줄 것이라는 점은 사실입니다.

☐ **This is a good chance to** show our new products to potential customers.
이것은 잠재 고객들에게 신상품을 보여줄 좋은 기회입니다.

☐ **I'll make sure that** all employees are aware of this issue. 전 직원들이 이 사안에 대해 알도록 확실히 하겠습니다.

13. 이유 말하기

☐ **There are some reasons to** support my opinion. 제 의견을 지지할 만한 몇 가지 이유가 있습니다.

☐ **It's because** the company disappointed us several times. 그것은 그 회사가 여러 번 우리를 실망시켰기 때문입니다.

☐ **This is due to** a tough competition among managers. 이것은 매니저들 사이의 과한 경쟁 때문입니다.

☐ **The reason is** (that) we have to cancel the shipping date. 이유는 배송 날짜를 취소해야 하기 때문입니다.

☐ **I heard that** the new system is not working well. 새 시스템이 작동이 잘 안 된다고 들었습니다.

☐ **Since** I'm good at taking pictures, I like to take photographs of the places I visit.
나는 사진을 잘 찍기 때문에 내가 방문하는 곳의 사진을 찍는 것을 좋아합니다.

14. 추측하기

☐ **It seems like** a big opportunity for us. 그것은 우리에게 큰 기회인 것 같습니다.

☐ **It seems like** they are having a meeting. 그들은 회의를 하고 있는 것 같습니다.

☐ **It seems that** we need a backup plan for the problem. 그 문제에 대한 대체 계획이 필요한 것 같습니다.

☐ **It is likely to** reduce our profits this year. 그것이 올해 이윤을 감소시킬 것 같습니다.

☐ **It appears to** be floating on the water. 그것은 물위에 떠있는 것처럼 보입니다.

15. 비교하기

☐ The movie was not **as** exciting **as** the trailer of the movie. 그 영화는 예고편만큼 흥미롭지 않았습니다.

☐ **It's better** to get information from the Internet **than** from books.
책에서 보다는 인터넷에서 정보를 얻는 것이 더 낫습니다.

☐ Face to face learning is **the most** effective way to train employees.
얼굴을 맞대고 배우는 것이 직원들을 교육시키기 위한 가장 효과적인 방법입니다.

☐ My happiness is **more** important **than anything else.** 나의 행복이 무엇보다 더 중요합니다.

☐ **Compared with** people in the past, people today spend less time with their family.
과거의 사람들과 비교하면, 요즘 사람들은 가족과 시간을 덜 보냅니다.

☐ **Anyone can** leave a comment online. 누구든지 온라인에 평을 남길 수 있습니다.

☐ The new conference room is **bigger than** the old one. 새 회의실은 예전 것보다 더 큽니다.

☐ Speaking a foreign language is **the best** qualification for this job.
외국어를 구사하는 것은 이 직업에 최고의 자격입니다.

☐ Shopping online has **more** advantages **than** shopping at a store.
온라인 쇼핑은 상점에서 쇼핑하는 것보다 장점이 더 많습니다.

16. 장단점 말하기

☐ **One of the advantages is** that we can keep in touch with people online.
장점 중 하나는 온라인에서 사람들과 연락을 할 수 있다는 것입니다.

☐ **There are some disadvantages of** going abroad to study. 외국에 나가 공부하는 것의 단점들이 있습니다.

☐ **The best thing about** living in a big city is a variety of jobs.
대도시에서 사는 가장 좋은 점은 다양한 일자리들입니다.

☐ Honesty is **his strong point.** 정직은 그의 장점입니다.

☐ **The weakest point of** the new mobile phone is that it bends in a pocket.
새 휴대폰의 가장 취약한 점은 주머니 안에서 휜다는 것입니다.

☐ There are always **pros and cons** about issues. 문제점들에는 항상 찬반 양론이 있습니다.

*toeic.

토익® 스피킹

기출 단기공략

최신개정판

해 / 설 / 집

YBM

2. *TOEIC*® Speaking Test 준비물

신분증
   A 대학(원)생 및 일반인 : 주민등록증, 운전면허증, 기간 만료 전의 여권, 공무원증, 기간 만료 전의
      주민등록증 발급신청확인서

   B 학생 : 국내 학생증, 기간 만료 전의 여권, 청소년증
      (상기 신분증이 없는 수험자는 홈페이지에서 '신분확인증명서'를 다운로드하여 작성 후 지참)

   C 군인 : 장교 및 부사관 신분증, 군무원증, 군복무확인서
      (상기 신분증이 없는 수험자는 홈페이지에서 '신분확인증명서'를 다운로드하여 작성 후 지참)

주의
     시험장에서 개인이 지참한 필기구는 사용할 수 없습니다. 하지만 시험센터에서 제공하는 규정 메모지와 필기구를
     사용하여 시험 중 자유롭게 메모가 가능합니다. 메모는 시험 시작 직후부터 가능하며, 시험 종료 시 사용한 메모지와
     필기구를 반드시 반납해야 합니다.

3. *TOEIC*® Speaking Test 채점 과정

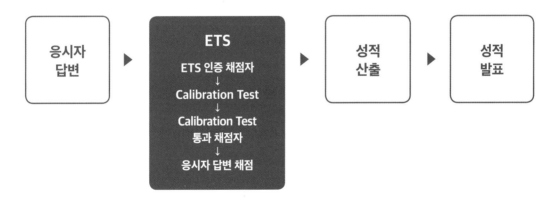

- Scoring Leader (채점 총괄 책임자)와 시험 개발자들이 채점 과정을 감독합니다.
- Calibration Test는 ETS 전문 채점자가 채점 당일 반드시 치러야 하는 시험으로, 기존에 채점한 답변 내용 중 무작위로 출제되는 답변 내용들을 다시 채점하여 기존의 성적 결과와 일정 수준 이상 동일해야만 채점에 참여할 수 있습니다.

토익스피킹 레벨 설명

TOEIC Speaking 성적은 세부 점수(0~200점)와 함께 ACTFL 등급으로 표시됩니다.

Advanced High
세부 점수
200

대체로 대부분의 의사소통 과제를 수월하고 능숙하며 자신 있게 처리할 수 있다. 업무, 가정, 여가 활동, 시사 및 개인적인 관심사와 관련된 다양한 주제를 놓고 오가는 격의 없는 대화 또는 격식을 갖춘 대화에 참여할 수 있다. 일반적인 업무 환경에 적합한 조리 있고 일관된 담화를 생성할 수 있다.

- 질문에 대한 응답과 정보 제공을 효율적으로 수월하게 한다.
- 짜임새 있는 논거를 제시하면서 의견을 상세히 표현한다.
- 과거, 현재, 미래 등 주요 시제를 사용해 완전하고 정확하게 서술한다.
- 단락 길이의 담화를 조리 있게 이어 나간다.
- 어휘를 정확하고 명확하게 사용한다.
- 단어 및 구를 상당히 알아듣기 쉽게 발음한다.

Advanced Mid
세부 점수
180-190

대체로 다수의 의사소통 과제를 수월하고 자신 있게 처리할 수 있다. 다양한 주제를 놓고 오가는 격의 없는 대화에 대부분 참여할 수 있고, 격식을 갖춘 대화일 경우, 일부 참여할 수 있다. 대체로 일반적인 업무 환경에 적합한 조리 있고 일관된 담화를 생성할 수 있다.

- 간단한 질문에 대한 응답과 기초적인 정보 제공을 수월하게 한다.
- 의견 표현이나 복잡한 요청에 대한 대응을 효율적으로 한다.
- 과거, 현재, 미래 등 주요 시제로 서술하고 묘사한다.
- 단락 길이의 담화를 조리 있게 이어 나간다.
- 귀 기울여 듣고 있는 청자라면 상당히 알아들을 정도로 단어 및 구를 발음한다. (발음에 사소한 어려움이 있지만 의미 전달에 방해가 되지는 않는다.)

Advanced Low
세부 점수
160-170

대체로 다양한 상황에서 효율적으로 의사소통할 수 있다. 일상적인 주제와 관련된 격의 없는 대화일 경우, 대부분의 상황에서 의사소통이 가능하며, 공적 관심사와 관련된 일부 주제의 경우, 일부 상황에서 의사소통이 가능하다. 대체로 일반적인 업무 환경에 적합한 조리 있고 일관된 담화를 생성할 수 있지만, 답변의 길이는 대체로 한 단락을 넘지 못한다.

- 간단한 질문에 대한 응답과 기초적인 정보 제공을 수월하게 한다.
- 의견 표현이나 복잡한 요청에 대한 대응을 효율적으로 한다. (일부 어휘가 부정확하고 복잡한 문법 구조를 사용할 때 오류가 있다.)
- 단락 길이의 담화를 조리 있게 이어 나간다. (단, 길이는 대체로 한 단락으로 제한된다.)
- 귀 기울여 듣고 있는 청자라면 상당히 알아들을 정도로 단어 및 구를 발음한다. (발음에 사소한 어려움이 있지만 의미 전달에 방해가 되지는 않는다.)

Intermediate High
세부 점수
140-150

대체로 단순한 상황에서 복잡하지 않은 과제를 처리할 때 수월하고 자신 있게 말할 수 있다. 의견을 구하는 요청이나 복잡한 요청에 적절하게 대응할 수 있으나 더 복잡한 과제일 경우, 답변에 대한 이유를 설명하는 데 어려움을 겪기도 한다.

- 간단한 질문에 대한 응답과 기초적인 정보 제공을 수월하게 한다.
- 의견을 진술하고 상세히 설명한다. (분명하지 않은 발음이나 어법 실수, 한정된 어휘력 때문에 때때로 의사 전달이 미흡한 경우가 있다.)
- 때때로 단락 길이의 담화를 조리 있게 이어 나가지만 흐름이 끊어지는 부분이 있다.
- 단어 및 구의 발음이 단순한 과제에서는 알아들을 수 있는 수준이지만, 좀 더 복잡한 과제에서는 알아듣기 어려울 수 있다.

Intermediate Mid

세부 점수
110-130

단순한 사회적 상황에서 복잡하지 않은 의사소통 과제를 적절하게 처리할 수 있고 신체적, 사회적 필요(음식, 쇼핑, 여행, 숙박), 개인 정보(일상 활동, 관심사 및 선호도) 등 구체적이고 예측 가능한 주제로 제한된다. 간단하고 단도직입적인 요청에 의견을 진술하고 답변할 수 있으나 복잡한 요청에 대응하고 자세하게 의견을 표현하는 능력에는 제약이 있다.

- 질문에 대한 응답과 기초적인 정보 제공을 한다.
- 의견을 진술하고 상세히 설명한다. (의사 전달이 미흡하다.)
- 잦은 머뭇거림이나 부정확성으로 인해 일부 의사 표현에 어려움을 겪는 경우가 있다.
- 문장과 이어지는 문장들을 활용해 말한다. (생각을 연결하고 시제와 동사의 형태를 다루는 데 어려움이 있다.)
- (단순한 과제에 대해) 귀 기울여 듣고 있는 청자라면 대략 알아들을 정도로 발음한다.

Intermediate Low

세부 점수
90-100

단순한 사회적 상황에서 복잡하지 않은 의사소통 과제를 제한된 수만 처리할 수 있고 기본적인 개인 정보(일상 활동, 선호도)와 당면한 필요 같은 구체적이고 예측 가능한 주제가 포함된다. 의견을 표현할 수는 있지만 설명하는 데 어려움을 겪기도 한다. 단순하고 직접적이며 예측 가능한 요청에는 답변할 수 있지만 복잡한 요청에는 어려움을 겪는다.

- 의견을 진술한다. (의견을 뒷받침하는 진술이나 자세한 설명은 최소한으로 제한된다.)
- 잦은 머뭇거림이나 부정확성으로 인해 일부 의사 표현에 어려움을 겪는다.
- 익숙한 주제에 대해서는 학습한 어구를 사용한다.
- 진술은 짧고 문장들 사이에 흐름이 이어지지 않는다.
- 단어 및 구의 발음에 모국어의 영향이 강하게 남아 있다.

Novice High

세부 점수
60-80

단순한 사회적 상황에서 친숙하고 예측 가능한 주제에 관해 간단한 의사소통 과제를 수행할 수 있다. 여기에는 친숙한 주제에 대해 의견을 제시하거나 간단하고 단도직입적인 요청에 답변하는 과제가 포함된다. 복잡한 요청에 대해 답변할 때는 많은 제약이 따른다.

- 의견을 진술한다. (의견을 뒷받침하는 진술이나 자세한 설명은 없다.)
- 잦은 머뭇거림이나 부정확성으로 인해 의사 표현에 어려움을 겪는다.
- 익숙한 주제에 대해서는 학습한 어구를 사용한다.
- (단순한 과제에 대해) 짧거나 불완전한 문장으로 발화해 귀 기울여 듣고 있는 청자라면 의미를 대강 이해할 수 있는 수준이다.

Novice Mid / Low

세부 점수
0-50

Novice Mid
대체로 어휘나 암기한 구를 사용해 의사소통이 가능하지만 어휘나 구의 흐름이 단절된다.
- 몇 개의 단어나 암기한 구를 사용해 단도직입적인 질문에 답변한다.
- (단순한 과제에 대해) 귀 기울여 듣고 있는 청자라도 이해하기에 어려움이 많다.

Novice Low
언어에 관한 이해나 발음 능력에 제약이 있어 의사소통 역량이 극도로 제한된다.
- 암기한 단어나 구를 사용해 자신을 소개한다.
- 암기한 단어들을 사용해 익숙한 사람, 장소 또는 사물의 이름을 말한다.

토익스피킹 점수 환산법

등급	세부 점수	Question 11	Questions 8-10/5-7	Questions 3-4/1-2
Advanced High	200	5점	모두 혹은 거의 모두 3점	모두 혹은 거의 모두 3점
Advanced Mid	180-190	4점	절반 이상이 3점	모두 혹은 거의 모두 3점
Advanced Low	160-170	3점	모두 2점 혹은 그 이상	대부분 3점
Intermediate High	140-150	3점	대부분 2점/일부 3점 대부분 2점/일부 1점	대부분 2점
Intermediate Mid	110-130	2점 혹은 3점	일부 2점/일부 1점	일부 2점/일부 1점
Intermediate Low	90-100	2점	대부분 1점	일부 2점/일부 1점
Novice High	60-80	1점 혹은 2점	대부분 1점이거나 무응답	대부분 1점
Novice Mid/Low	0-50	무응답이거나 주제에서 벗어남	무응답이거나 주제에서 벗어남	무응답이거나 주제에서 벗어남

TOEIC Speaking Test는 난이도가 낮은 유형보다 높은 유형에 대한 응답이 전체 점수에 더 큰 영향을 줍니다. 따라서 가중치가 높아 총점에 영향을 많이 주는 Question 11부터 역순으로 표에 제시하였습니다. 각 점수가 나타내는 것은 채점용 점수이며 제시된 점수들의 수는 해당 유형 안에서 몇 문제나 그 점수를 받았는지를 나타냅니다.

> 예 세부 점수 200의 경우: Question 11은 5점, Questions 5-10 중 모든 문제 혹은 거의 모든 문제가 3점, Questions 1-4중 모든 문제 혹은 거의 모든 문제에서 3점을 받은 것입니다.

온라인 테스트 활용법

www.ybmbooks.com

Final Test 5회분을 ETS의 TOEIC Speaking Test와 100% 동일한 환경에서 연습할 수 있습니다. 크롬(Chrome), 사파리(Safari), 파이어폭스(FireFox) 웹 브라우저를 이용해 위 사이트에 접속한 후, 이 교재를 검색하여 도서 소개 부분에 있는 이미지 링크를 클릭해 들어가세요. 테스트를 하려면 마이크가 장착된 헤드셋을 준비해야 합니다. 본인이 녹음한 답변은 웹 테스트를 마친 후 다시 들어볼 수 있으며, 웹 브라우저를 닫으면 저장되지 않고 사라지므로 유의하기 바랍니다.

1 온라인 실전테스트 인증

테스트를 시작하려면 인증 절차를 거쳐야 합니다. 왼쪽과 같은 초기 화면이 나오면, START 버튼을 누르시고 몇 페이지 몇 행의 어떤 단어를 입력해 넣으라는 메시지에 따라 타이핑하세요. 인증 후 테스트를 시작할 수 있습니다.

2 Home 화면, 실전테스트 시작하기

총 5회분의 실전테스트가 준비되어 있습니다. 원하는 테스트 번호를 클릭하여 들어가면 시험을 시작할 수 있습니다. 시험 후 Home 버튼을 누르고 이 페이지 하단의 '답변 듣기' 버튼을 누르시면 녹음된 본인 답변을 들을 수 있습니다.

3 헤드셋 및 마이크 점검

본격적으로 테스트가 시작되기 전에 헤드셋 점검을 합니다. 사운드가 잘 들리는지, 마이크가 제대로 작동하는지, 본인의 목소리가 녹음되는지 확인하세요.

4 테스트 후 녹음 확인

테스트가 다 끝난 후에는 Home 화면 하단 '답변 듣기' 버튼을 누르면 녹음된 본인의 답변을 확인할 수 있습니다. 더불어 ETS가 제공한 모범 답변도 들을 수 있습니다.

5 온라인 테스트 관련 문의

온라인 테스트가 기술적인 문제로 잘 작동하지 않을 시 초기 화면의 우측 상단에 있는 'Q & A' 버튼을 눌러 문제점을 작성해주세요.

※ 인터넷 접속 환경에서 가능합니다. 책 발행 시점부터 5년까지 온라인 테스트를 이용할 수 있습니다. 스마트폰으로는 이용할 수 없고 컴퓨터로만 이용 가능합니다.

학습 플랜

⠿ 1주 완성

최단 기간 최대의 효과를 노리는 마스터 플랜

영어 스피킹 실력이 중·고급이며, 1주 후에 토익 스피킹 시험을 앞두고 있는 수험자에게 적합한 플랜입니다.

Day 01	Day 02	Day 03	Day 04	Day 05	Day 06	Day 07
Part 1	**Part 2**	**Part 3**	**Part 4**	**Part 5**	파트별 Test	TOEIC
전략 이해하기	전략 이해하기	전략 이해하기	전략 이해하기	전략 이해하기	**Final Test**	Speaking
유형 공략하기	유형 공략하기	유형 공략하기	유형 공략하기	유형 공략하기	**1~5회**	시험 당일

⠿ 2주 완성

단기간 2주 집중 학습으로 끝내는 마스터 플랜

영어 스피킹 실력이 초·중급이며, 2주 후에 토익 스피킹 시험을 앞두고 있는 수험자에게 적합한 플랜입니다.

Day 01	Day 02	Day 03	Day 04	Day 05	Day 06	Day 07
Part 1	**Part 1**	**Part 2**	**Part 2**	**Part 3**	**Part 3**	**Part 4**
기본 다지기	Test	기본 다지기	Test	기본 다지기	Test	기본 다지기
전략 이해하기		전략 이해하기		전략 이해하기		전략 이해하기
유형 공략하기		유형 공략하기		유형 공략하기		

Day 08	Day 09	Day 10	Day 11	Day 12	Day 13	Day 14
Part 4	**Part 4**	**Part 5**	**Part 5**	**Part 5**	**Final Test**	TOEIC
유형 공략하기	Test	기본 다지기	유형 공략하기	Test	**1~5회**	Speaking
		전략 이해하기			부록	시험 당일

⦂⦂⦂· 4주 완성

차근 차근 실력을 제대로 쌓아가는 마스터 플랜

영어 스피킹 실력이 초급이며, 4주 후에 토익 스피킹 시험을 앞두고 있는 수험자에게 적합한 플랜입니다.

Day 01	Day 02	Day 03	Day 04	Day 05	Day 06	Day 07
Part 1 기본 다지기 전략 이해하기	**Part 1** 유형 공략하기 Test	**Part 2** 기본 다지기 전략 이해하기	**Part 2** 유형 공략하기 Test	**Part 3** 기본 다지기 전략 이해하기	**Part 3** 유형 공략하기	**Part 3** 유형 공략하기

Day 08	Day 09	Day 10	Day 11	Day 12	Day 13	Day 14
Part 3 Test	**Part 4** 기본 다지기 전략 이해하기	**Part 4** 유형 공략하기	**Part 4** 유형 공략하기	**Part 4** Test	**Part 5** 기본 다지기 전략 이해하기	**Part 5** 유형 공략하기

Day 15	Day 16	Day 17	Day 18	Day 19	Day 20	Day 21
Part 5 유형 공략하기	**Part 5** Test	**부록 1** 주제별 표현	**부록 2** 기능별 100문장	**Final Test** 1회	**Final Test** 2회	**Final Test** 3회

Day 22	Day 23	Day 24	Day 25	Day 26	Day 27	**Day 28**
Final Test 4회	**Final Test** 5회	**Part 1, 2** 복습	**Part 3, 4** 복습	**Part 5** 복습	**Final Test** 1~5회 복습	**TOEIC** **Speaking** 시험 당일

PART 1

Questions 1-2

PART 1 | 미리보기

PART 1 시험 유형

문제 번호	문제 유형	답변 준비 시간	답변 시간	평가 항목	채점용 점수
Questions 1-2	Read a text aloud 문장 소리내어 읽기	각 45초	각 45초	발음 억양과 강세	0-3

PART 1 진행 순서

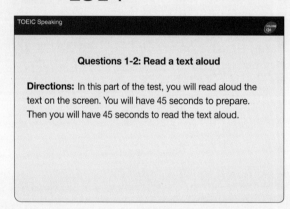

1 첫 화면에 Read a text aloud 유형의 지시문이 나오며 이를 음성으로도 들려줍니다.

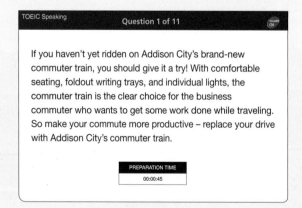

2 두 번째 화면에 1번 문제가 나오며 음성으로 다음과 같은 지시와 '삐' 소리가 나온 후 45초의 준비 시간이 주어집니다.

"Begin preparing now." [Beep]

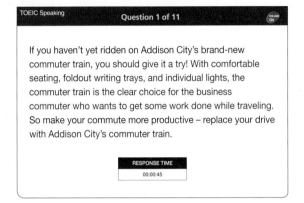

화면 하단에 RESPONSE TIME이 표시되며
음성으로 다음과 같은 지시와 '삐' 소리가 나
온 후 45초 동안 응답합니다.

"Begin reading aloud now." [Beep]

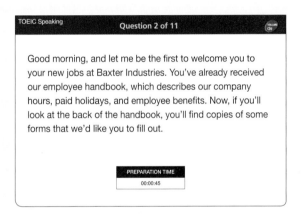

4 2번 문제가 제시되며 음성으로 다음과 같은
지시와 '삐' 소리가 나온 후 45초의 준비 시
간이 주어집니다.

"Begin preparing now." [Beep]

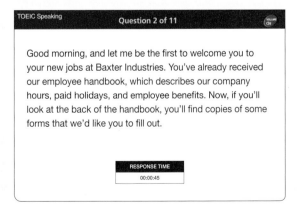

5 화면 하단에 RESPONSE TIME이 표시되며
음성으로 다음과 같은 지시와 '삐' 소리가 나
온 후 45초 동안 응답합니다.

"Begin reading aloud now." [Beep]

⠿ 연음 현상

🎧 Part 1_01

한 단어의 끝부분이 다음 단어의 앞부분과 연결되어 발음되는 것이 '연음'입니다. 연음 현상이 발생하는 부분은 자연스럽게 이어서 읽어주세요.

자음+모음

앞 단어의 끝부분 자음이 다음 단어의 모음에 붙어서 발음됩니다.

give it a try	[기비러 트라이]	hold on	[홀던]
call us	[콜러스]	with us	[위더스]
can I	[캐나이]	turn over	[터르노버ㄹ]

자음+자음

앞 단어의 끝부분 자음을 생략하고, 바로 다음 단어의 자음을 발음합니다.

has she	[해쉬]	just stop	[저스탑]
don't know	[돈노우]	attend the	[어텐더]
send me	[센미]	ask me	[애슥미]

t, d, s 뒤에 y가 올 때

t, d, s로 끝나는 앞 단어가 다음 단어의 y와 만나면 다른 소리로 변합니다.

let you	[레츄]	did you	[디쥬]
miss you	[미슈]	get you	[게츄]
could you	[쿠쥬]	bless you	[블레슈]

🎙 **PRACTICE**   색으로 표시된 부분의 연음 현상에 유의하며 다음 문장을 읽어 보세요.   🎧 Part 1_02 / 해설집 p.2

1. A member of our staff will be with you shortly.

2. How did you become such a great designer?

3. We want to welcome everyone to our annual company picnic.

4. Enjoy the tour and I'll see you at the main entrance of the museum at 4.

5. We'll be handing out free samples and copies of our hair care newsletter.

⫶⫶⫶ 다양한 명사 발음

외래어

외래어를 우리말 표기법대로 발음해서는 안 됩니다. 각 단어의 정확한 영어 발음을 익혀야 합니다.

amateur	아마추어 (X) **애머츄어ㄹ** (O)	vitamin	비타민 (X) **바이터민** (O)
banana	바나나 (X) **버내너** (O)	radio	라디오 (X) **레이디오** (O)
supermarket	슈퍼마켓 (X) **쑤퍼ㄹ마킷** (O)	marathon	마라톤 (X) **매러쏜** (O)
profile	프로필 (X) **프로파일** (O)	buffet	부페 (X) **버페이** (O)
Rome	로마 (X) **로움** (O)	xylophone	실로폰 (X) **자일러폰** (O)
allergy	알레르기 (X) **앨러지** (O)	mayonnaise	마요네즈(X) **메이어네이즈**(O)

발음 혼동 단어

철자가 비슷해서 발음과 의미가 혼동되는 단어들이 있습니다. 문장을 읽을 때 실수를 하지 않도록 각 단어의 정확한 발음과 의미를 연습합니다.

facility [퍼**씰**러티] 시설 - **faculty** [**패**컬티] 교수단

species [스**피**쉬즈] (생물) 종 - **spacious** [스**페**이셔ㅅ] 넓은

series [**씨**뤼즈] 연속, 시리즈 - **serious** [**씨**뤼어ㅅ] 심각한

island [**아**일런드] 섬 - **Iceland** [**아**이슬런드] 아이슬란드

breath [브**레**쓰] 숨, 입김 - **breathe** [브**뤼**드] 숨쉬다

north [**노**ㄹ쓰] 북쪽 - **northern** [**노**ㄹ던] 북쪽의

colleague [**칼**리그] 동료 - **college** [**칼**리줴] 대학

county [**카**운티] 주 - **country** [**컨**츄리] 국가

receipt [뤼**씨**트] 영수증 - **recipe** [**레**써피] 조리법

arena [어**뤼**나] 경기장 - **area** [**에**어리어] 지역

shoot [**슈**트] 쏘다 - **suit** [**쑤**트] 정장

thought [**쏘**트] 생각 - **though** [**도**우] ~임에도 불구하고

aboard [어**보**ㄹ드] 탑승한 - **abroad** [어브**로**드] 해외에

south [**싸**우쓰] 남쪽 - **southern** [**써**던] 남쪽의

quite [**콰**이트] 꽤, 매우 - **quiet** [**콰**이어트] 조용한

Michael [**마**이클] 마이클 - **Michelle** [미**쉘**] 미쉘

 PRACTICE 색으로 표시된 부분의 발음에 유의하며 다음 문장을 읽어 보세요. 🎧 Part 1_04 / 해설집 p.2

1. We are celebrating the grand opening of Supreme Supermarket.

2. Join us this Sunday for the Fifth Annual Springfield Marathon Race.

3. We will drive around the island's most popular places.

4. For questions regarding our membership or gym facilities, please press two.

5. You can easily find recipes for quick dinners and party foods.

전략 1 강세 익히기

🎧 Part 1_05

문장 안의 단어들을 정확한 발음으로 읽는 것도 중요하지만, 지문의 내용과 상황에 맞게 주요 단어들을 강하게 읽어주어야
문장의 의미를 더 자연스럽게 전달할 수 있습니다.

❶**Next week**, local school ❶**children** will ❶**show off** their ❶**singing skills** at the ❷**Maple County** ❶**Fair**. School choirs and glee clubs from ❷**Riverdale**, ❷**Oakton**, and ❷**Lakeview** will ❹**perform**. Afterwards, **viewers** will **vote** for the ❸**best** ❹performance. The **winning** singers will ❹**receive** a **trip** to ❷**Chicago**, where they'll ❹**compete** in the **state** **championships**. Good **luck** to ❸**all**!

다음 주 지역 학생들이 Maple County 축제에서 노래 실력을 뽐냅니다. Riverdale과 Oakton, Lakeview에서 온 학교 합창단과 노래 동아리들이 공연을 할 것입니다. 그 후에, 관객들이 투표로 최우수 공연을 뽑을 것입니다. 우승자는 주 대회 경연이 열릴 Chicago로 여행을 하게 됩니다. 모두들 행운을 빕니다!

포인트 ❶ 중요한 정보

문장에서 전달하려는 중요 내용을 담고 있는 명사, 동사, 형용사 등은 힘주어 읽습니다.

예) 행사가 열리는 시간: Next week, 주체: children, 행위: show off ~ singing skills, 행사: Fair

※ 문장을 완성하는 기능만 담당하는 단어(조동사, be동사, 전치사 등)는 약하게 읽습니다.

포인트 ❷ 고유 명사

대문자로 시작하여 특정 사람이나 사물을 가리키는 고유 명사 역시 강하게 읽어줍니다.

예) Maple, Riverdale, Oakton, Lakeview, Chicago

※ 고유명사는 첫 음절에 강세가 있는 경우가 많습니다.

포인트 ❸ 강조어

부정어, 비교급 및 최상급, 한정사나 대명사는 문장 내에서 자연스럽게 강조되는 부분입니다.

예) never, not, better, best, all, every

※ 지문 속에서 의미상으로 중요한 단어는 부사라도(only, always, just 등) 강조해주는 것이 좋습니다.

포인트 ❹ 단어 내 강세

2음절 이상의 단어에는 특정 음절에 강세가 들어갑니다. 2음절 이상의 단어는 강세에 유의하여 읽어주세요.

예) perform, performance, rec**ei**ve, comp**e**te

※ 명사 및 형용사는 끝에서 두 번째 음절에, 동사는 끝에서 첫 번째 음절에 강세가 있는 경우가 많습니다.

전략 2 억양 익히기

발음과 강세가 좋아도 문장의 높낮이 즉, 억양이 어색하면 좋은 점수를 기대할 수 없습니다. 문장의 특성에 맞게 억양을 올리거나 내려서 읽어줍니다.

❶Do you want to look great and feel good all year round? ↗
❷Style Hair Salon is offering exclusive promotions almost every month. ↘ This month, you will be happy to hear about our 15% off the prices of ❸haircuts, ↗ hair extensions, ↗ and hair coloring ↘ every Thursday. ↘ ❹Call us now for reservations and more information. ↘

> 일 년 내내 멋지게 보여서 기분 좋게 지내고 싶으신가요? Style 미용실은 거의 매달 독점 할인 행사를 엽니다! 이번 달에는 목요일마다 헤어컷과 붙임머리, 염색 가격의 15퍼센트를 할인해드린다는 기쁜 소식을 전합니다. 예약이나 정보를 더 원하시면 저희에게 지금 전화 주세요.

포인트 ❶ 억양이 올라가는 문장

조동사(Do, Does, Did, Can, Would, Have 등)와 Be동사(Are, Is, Am, Was, Were 등)로 시작되는 의문문은 상대방에게서 Yes나 No 대답을 기대하는 문장이므로, 끝을 올려 읽습니다.

예) Are you looking for catering services for your business? ↗
　　Does your company hold large celebrations every year? ↗

※ 의문사가 있는 의문문: 맨 앞의 의문사를 강하게 읽고 문장 끝은 내려줍니다.

예) What catering services do we offer? ↘

포인트 ❷ 억양이 내려가는 문장

• Part 1의 대부분을 차지하는 일반 평서문은 문장의 마지막을 차분하게 내려 읽어주면서 마무리합니다.

예) Some people only use the kitchen for basic cooking. ↘

• 명령문의 첫 단어인 동사는 강하게 읽고, 문장 끝은 내려줍니다.

예) Come join us for the celebration from 5 P.M. to 7 P.M. ↘

※ 감탄문: What과 How로 시작하는 감탄문도 문장 끝을 내려줍니다.

예) What a great offer it is! ↘

포인트 ❸ 나열 구문 문장

단어나 구가 열거될 경우에 and나 or 앞의 단어들은 살짝 올려 읽고 마지막 단어는 내려 읽습니다.

예) We are having a clearance sale this Friday, ↗ Saturday, ↗ and Sunday. ↘

전략 3 문장 끊어 읽기

🎧 Part 1_07

문장 내에서 의미 단위로 묶어서 끊어 읽어야 문장의 의미를 효과적으로 전달할 수 있습니다. 잠깐 숨을 고르는 정도로 짧게 쉬고 읽으면 됩니다.

Welcome ²/ to the guided tour of historic Oreland village. ¹// This tour features ²/ private homes, the old business district, ¹/ where you will see the old town warehouses ²/ and shipping piers, ¹/ and the original city hall. ¹// At each location, ¹/ we will detail the lives, times, and struggles ³/ of former residents. ¹// It looks like ³/ everyone is ready to begin, ¹/ so please step this way. //

역사적인 Oreland 마을 가이드 투어에 오신 걸 환영합니다. 이 투어에는 개인 사택들과 구 시내 창고와 물건 하역 부두가 있는 옛 상업 구역, 초대 시청이 포함됩니다. 각 장소에서, 이전 주민들의 삶과 그 시대, 그들의 고난에 관해 상세히 설명해 드리겠습니다. 투어를 시작할 준비가 되셨으면, 이쪽으로 오세요.

포인트 ❶ 쉼표와 마침표에서 끊어 읽기

쉼표와 마침표는 문장 읽기의 가장 좋은 힌트입니다. 쉼표에서 숨을 살짝 고르고, 마침표에서 조금 더 느긋하게 쉽니다.

예) The event, / which is free to the public, / features a jazz concert, / games, / and an auction.

포인트 ❷ 긴 주어, 긴 동사구, 긴 목적어에서 끊어 읽기

수식어나 연결어 등으로 길어진 주어구, 동사구, 목적어구는 묶어서 읽는 것이 좋습니다.

예) **Customers with fewer than three items** / are welcome to use the express lanes.

포인트 ❸ 구나 절 단위로 끊어 읽기

여러 개의 단어가 마치 한 단어와 같은 역할을 하는 의미 덩어리에 '구'와 '절'이 있습니다. 구는 2개 이상의 단어로, 절은 주어와 동사로 이루어져 있습니다. 접속사로 연결되는 절의 경우, 접속사 앞에서 끊어 읽습니다.

예) This program will require you/**to place different waste materials**/**in each bag**.
　　　　　　　　　　　　　　　to부정사구　　　　　　　　전명구(전치사＋명사)

You'll find many great offers/**that our competitors can't beat**.
　　　　　　　　　　　　　　that절

(⌢: 연음   **굵은 표시**: 강하게 읽기   ↗: 올려 읽기   ↘: 내려 읽기   / : 끊어 읽기)

1.

Good **evening!** ↘ // This is the **eleven** o'clock **Chicago News.** ↘ // In **tonight's** news broadcast, / we will **cover** / the **mayoral** election **campaign,** ↗ / the **opening** ceremony of the **new city hall,** ↗ / and our **city high** schools' **baseball** games. ↘ // But **first,** / let's **go to Rachel Carson** / for our **traffic** report! ↘ //

2.

Your **attention,** / please. ↘ // In order for planned **repairs** and **maintenance** / to **take** place, / the company **recreation** center will be **closed** / this **Friday,** ↗ **Saturday,** ↗ and **Sunday.** ↘ // During **this** time, / the **pool** will be **cleaned** / and the **front** doors will be **replaced.** ↘ // **Next** week, / the **center** will **reopen** / at its **regular** time. ↘ //

3.

On tonight's **weather** report, / we'll tell you **what** to **expect** / for the **upcoming weekend.** ↘ // Through **Saturday afternoon,** / it will **continue** to be **hot,** ↗ **humid,** ↗ and **overcast.** ↘ // **But then,** / **big changes** are **coming.** ↘ // **So** whether you are **staying** in the **city** ↗ / or **taking** a **trip** to the **beach,** ↘ / you **won't want** to **miss** this report. ↘ //

유형 1 공지 / 안내문

🎧 Part 1_09

회사나 공공장소에서 흔히 들을 수 있는 공지 사항이나 견학, 여행 가이드 등의 안내문입니다. 주로 정보나 변경 사항, 날짜, 시간 공지 등을 전달하기 위한 지문입니다.

1. 지문의 전개

관심 유도	**Welcome** / to the **Wild Bear Tour**, / an **educational** adventure. ↘ //	교육적인 모험인 Wild Bear Tour에 오신 걸 환영합니다.
공지 및 안내 사항	As you know, / we've had a **snowy winter**, / so it is **important** / to **stay** on the **trail**. ↘ // Because your **safety** is our **primary concern**, / the **trail** has been **carefully cleared** and **maintained**. ↘ //	아시다시피, 겨울에는 눈이 많이 내려서, 트레일 코스에서 벗어나지 않는 것이 중요합니다. 여러분의 안전이 저희에게는 가장 중요하므로, 트레일 코스를 철저히 치우고 정비했습니다.
당부 사항	**Even so**, / **watch** your step, ↗ **stay** with the group, ↗ and **listen** closely to **all instructions**. ↘ //	그렇다 하더라도, 발밑을 조심하시고, 단체와 함께 행동하며 모든 지시사항을 주의 깊게 들어 주십시오. 협조해 주셔서 감사합니다.
끝인사	**Thank you** / for your **cooperation**. ↘ //	

 주로 변경 사항이나 이용 방법 등을 안내하는 공지 내용들이므로 장소나 날짜, 시간 변경 사항, 주의 사항 등을 강하게 읽어서 정보를 정확하게 전달해야 합니다. 아나운서와 같은 어조로 방송문을 읽습니다.

2. '공지 및 안내문'의 빈출 표현

Welcome to ~	~에 오신 것을 환영합니다
Ladies and gentlemen,	신사 숙녀 여러분
It is important to ~	~하는 것은 중요합니다
Stay with the group / Stay inside of ~	단체 행동하십시오 / ~ 안에 계십시오
Before we start ~, you will need to ~	~을 시작하기 전에 ~해주십시오
Thank you for your cooperation.	협조해 주셔서 감사합니다.

 PRACTICE 다음 제시된 지문을 읽어보세요.

🎧 Part 1_10 / 해설집 p.4

Congratulations on your Prime Electronics purchase. In this video, we will demonstrate how to set up your new printer. Before we begin, make sure you have your printer, your computer and the green connection cable. First, connect the printer and the computer using the green cable. Then, turn on the printer and wait for the options menu to appear on the printer display.

유형 2 방송

특정 프로그램의 내용이나 인물, 날씨, 교통 정보 등을 소개하는 지문입니다. 뉴스나 토크쇼 진행자가 방송 프로그램을 진행하듯 읽는 것이 좋습니다.

1. 지문의 전개

프로그램 소개	You are **watching** / the twenty-third **Purple Awards** / for **Excellence** in Television.	여러분은 제23회 최고 TV 프로그램 Purple 시상식을 보고 계십니다.
프로그램 내용	In the **next few** minutes, / we will be **announcing** / the **best TV news** show,↗/ **best TV drama** series,↗/ and **best TV documentary**.↘ //	잠시 후에, 최고의 TV 뉴스 프로그램, 최고의 TV 드라마, 최고의 TV 다큐멘터리를 발표하겠습니다.
당부 사항	As this show is being **televised**, / we would like to **remind** our **audience** / to **hold** the **applause** / until **all** the **awards** have been **announced**.↘ //	이 행사는 현재 TV로 방송되고 있으므로, 방청객 여러분들은 모든 상이 발표될 때까지 박수갈채는 기다려 주시길 부탁드립니다.

 사람 이름이나 지명, 단체 이름 등 고유 명사는 천천히 정확하게 읽어야 합니다. 그리고 환영 인사말을 하거나 청중의 동의를 구할 때는 좀 더 밝은 어조로 강하게 읽습니다.

2. '방송'의 빈출 표현

We are honored[proud] to have ~	~를 모시게 되어 영광입니다
You are watching ~	여러분은 ~을 보고 계십니다
Today, we'll talk about ~	오늘 ~에 대해 이야기 해보겠습니다
Now, please welcome (사람)	이제 ~를 환영해 주십시오
Stay tuned.	채널 고정하세요.
We will be back with ~	~와 함께 다시 찾아 뵙겠습니다

 PRACTICE   다음 제시된 지문을 읽어보세요.

🎧 Part 1_12 / 해설집 p.4

This morning, I'm going to discuss an interesting housing trend. Because you're in the real estate business, you know that fifteen years ago, people were thinking big when it came to buying homes. Now, however, smaller homes are becoming more popular. They are cheaper to buy, easier to maintain, and more economical to heat and cool.

유형 3 광고문

상품, 서비스, 특별 행사 등을 홍보하는 지문입니다. 광고문을 읽을 때는 실제로 광고의 성우가 된 것처럼 읽어야 지문의 성격을 잘 표현할 수 있습니다.

1. 지문의 전개

관심 유도	The **holiday gift-giving** season / has **arrived**. ↘ //	명절 선물을 준비할 때가 왔습니다.
행사/ 제품 소개	**So**, in the **spirit** of the season, / **Falcondale Clothing** has **reduced prices** / on our **most popular gift** items. ↘ // **Come** and **see** our **large** selection / of new **T-shirts**, ↗ **golf shirts**, ↗ and **sweatshirts**, ↘ / **all** reduced **thirty** to **fifty** percent. ↘ //	명절 기분을 내고자, 저희 Falcondale Clothing은 최고 인기 선물 상품들의 가격을 인하했습니다. 어서 오셔서 30~50 퍼센트 저렴해진, 신상품 T셔츠와 골프 셔츠, 운동복 등의 다양한 상품을 구경하세요.
추가 정보	This **Saturday** only, / shoppers will **receive** / an **additional fifteen** percent **discount**! ↘ //	오직 이번 주 토요일만 15퍼센트 추가 할인을 받으실 수 있습니다!

 광고문은 상점이나 상품명을 강조하고 세일이나 서비스의 장점을 부각해서 읽어야 합니다. 자신감 있고 즐거운 톤으로 광고 지문의 특성을 살려 읽는 것이 좋습니다.

2. '광고문'의 빈출 표현

~ have just arrived	~할 때가 되었습니다
If you are looking for ~	~을 찾고 계신다면
Come and see ~	오셔서 ~을 구경하세요
all reduced 30 to 50 percent	전부 30~50퍼센트 할인된 금액으로
receive[offer] an additional ~ discount	~ 추가 할인을 받대[제공하다]
We will hold a ~ sale	~ 세일을 합니다

 PRACTICE 다음 제시된 지문을 읽어보세요.
Part 1_14 / 해설집 p.5

Are you feeling left behind in today's world of technology? Well, then, come to Vermont Computer Center this Saturday at 11 o'clock for a class on using the Internet. You can learn how to surf the Web and e-mail friends, relatives and businesses. Even though most people find these skills invaluable, the class is offered free of charge!

유형 4 자동 응답 메시지

회사나 공공기관에 전화를 걸면 자동 응답 메시지로 연결되는 경우가 많습니다. 주로 회사 소개나 제공하는 서비스의 종류, 연결 정보 등을 전달하는 지문입니다.

1. 지문의 전개

인사 멘트	**Thank** you / for calling the **Fresno Bookstore membership card** hotline. ↘ //	Fresno 서점 회원 카드에 전화 주셔서 감사합니다.
안내 내용	Your **membership** gives you access to **discounts** / on **all** bookstore **products**, / including **hardcover books**, ↗ **stationery**, ↗ and **refreshments** ↘ / at our **café**. ↘ //	회원들은 양장본 책들과 문구류, 카페의 다과 등을 포함한 서점 전 제품을 할인가로 구입하실 수 있습니다.
당부 및 끝인사	**Now**, at the **tone**, / **please enter** the **four-digit** number / on the **back** of your **card**, / followed by the **pound key**. ↘ //	이제, '삐' 소리가 나면, 카드 뒤에 있는 4자리 숫자와 우물 정자를 누르십시오.

 업체 이름과 서비스 내용을 강조하여 읽는 것이 중요합니다. 이런 유형의 지문에서는 연결 번호나 내선 번호, 사람 이름 등이 주로 나오는데 이들을 정확하고 또렷하게 읽어서 정보를 전달하는 것이 중요합니다.

2. '자동 응답 메시지'의 빈출 표현

Thank you for calling ~	~에 전화 주셔서 감사합니다
You have reached ~	~에 연결되었습니다
give you discounts on ~	~을 할인가로 제공하다
Now, at the tone, please enter ~	삐 소리가 나면 ~을 누르세요
For ~, press 1	~을 원하시면 1번을 누르세요
(사람) will be with you shortly	(누구)와 바로 연결됩니다

 PRACTICE   다음 제시된 지문을 읽어보세요.   Part 1_16 / 해설집 p.5

Thank you for calling Triumph Distributors. If you know the extension of the associate with whom you'd like to speak, please enter it now. Otherwise, press one for the sales division, two for customer service, or three for the billing department. For other inquiries, please remain on the line and the next available representative will assist you shortly.

PART 1 | MINI TEST

다음 제시된 지문을 읽어보세요.

🎧 **Part 1_17** / 해설집 p.6

[자동 응답 메시지]

🔔 답변 : 45초

1.

> Thank you for calling the Norton Art Center. For more information about our upcoming student sculpture exhibition, please press 1. For the schedules of the winter dance, painting, and instrumental music classes, press 2. This information can also be found on our Web site. If you would like to speak with a center representative, please remain on the line.

[방송]

🔔 답변 : 45초

2.

> In entertainment news, director Norah Galton accepted the Film Award for her documentary *Natural Wonder*. The film is about the way our country protects natural resources such as the water supply, forests, and wildlife. In her acceptance speech, Ms. Galton thanked her father, who is also a director. If you haven't seen her film yet, be sure to catch it soon.

[광고문]   🔔 답변 : 45초

3.

> After a long time away, the Wildcats amateur soccer team is returning home. Tickets for games this Friday, Saturday, and Sunday are now available at the stadium box office. Whether you want a night out with friends or a night your family will always remember, a Wildcats game is a great choice.

[공지 / 안내문]   🔔 답변 : 45초

4.

> Good evening, ladies and gentlemen. Welcome to the Woodsworth Theater. Tonight's show will begin in just a few minutes, so please take your seats. We also request that all mobile phones be turned off at this point. In addition, please remember that talking, photography, and sound recording are not permitted during the show. Again, the performance will start shortly. Thank you for your cooperation and enjoy the show.

🔔 답변 : 45초

5.

> You've reached the law office of Lewis Spencer. Our office is currently closed. If you have an urgent question, please hang up and call our answering service at 555-0913. To make, change, or cancel an appointment, please leave a message after the tone or call back during regular business hours. In addition, questions may be submitted through our Web site.

[방송]

🔔 답변 : 45초

6.

> On today's episode of *New Business Travel*, we'll talk about the most efficient ways to check your baggage, move quickly through security, and locate your departure gate. Then, I'd like to discuss international travel. Although traveling abroad may seem difficult, it can actually be fairly easy. Let's look at some simple tips that will help.

[광고문] 🔔 답변 : 45초

7.

Beginning Tuesday, the twentieth of August, Clinton Community Center will be offering a computer course for beginners. This course, which runs for six weeks, will cover the basics of creating, editing, and printing documents. You will also learn to use the Internet. Please register at the community center as soon as possible if you are interested, as space is limited.

[공지 / 안내문] 🔔 답변 : 45초

8.

Good morning and welcome to the streetcar tour of the Merchant's District, Fisherman's Wharf, and Sailor's Corner! Before we begin, I should remind you of our safety requirements. Because there's heavy traffic on this street, your head and arms must stay inside of the streetcar at all times. In addition, please remain seated for the entire duration of the tour. Thanks!

PART 1 | ACTUAL TEST

음원을 들으며 테스트해 보세요.　　　　　　　　　　　　　　　　　　　　🎧 Part 1_18 / 해설집 p.9

1

TOEIC Speaking

Questions 1-2: Read a text aloud

Directions: In this part of the test, you will read aloud the text on the screen. You will have 45 seconds to prepare. Then you will have 45 seconds to read the text aloud.

TOEIC Speaking　　　　　　　Question 1 of 11

Welcome to the Salsa Dance Competition. Over the next 2 days, you will be able to demonstrate your skill in Cuban, New York and Los Angeles-style salsa. I'd like to give my sincerest thanks to our sponsors for making this event possible. Now, I invite the beginner level dancers to step onto the floor for warm-ups.

PREPARATION TIME	RESPONSE TIME
00:00:45	00:00:45

TOEIC Speaking　　　　　　　Question 2 of 11

This concludes today's tour. Before you go, I would like to tell you about some of the special benefits available to members of our museum. We hold special events such as guest lectures, nighttime tours, and educational seminars exclusively for our members. By becoming a member of our museum, you can take advantage of all these extraordinary opportunities.

PREPARATION TIME	RESPONSE TIME
00:00:45	00:00:45

2

PART 1

Questions 1-2: Read a text aloud

Directions: In this part of the test, you will read aloud the text on the screen. You will have 45 seconds to prepare. Then you will have 45 seconds to read the text aloud.

You have reached Peterson Handyman Services. At the moment, no one is available to answer your call. Please leave a message that includes your name, contact information, and a brief description of the work you need. If you require an urgent repair, please say so at the beginning of your message and we will respond within one hour.

PREPARATION TIME	RESPONSE TIME
00:00:45	00:00:45

Good morning Wisconsin Radio listeners! Have you heard about our mega vacation giveaway? Every morning, we are handing out a vacation for two to the beautiful beaches of Maui. This is an all-inclusive trip, covering travel expenses, accommodations and meals. Want to go? Head to our Web site and enter your contact information on the contest form. After that, listen to Wisconsin Radio every morning to find out if you've won.

PREPARATION TIME	RESPONSE TIME
00:00:45	00:00:45

PART 2

Questions 3-4

PART 2 | 미리보기

PART 2 시험 유형

문제 번호	문제 유형	답변 준비 시간	답변 시간	평가 항목	채점용 점수
Questions 3-4	Describe a picture 사진 묘사	각 45초	각 30초	발음 억양과 강세 문법 어휘 일관성	0-3

PART 2 진행 순서

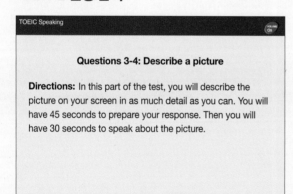

1 첫 화면에 Describe a picture 유형의 지시문이 나오며 이를 음성으로도 들려줍니다.

2 두 번째 화면에 문제가 나오며 음성으로 다음과 같은 지시와 '삐' 소리가 나온 후 45초의 준비 시간이 주어집니다.

"Begin preparing now." [Beep]

3 화면 하단에 RESPONSE TIME이 표시되며 음성으로 다음과 같은 지시와 '삐' 소리가 나오면 30초 동안 응답합니다.

"Begin speaking now." [Beep]

※ 4번 문항에 대해서도 위와 같이 2~3의 과정을 동일하게 거칩니다.

⠿ 기본 답변 표현

🎧 Part 2_01

다양한 장소 표현

This is a picture of a(n)
이것은 ~의 사진입니다

■ 실내

airport. 공항	office. 사무실
meeting room. 회의실	laboratory. 실험실
buffet restaurant. 뷔페 식당	warehouse. 창고
break room. 직원 휴게실	cafeteria. 구내식당

■ 실외

parking lot. 주차장	lake. 호수
outdoor market. 야외 시장	street. 거리
pier / dock. 부두	beach. 해변
train station. 기차역	park. 공원
construction site. 공사장	tourist attraction. 관광지

위치 관계 표현

There is/are
~이 있습니다

desserts in the display case. 진열장 안에 디저트가 있습니다.

a laptop on the desk. 책상 위에 노트북이 있습니다.

a trash bin under the lamppost. 가로등 아래에 휴지통이 있습니다.

a customer at the counter. 계산대에 고객이 있습니다.

a sales assistant behind the counter. 계산대 뒤에 점원이 있습니다.

trees along the fence. 울타리를 따라 나무들이 있습니다.

a table opposite the TV. TV 맞은편에 탁자가 있습니다.

clouds over the mountain. 산 위에 구름이 있습니다.

인물 묘사 표현

■ 인물의 외모를 묘사하는 표현

A man 남자는	has gray hair. 백발이다.	has short hair. 머리가 짧다.
	has a mustache. 콧수염이 있다.	has a beard. 턱수염이 있다.
A woman 여자는	has blond hair. 금발이다.	has curly hair. 곱슬머리이다.
	has pigtails. 양 갈래로 땋은 머리이다.	has a ponytail. 하나로 묶은 머리이다.

- **인물의 복장을 묘사하는 표현**

A woman is wearing 여자가 ~를 착용하고 있습니다	a necklace. 목걸이 glasses. 안경 a vest. 조끼 a business suit. 정장	gloves. 장갑 a striped shirt. 줄무늬 셔츠 black pants. 검은 바지 casual clothes. 평상복

- **인물의 기본 동작 표현**

standing 서 있다	approaching 접근하고 있다
sitting 앉아 있다	facing 마주보고 있다
walking 걷고 있다	loading (물건을) 싣고 있다
running 뛰고 있다	ordering 주문하고 있다
riding 타고 있다	performing 공연하고 있다
talking 말하고 있다	reaching for 손을 뻗고 있다
waiting 기다리고 있다	paying for 지불하고 있다
working 일하고 있다	bending 구부리고 있다
pointing 가리키고 있다	shopping 사고 있다
looking[watching] 보고 있다	relaxing[resting] 쉬고 있다
leaning 기대고 있다	checking 확인하고 있다
writing 쓰고 있다	posing 포즈를 취하고 있다
carrying 들고 있다	crossing 건너고 있다
holding 잡고 있다	kneeling down 무릎을 꿇고 있다

🎤 PRACTICE 우리말을 참고하여 사진을 묘사해 보세요 🎧 Part 2_02 / 해설집 p.11

This is a picture of a _____.
이것은 공원의 사진입니다.

There are a lot of people _____ the path.
길에 많은 사람들이 있습니다.

A man is _____ a bicycle.
한 남자가 자전거를 타고 있습니다.

He is wearing a _____ and _____ a backpack.
그는 헬멧을 쓰고 있고, 백팩을 메고 있습니다.

전략 1 사진 브레인스토밍

준비 시간 45초 동안 사진을 보면서 생각나는 핵심 단어나 구 등을 떠올립니다. 묘사할 수 없거나 생각나지 않는 단어에 얽매여 시간을 지체하지 말고, 자신이 알고 있는 단어와 표현들을 먼저 떠올립니다.

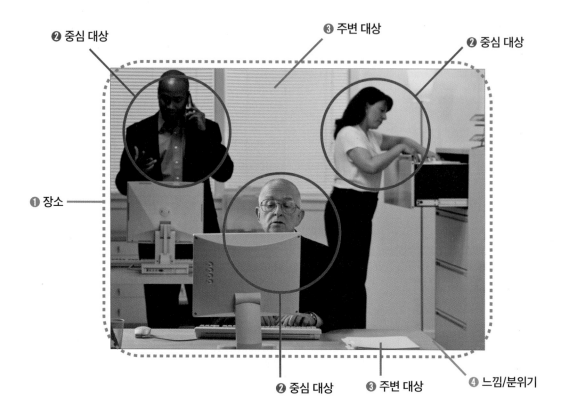

브레인스토밍

❶ 장소 indoors, in an office 실내, 사무실

❷ 중심 대상 a man (working on a computer) 남자 (컴퓨터 작업 중)
another man (talking on the phone) 또 다른 남자 (전화 통화 중)
a woman (looking through a drawer) 여자 (서랍 속을 보는 중)

❸ 주변 대상 papers, blinds 서류, 블라인드

❹ 느낌/분위기 busy, clean 바쁨, 깨끗함

전략 2 사진 묘사 순서

This is a picture of an office. 이것은 사무실 사진입니다.

Step 1
사진 소개

사진이 찍힌 장소를 파악하고 적절한 표현을 생각해 보세요. 어디인지 불확실할 때는 실내(indoors)/실외(outdoors)라고 말해도 됩니다.

 사람 수 묘사하기 : 장소에 대해 말할 것이 별로 없다면, 사진에 사람들이 몇 명 있는지, 그들이 공통적으로 무엇을 하고 있는지 말하는 것도 좋습니다.
  • There are three people working in the office.

Step 2
중심 대상
묘사

A man in the middle is working on a computer.
가운데 남자는 컴퓨터 작업을 하고 있습니다.

Another man is talking on the phone. 또 다른 남자는 전화 통화를 하고 있습니다.

There is a woman looking through a drawer.
서랍 속을 들여다 보고 있는 여자가 있습니다.

사진에서 가장 부각되는 대상의 동작이나 상태, 복장 등을 파악하고 관련 어휘나 표현을 생각해 보세요.

Step 3
주변 대상
묘사

Some papers have been placed on a desk. 서류들이 책상 위에 놓여 있습니다.

In the background, I can see the blinds closed over the window.
뒤쪽에, 창문 위로 닫혀 있는 블라인드가 보입니다.

주변 인물이나 주변 사물을 눈여겨 보고, 그들의 상태나 동작에 어울리는 표현을 생각해 보세요.

Step 4
느낌/분위기
묘사

It looks like everyone in this picture is busy. 이 사진의 모든 사람들은 바빠 보입니다.

The office looks clean. 사무실은 깨끗해 보입니다.

사진에서 드러나는 분위기나 사진 속 인물 · 사물을 보고 느낀 점을 나타내는 표현을 떠올려 보세요.

전략 3 사진 묘사 표현

사진 소개	
This is a picture of ~	이것은 ~의 사진입니다
This picture shows ~	이 사진은 ~을 보여 줍니다
This picture was taken in[at, on]+장소	이 사진은 ~에서 찍혔습니다
This is a picture taken in[at, on]+장소	이것은 ~에서 찍힌 사진입니다
In this picture, there is[are] ~	이 사진에는, ~이 있습니다
In this picture, I see ~	이 사진에서 ~가 보입니다

중심 대상 묘사	
There is[are] ~	~이 있습니다
What I see first is ~	우선 보이는 것은 ~입니다
The first thing I can see ~	가장 먼저 보이는 것은 ~입니다
[복장 묘사] A man is wearing glasses.	남자는 안경을 쓰고 있습니다.
[외모 묘사] A woman has long black hair.	여자는 긴 검은 머리입니다.
[동작 묘사] A man is working on a computer.	남자는 컴퓨터로 일하고 있습니다.

주변 대상 묘사	
사물 is[are] -ed(과거분사)	~이 …되어 있습니다
There is[are] 사물 -ed(과거분사)	…되어진 ~이 있습니다
I can see 사물 -ed(과거분사)	…되어진 ~이 보입니다

구도 관련 표현	
on the left side of the picture	사진의 왼쪽에
on the right side of the picture	사진의 오른쪽에
in the middle of the picture	사진의 가운데에
in the background of the picture	사진 뒤쪽에
in the foreground of the picture	사진 앞쪽에
in front of	~의 앞에
next to	~의 옆에
behind	~의 뒤에

느낌/분위기 묘사	
It looks[seems] like ~	~인 것 같습니다
주어+ look(s) ~	~해 보입니다
주어+ seem(s) to be ~	~해 보입니다
I think[guess] ~	~이라고 생각합니다, ~인 것 같습니다

Step 1 사진 소개	_____ a café. 이것은 카페 사진입니다.
	A woman is _____ a black apron and _____ behind some display cases. 한 여자가 검은색 앞치마를 입고, 진열장 뒤에서 있습니다.
Step 2 중심 대상 묘사	She seems to be _____. 그녀는 주문을 받고 있는 것처럼 보입니다. _____ of the picture, a man wearing a green shirt _____ the woman. 사진 오른쪽에는 초록색 셔츠를 입은 남자가 그 여자를 쳐다보고 있습니다.
Step 3 주변 대상 묘사	_____, _____ menu boards hanging _____ the wall. 뒤편에는, 벽에 메뉴판이 걸려 있습니다. The display cases _____. 앞쪽의 진열장들은 비어 있습니다.
Step 4 느낌/분위기 묘사	_____ all the food is sold out. 음식은 다 판매된 것 같습니다.

유형 1 회사/학교

🎧 Part 2_05

사무실, 회의실, 복사실 등에서 일하는 모습이나 직원 휴게실에 여러 사람이 함께 있는 사진이 자주 출제됩니다. 일하는 동작이나 사무기기 등의 이름을 익혀둡니다. 교실 혹은 강당에서 발표나 강의하는 모습도 종종 출제됩니다. 발표자나 강사를 묘사하고, 청중의 공통적인 모습을 묘사하는 것이 좋습니다.

브레인스토밍

장소	a classroom
중심 대상	people (sitting at desks, looking at the man standing)
	a man (wearing a suit, holding a microphone)
주변 대상	flip chart, sunlight
느낌/분위기	bright, important

사진 소개	This picture shows a classroom.	이 사진은 교실을 보여 줍니다.
중심 대상 묘사	Many people are sitting at desks and looking at the man standing in front of them. He is wearing a dark gray suit and seems to be a teacher. He is holding a microphone and pointing at something on a flip chart.	많은 사람들이 책상에 앉아 있고, 자신들 앞에 서 있는 남자를 쳐다보고 있습니다. 그는 짙은 회색 정장을 입고 있고, 선생님 같습니다. 그는 마이크를 들고 차트 위의 무언가를 가리키고 있습니다.
주변 대상 묘사	I can see some sunlight coming through the window and the classroom is bright.	창문을 통해 들어오는 햇빛을 볼 수 있고, 교실이 환합니다.
느낌/분위기 묘사	This class looks very important because all the seats are taken.	모든 좌석이 채워졌기 때문에, 이 수업은 매우 중요해 보입니다.

회사/학교 필수 표현

동작 표현

회사

work on a computer 컴퓨터로 작업하다

type on a keyboard 키보드에 타자를 치다

look at a computer screen 컴퓨터 화면을 보다

talk on the phone 전화 통화하다

file papers 서류를 파일로 정리하다

do some paperwork 서류 작업하다

have a meeting[conversation] 회의[대화]를 하다

make copies 복사하다

give a presentation[speech] 발표[연설]하다

학교

sit at desks in rows 여러 줄로 책상에 앉다

write something on a paper 무언가를 종이에 쓰다

raise one's hand 손을 들다

face the students 학생들을 향해 보다

explain something 무언가를 설명하다

point at something 무언가를 가리키다

turn pages of a book 책장을 넘기다

take a book from the bookshelf 책장에서 책을 꺼내다

사물 표현

be hanging on the wall 벽에 걸려 있다

be hanging from the ceiling 천장에 매달려 있다

be standing along the wall 벽에 세워져 있다

be arranged on a desk 책상에 정리되어 있다

be stacked on the floor 바닥에 쌓여 있다

be attached to the wall 벽에 붙어 있다

be divided by some partition walls 칸막이 벽으로 나눠져 있다

느낌/분위기 표현

look very busy 매우 바빠 보이다

look very friendly 매우 친해 보이다

look very focused 매우 집중해 보이다

look very important 매우 중요해 보이다

유형 2 시장/상점/식당

시장이나 상점에서 쇼핑하는 모습이나 직원들이 상품을 정리하는 모습이 담긴 사진이 자주 출제됩니다. 식당에서 식사하거나 커피를 마시는 모습, 주문하는 모습, 서빙하는 모습 등 사람이 중심인 사진도 많이 출제됩니다. 계산대에서 계산하는 모습은 상점과 식당 사진에 공통적으로 등장합니다.

브레인스토밍

장소	a restaurant
중심 대상	a man (sitting at a table, wearing a pink shirt)
	a woman (wearing an apron, holding a pen and notepad, taking an order)
주변 대상	coffee cups, plants
느낌/분위기	having a good time

사진 소개	This is a picture of 3 people in **a restaurant**.	이것은 식당에 있는 세 사람의 사진입니다.
중심 대상 묘사	Two of them are **sitting at a table**. The man on the left is wearing a pink shirt and gesturing with his hand. Both of them have gray hair. The woman on the right is **wearing an apron** and **holding a pen and notepad**. She seems to be **taking an order**.	그들 중 두 사람이 테이블에 앉아 있습니다. 왼쪽의 남자는 분홍색 셔츠를 입고 있고, 손짓을 하고 있습니다. 두 사람 모두 흰머리입니다. 오른쪽 여자는 앞치마를 입고 있고, 펜과 메모장을 들고 있습니다. 주문을 받는 것처럼 보입니다.
주변 대상 묘사	I can see **two coffee cups sitting on the table**. There are brick walls and plants in the background.	테이블 위에 놓여 있는 커피잔 두 개를 볼 수 있습니다. 뒤쪽에는 벽돌 벽과 식물들이 있습니다.
느낌/분위기 묘사	Everyone is smiling at each other. It looks like they are **having a good time**.	모두들 서로 보며 웃고 있습니다. 좋은 시간을 보내는 것 같습니다.

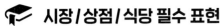

동작 표현

시장

hand ~ some money   ~에게 돈을 건네다

hold a plastic bag   비닐봉지를 들다

look around   주변을 둘러 보다

display something on a stand   가판대에 무언가를 진열하다

weigh some food on a scale   저울에 음식의 무게를 재다

상점

pay at the counter   계산대에서 지불하다

point at an item   상품을 가리키다

pick out an item from the shelf   선반에서 상품을 꺼내다

push a shopping cart   쇼핑카트를 밀다

reach for an item   상품을 잡으려 손을 뻗치다

try on some shoes   신발을 신어 보다

wait for one's turn   차례를 기다리다

식당

take an order   주문을 받다

have a meal at a table   식탁에서 식사하다

pour coffee into a cup   잔에 커피를 따르다

serve food to a customer   손님에게 음식을 서빙하다

wear an apron   앞치마를 입다

look at the menu   메뉴를 보다

사물 표현

be sitting in a cart [on a table]   카트 안에 [테이블 위에] 놓여 있다

be displayed on shelves [at a kiosk]   선반에 [가판대에] 진열되어 있다

be decorated with plants   식물로 장식되어 있다

be hanging on racks   선반에 걸려 있다

be set up in the store   가게에 설치되어 있다

be stacked on a shelf   선반에 쌓여 있다

be posted on a board   게시판에 붙어 있다

느낌 / 분위기 표현

look like a popular place to visit   인기 있는 곳처럼 보이다

be well organized   잘 정리되어 있다

look like a good place to shop   쇼핑하기에 좋은 장소처럼 보이다

1.

브레인스토밍

장소	an office
중심 대상	people (sitting around a table, wearing business clothes) a woman (hands on a laptop) a man (looking at)
주변 대상	pens, glasses, windows
느낌/분위기	pleased

사진 소개	This picture _____ in an office. 이 사진은 사무실에서 찍혔습니다.
중심 대상 묘사	There are five people _____ a table. 테이블에 둘러앉은 5명이 있습니다. All of them are wearing _____. 모두 정장을 입고 있습니다. The woman on the left has her hands _____ and _____ the other people. 왼쪽의 여자는 두 손을 노트북에 올리고, 다른 사람들의 이야기를 듣고 있습니다. The man in the middle is looking at the man _____. 가운데 남자는 옆에 있는 남자를 쳐다 보고 있습니다.
주변 대상 묘사	_____ some cups and water glasses _____ on the table. 테이블에 놓여 있는 컵들과 물잔들을 볼 수 있습니다. There are some windows in the background. 사진 뒤쪽에는 창문들이 있습니다.
느낌/분위기 묘사	I guess they are _____. Everyone looks _____. 회의 중인 것 같습니다. 모두들 매우 즐거워 보입니다.

2.

브레인스토밍

장소	a supermarket
중심 대상	a girl (wearing a dress, pointing at) a woman (standing behind, holding onto a cart)
주변 대상	a refrigerated case, a display case, food tray, price sign
느낌/분위기	delicious

PART 2

사진 소개	This is a picture of _____. 이것은 슈퍼마켓의 사진입니다.
	Two people are _____ a refrigerated case. 두 사람이 냉장 진열장 앞에 서 있습니다.
중심 대상 묘사	The girl is wearing a black dress and _____ some food in the display case. 여자아이는 검은색 드레스를 입고 있고, 진열장 안의 음식을 가리키고 있습니다. The woman is standing behind the girl and _____ a shopping cart. 여자는 여자아이 뒤에 서 있고, 쇼핑 카트를 잡고 있습니다. I think she is the girl's mother. 그녀는 여자아이의 엄마인 것 같습니다.
주변 대상 묘사	There are many _____ with various types of food in the display case. 진열장 안에는 다양한 종류의 음식이 담긴 음식 쟁반들이 많이 있습니다. Price signs have been _____ each tray. 각각의 쟁반 앞에 가격표가 놓여 있습니다.
느낌/분위기 묘사	Everything _____, and I think they are _____ the girl's favorite food. 모든 것이 맛있어 보이고, 여자아이가 좋아하는 음식을 사는 중인 것 같습니다.

유형 3 거리/역/정류장

길거리나 기차역 플랫폼, 버스 정류장에서 사람들이 걷거나 기다리는 모습, 또는 가게 앞에서 구경하는 모습 등이 자주 등장합니다. 사람들의 동작을 묘사하는 표현뿐만 아니라 주변 사물인 자동차나 버스의 이동, 주차 관련 표현도 익혀두면 좋습니다.

브레인스토밍

장소	a street
중심 대상	people (walking in the crosswalk)
	a man (carrying a backpack)
주변 대상	traffic light, cars, buildings
느낌/분위기	crowded, downtown

사진 소개	This picture was taken on a street.	이 사진은 거리에서 찍혔습니다.
중심 대상 묘사	Many people are walking in the crosswalk in both directions. One of the men on the left is wearing a white shirt and carrying a backpack. Near him, there is a woman with two bags.	많은 사람들이 양방향으로 횡단보도를 건너고 있습니다. 왼쪽에 있는 남자들 중 한 명은 흰 셔츠를 입고 있고, 배낭을 메고 갑니다. 그 남자 근처에는 가방 두 개를 메고 있는 여자가 있습니다.
주변 대상 묘사	The traffic light is white. I can see many cars and buildings in the background of the picture. This street is very crowded with many people.	신호등이 흰색입니다. 사진 뒤편에는 많은 차들과 건물들을 볼 수 있습니다. 이 거리는 많은 사람들로 매우 붐빕니다.
느낌/분위기 묘사	It looks like the downtown area of a big city.	대도시의 시내인 것 같습니다.

거리/역/정류장 필수 표현

동작 표현

거리

ride a bicycle[motorcycle] 자전거[오토바이]를 타다

walk on the sidewalk 인도를 걷다

carry a bag 가방을 메고 있다

pass by some stores 가게를 지나가다

ask for directions 길을 묻다

stand in a group 무리 지어 서다

stand at a crosswalk 횡단보도에 서 있다

sweep the street 거리를 쓸다

wait in a bus shelter (지붕이 달린) 버스 정류장에서 기다리다

역

pay for a ticket 표를 사다

stand at a ticket counter 매표소에 서 있다

leave[approach] the platform 플랫폼을 떠나다[들어오다]

come out of the station 역에서 나오다

come into the station 역으로 들어오다

lean over a railing 난간에 기대다

정류장

get off the bus[train] 버스[기차/지하철]에서 내리다

get on the bus[train] 버스[기차/지하철]에 타다

wait in line 줄 서서 기다리다

wait for a bus[train] 버스[기차/지하철]를 기다리다

사물 표현

be approaching the station[bus stop] 역[버스 정류장]으로 들어오고 있다

be leaving the station[bus stop] 역[버스 정류장]을 떠나고 있다

be parked along the street 길을 따라 주차되어 있다

be parked in a garage 차고에 주차되어 있다

be installed near a building entrance 빌딩 입구에 설치되어 있다

be hanging on the side of a building 빌딩에 걸려 있다

be under construction 공사 중이다

be at an intersection 교차로에 있다

느낌/분위기 표현

be crowded with people 사람들로 붐비다

look like a famous tourist attraction 유명한 관광지처럼 보이다

유형 4 공원/유원지/공연장

공원 사진이 가장 자주 출제되며, 호수, 강, 해변, 공연장, 캠핑장, 숲길 등의 다양한 장소 사진도 출제됩니다. 다른 장소들에 비해 사람들이 많이 나오는 편이므로, 사람들의 공통적인 동작과 특정한 한두 사람의 특징을 균형 있게 묘사하는 것이 좋습니다.

브레인스토밍

장소	a park
중심 대상	people (sitting on benches, sitting in pairs)
	a man (taking a picture)
주변 대상	trees, grass, flowers
느낌/분위기	quiet, peaceful

사진 소개	This is a beautiful park.	이것은 아름다운 공원입니다.
중심 대상 묘사	There are some people sitting on benches. One man is sitting alone on the right side of the picture, and another man is taking his picture. The man with the camera is wearing a blue hat and has a red jacket tied around his waist. The other people are sitting in pairs.	몇몇 사람들이 벤치에 앉아 있습니다. 한 남자가 사진 오른쪽에 혼자 앉아 있고, 다른 한 남자가 그의 사진을 찍고 있습니다. 카메라를 든 남자는 파란 모자를 쓰고 있고, 허리에 빨간 재킷을 두르고 있습니다. 다른 모든 사람들은 둘씩 앉아 있습니다.
주변 대상 묘사	I can see many trees with leaves of different colors. A lot of the park is covered in green grass, and there is a row of flowers in the foreground of the picture.	다양한 색의 나뭇잎들이 달린 나무들이 보입니다. 공원의 많은 부분이 초록 잔디로 덮여 있고, 사진 앞면에 꽃들이 일렬로 있습니다.
느낌/분위기 묘사	It looks very quiet and peaceful.	아주 조용하고 평화롭게 보입니다.

공원/유원지/공연장 필수 표현

동작 표현

공원

sit on a bench 벤치에 앉아 있다

walk along a path 길을 따라 걷다

walk a dog 개를 산책시키다

push a baby stroller 유모차를 밀다

take a picture 사진 찍다

pose for a picture 사진을 위해 포즈를 취하다

water some flowers 꽃에 물을 주다

유원지

swim in the sea 바다에서 수영하다

sunbathe on a beach 해변에서 일광욕하다

lie under a beach umbrella 비치 파라솔 아래에 눕다

play in the sand 모래에서 놀다

ride in a boat 배를 타다

paddle a boat 노를 젓다

fish with a fishing rod 낚싯대로 낚시하다

hike along a path 길을 따라 산행하다

공연장

play a musical instrument 악기를 연주하다

applaud for the performance 공연에 박수 치다

perform on a stage 무대에서 공연하다

sit in chairs in rows 줄 맞춰서 의자에 앉다

sing into a microphone 마이크에 대고 노래하다

admire some artwork 미술 작품을 감상하다

watch a game in a stadium 경기장에서 경기를 보다

사물 표현

be planted along a fence 울타리를 따라 심어져 있다

be scattered along a beach 해변 여기저기에 흩어져 있다

be tied to a pier 부두에 묶여 있다

be floating in the water 물에 떠 있다

느낌/분위기 표현

look relaxed 느긋해 보이다

look peaceful 평화로워 보이다

be a beautiful day for a picnic 소풍에 좋은 날씨이다

1.

브레인스토밍

장소	a bus stop
중심 대상	a bus (approaching the bus stop)
	people (standing in line) a woman (holding a plastic bag)
주변 대상	a bus shelter, trees, a white building
느낌/분위기	not crowded, not a big city

사진 소개	This picture was taken at _____. 이 사진은 버스 정류장에서 찍혔습니다.
중심 대상 묘사	A bus is _____ the bus stop. 버스가 정류장으로 다가오고 있습니다. Some people are _____ to get on the bus. 몇몇 사람들이 버스를 타기 위해서 줄을 서 있습니다. One of them is holding _____ and another man is _____ a bench. 그 중 한 명은 비닐봉지를 들고 있고, 다른 남자는 벤치에서 일어서고 있습니다.
주변 대상 묘사	Behind them, there is _____ with a big picture. 그들 뒤에는 큰 사진이 붙은 버스 정류장이 있습니다. Many trees _____ around the bus shelter and a white building is standing in the background. 많은 나무들이 정류장 주위에 심어져 있고, 뒤쪽에는 흰 건물이 서 있습니다.
느낌/분위기 묘사	It is _____ many people and it _____ a big city. 많은 사람들로 붐비지 않고, 큰 도시처럼 보이지도 않습니다.

2.

브레인스토밍

장소	a water fountain
중심 대상	people (taking a picture, standing in a group)
	a woman (holding an umbrella) a man (carrying a bag)
주변 대상	trees, a tower, bushes
느낌/분위기	famous, tourist attraction

사진 소개

This picture shows people _____ a big water fountain.

이 사진은 큰 분수대 앞에 서 있는 사람들을 보여줍니다.

They are _____ a picture or _____ a picture.

그들은 사진을 위해 포즈를 취하거나 사진을 찍고 있습니다.

중심 대상 묘사

_____ is standing on the right side of the picture.

한 무리의 여자들이 사진 오른쪽에 서 있습니다.

One of them is _____ a green umbrella.

그 중 한 명은 초록 우산을 들고 있습니다.

The man in the middle is _____ and looking at these women.

가운데 남자는 가방을 메고 있고, 이 여자들을 바라보고 있습니다.

주변 대상 묘사

There is a _____ and some trees in the water fountain.

큰 탑과 나무들이 분수대 안에 있습니다.

I can see many green trees and _____ in the background.

사진 뒤쪽에는 많은 초록 나무들과 꽃 덤불들을 볼 수 있습니다.

느낌/분위기 묘사

I think this is _____.

이곳은 유명한 관광지인 것 같습니다.

PART 2 | **MINI TEST**

다음 사진을 보고 중심 대상과 주변 대상 및 느낌 등을 구체적으로 묘사해 보세요.

🎧 Part 2_15 / 해설집 p.14

1.

🔔 답변 : 30초

사진 소개	In this picture, there are _____.
중심 대상	All of them are wearing _____ _____ _____.
주변 대상	There is _____ _____.
느낌/분위기	People in this picture _____ _____.

2.

🔔 답변 : 30초

사진 소개	I can see _____.
중심 대상	They are looking _____ _____ _____.
주변 대상	There are _____ _____.
느낌/분위기	This street _____ _____.

3.

🔔 답변 : 30초

사진 소개	This is a picture of _____.
중심 대상	Some of the people _____ _____ _____.
주변 대상	Beautiful flowering trees _____ _____.
느낌/분위기	This picture _____ _____.

4.

🔔 답변 : 30초

사진 소개	This picture _____.
중심 대상	Most of the people are _____ _____ _____
주변 대상	I can see _____ _____.
느낌/분위기	The sky _____ _____.

5.

🔔 답변 : 30초

사진 소개	This picture _____.
중심 대상	Many colorful bags _____ _____ _____.
주변 대상	There is _____ _____.
느낌/분위기	This store _____ _____.

6.

🔔 답변 : 30초

사진 소개	This is _____.
중심 대상	A group of people _____ _____ _____.
주변 대상	Many trees full of green leaves _____ _____.
느낌/분위기	There must be _____ _____.

PART 2 | **ACTUAL TEST**

음원을 들으며 테스트해 보세요. 🎧 **Part 2_16** / 해설집 p.17

1

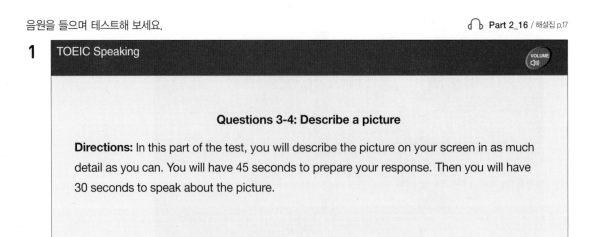

TOEIC Speaking

Questions 3-4: Describe a picture

Directions: In this part of the test, you will describe the picture on your screen in as much detail as you can. You will have 45 seconds to prepare your response. Then you will have 30 seconds to speak about the picture.

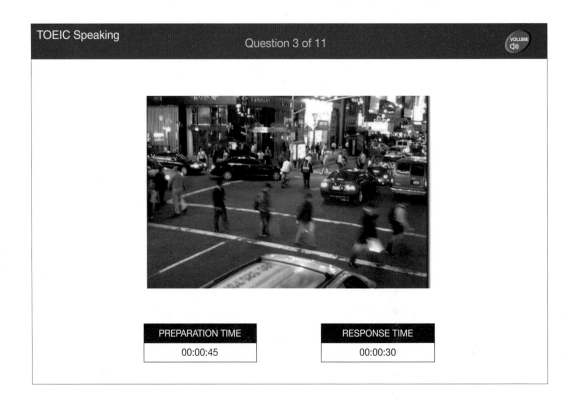

TOEIC Speaking

Question 3 of 11

PREPARATION TIME	RESPONSE TIME
00:00:45	00:00:30

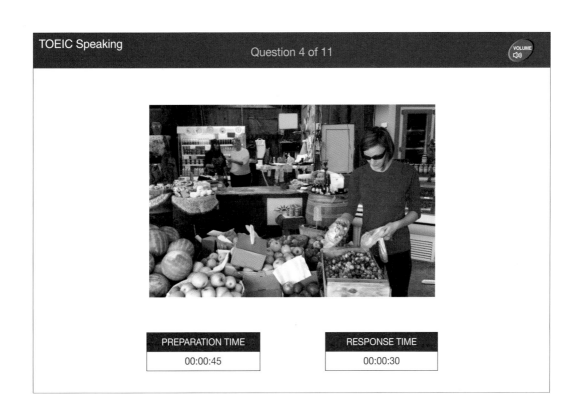

PREPARATION TIME	RESPONSE TIME
00:00:45	00:00:30

2 TOEIC Speaking

Questions 3-4: Describe a picture

Directions: In this part of the test, you will describe the picture on your screen in as much detail as you can. You will have 45 seconds to prepare your response. Then you will have 30 seconds to speak about the picture.

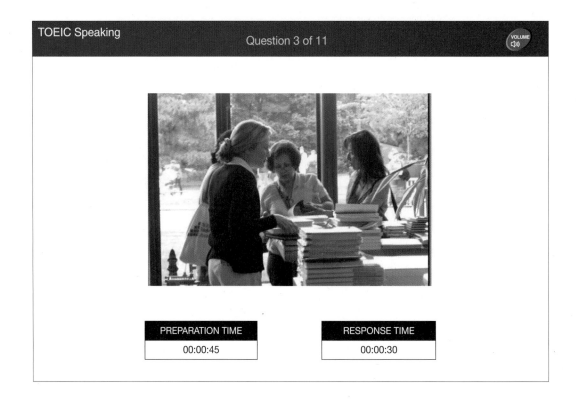

TOEIC Speaking

Question 3 of 11

PREPARATION TIME	RESPONSE TIME
00:00:45	00:00:30

VOLUME

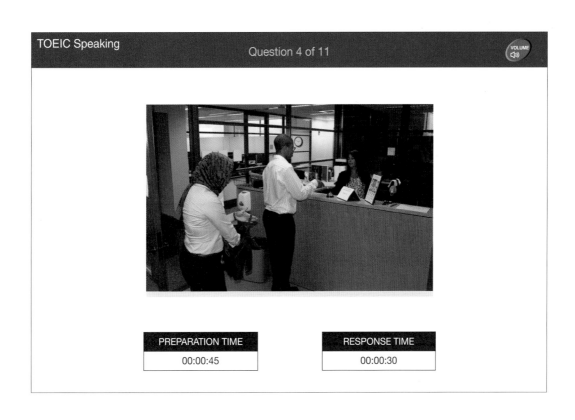

PREPARATION TIME	RESPONSE TIME
00:00:45	00:00:30

PART 3

Questions 5-7

PART 3 | 미리보기

PART 3 시험 유형

문제 번호	문제 유형	답변 준비 시간	답변 시간	평가 항목	채점용 점수
Questions 5-7	Respond to questions 듣고 질문에 답하기	각 3초	5번: 15초 6번: 15초 7번: 30초	발음 억양과 강세 문법 어휘 일관성 내용의 관련성 내용의 완성도	0-3

PART 3 진행 순서

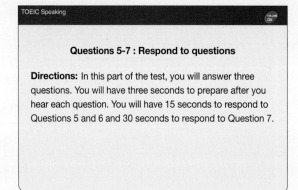

1 첫 화면에 Respond to questions 유형의 지시문이 나오며 이를 음성으로도 들려줍니다.

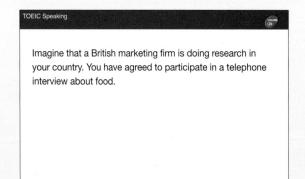

2 두 번째 화면에는 5, 6, 7번 문제에 공통으로 적용되는 상황 설정이 나옵니다. 전화 인터뷰 혹은 친구나 동료 등 지인과의 전화 통화 같은 주제가 제시됩니다.

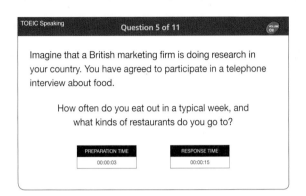

3 세 번째 화면에 5번 문제가 음성과 함께 나옵니다. 다음과 같은 지시와 '삐' 소리가 나온 후, 3초의 준비 시간이 주어집니다.
"Begin preparing now." [Beep]
답변 시간이 표시되며 다음과 같은 지시와 '삐' 소리가 나오면 15초 동안 응답합니다.
"Begin speaking now." [Beep]

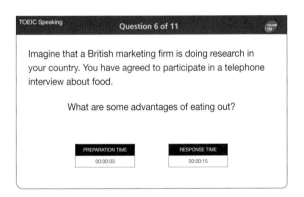

4 네 번째 화면에 6번 문제가 나옵니다. 동일한 방식으로 답변을 3초간 준비한 후 15초 동안 응답합니다.

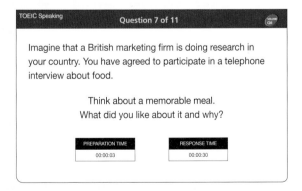

5 다섯 번째 화면에 7번 문제가 나옵니다. 답변을 3초간 준비한 후 30초 동안 응답합니다.

Part 3에서는 특정 주제와 관련된 다양한 질문이 출제되며, 의문문의 종류에 따라 답변 방식이 달라지게 됩니다. 따라서 의문문의 종류 및 그에 따른 답변 방식을 미리 파악해 두는 것이 좋습니다. 답변 시 질문에 나온 표현을 활용하면 대답하기가 수월합니다.

⋮⋮⋮ 의문사 의문문

🎧 Part 3_01

기간, 시점, 종류, 방법 등 의문사가 묻는 정보를 정확히 파악한 후 답변해야 합니다.

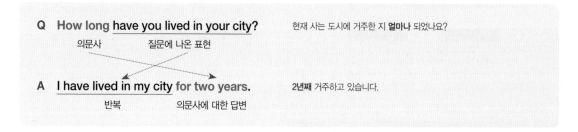

Q How long have you lived in your city?
의문사   질문에 나온 표현
현재 사는 도시에 거주한 지 **얼마나** 되었나요?

A I have lived in my city for two years.
반복   의문사에 대한 답변
2년째 거주하고 있습니다.

When

Q When was the last time you saw a movie? 마지막으로 영화를 본 것은 **언제**입니까?

A The last time I saw a movie was yesterday[two weeks ago]. 어제[2주 전]입니다.

Where

Q Where do you usually buy accessories? 주로 **어디서** 액세서리를 사나요?

A I usually buy accessories at a department store[online]. 백화점에서[온라인으로] 삽니다.

What

Q What is your favorite item of clothing? 가장 좋아하는 의류 아이템은 **무엇**입니까?

A My favorite item of clothing is my black sweater. 검정 스웨터입니다.

What kind of

Q What kind of shoes do you usually wear to work or school?
주로 **어떤 종류**의 신발을 신고 출근 혹은 등교를 하나요?

A I usually wear sneakers to work. 운동화를 신습니다.

Who

Q Who do you usually go on vacation with? 주로 **누구**와 휴가를 떠납니까?

A I usually go on vacation with my friends. **친구들**과 갑니다.

How

Q How do you travel to school or work? 학교나 직장에 **어떻게** 가나요?

A I travel to school by bus[on foot]. 버스를 **타고[걸어서]** 갑니다.

How 형용사 / 부사

Q How often do you clean your house or apartment? 집이나 아파트 청소를 **얼마나 자주**하나요?

A I clean my apartment once a week[every two days]. 일주일에 한 번[이틀마다] 합니다.

Why

Q Why do you use a credit card? **왜** 신용카드를 사용하나요?

A I use a credit card so that I don't have to carry cash with me. 현금을 가지고 다니지 않으려고요.

🎙️ **PRACTICE** 다음 의문문에 대한 응답을 주어진 우리말에 맞게 완성하세요. 🎧 Part 3_02 / 해설집 p.19

1. **Q** How far is the nearest library from your house?

    A The nearest library is _____ from my house.
                                  3블록 정도 떨어져

2. **Q** Why is it important to recycle plastic items?

    A It is important because we _____ the environment.
                                   보호해야 합니다

3. **Q** Who taught you how to read when you were young?

    A _____ how to read when I was young.
                어머니께서 가르쳐 주셨습니다

4. **Q** Where do you usually buy music?

    A I usually buy music _____ and download it directly to my phone.
                        온라인으로

5. **Q** When was the last time you went to a swimming pool?

    A The last time I went to a swimming pool was _____.
                                     지난 여름

⠿ Yes/No 의문문

조동사나 Be동사로 시작되는 의문문에는 Yes/No로 답변을 시작한 후 주제와 관련된 추가 답변을 덧붙여 줍니다.

> **Q** Do you have <u>a favorite brand of perfume?</u> 　　　가장 좋아하는 향수 브랜드가 **있나요?**
> 　　　Yes/No 의문문　　　　　　질문 주제
>
> **A** **Yes (I do),** <u>it's called "Scentimental".</u>　　　네, Scentimental이라는 브랜드입니다.
> 　　Yes/No 대답　　　주제에 관한 추가 답변

Be

Q Are you willing to take a job that requires you to work abroad?

해외에서 일해야 하는 직업을 수락할 의향이 있습니까?

A Yes, I am, because I want to experience other cultures.

네, **그렇습니다.** 왜냐하면 다른 문화를 경험하고 싶기 때문입니다.

Do

Q Do you think there should be fines for not recycling?

재활용을 하지 않는 것에 대해 벌금이 있어야 한다고 생각합니까?

A Yes, I do. People would be more willing to recycle if there were.

네, **그렇습니다.** 만약 그렇다면 사람들이 재활용을 더 하려고 할 것입니다.

Have

Q Have you ever bought clothes on the Internet?

인터넷으로 옷을 구매한 적이 있습니까?

A Yes, I have. Actually, I often buy clothes online.

네, **있습니다.** 사실 저는 종종 온라인으로 옷을 구매합니다.

Would

Q Would you say that the quality of TV programs has improved in the last five years?

지난 5년간 TV 프로그램의 품질이 향상되었다고 말하겠습니까?

A Yes, I would. TV programs are telling more complex stories now.

네, **그렇게 말하겠습니다.** 요즘 텔레비전 프로그램은 더 복합적인 내용을 다룹니다.

⠿ 선택 의문문

Yes/No로 답변해서는 안 되고, 두 가지 혹은 세 가지 선택사항 중 하나를 선택해서 답변합니다.

Q <u>Do you live in</u> a house or an apartment?　　　주택에 사나요, **아니면** 아파트에 사나요?
　　　질문에 나온 표현　　　　선택사항 A or B

A <u>I live in</u> an apartment.　　　아파트에 삽니다.
　　　반복　　　한 가지 선택

A or B

Q <u>Do you prefer to travel</u> alone or with someone else?
여행을 혼자서 하는 것을 선호합니까, **아니면 다른 사람과 하는** 것을 선호합니까?

A <u>I prefer to travel</u> with someone else. If I'm alone, I feel lonely.
다른 사람과 여행하는 것을 선호합니다. 저는 혼자 있으면 외로움을 느낍니다.

Which of the following

Q Which of the following <u>is most important to you when choosing a job</u>?
Company's reputation / Opportunity for business travel / Working environment
다음 중에 직업을 선택할 때 가장 중요한 것은 무엇입니까? **회사 명성/ 출장 기회/근무 환경**

A **When choosing a job,** working environment <u>is most important to me</u>.
직업을 선택할 때, 저에게는 **근무 환경**이 가장 중요합니다.

🎙 PRACTICE　다음 의문문에 대한 응답을 주어진 우리말에 맞게 완성하세요.　

1. **Q** Do you think it is necessary to own a car in your city?

   A Yes, I think it is necessary because _____.
   　　　　　　　　　　　　　　　　　　제가 사는 도시가 아주 크기 때문에

2. **Q** Have you ever played traditional music before?

   A _____. I don't know _____ traditional music.
   　　　아니요, 없습니다.　　　　　　　　　　　연주하는 방법

3. **Q** Do you prefer to spend your free time alone or with other people?

   A I _____ my free time alone, because then I can _____.
   　　보내는 것을 선호합니다　　　　　　　　　　　　　　　내가 원하는 것을 뭐든지 합니다

PART 3 | 전략 이해하기

전략 1 문제 유형 및 질문 패턴 파악하기

Part 3는 문제 출제 전에 크게 두 가지 유형의 특정 상황이 주어집니다. 어느 유형이든지 문제의 주제를 알 수 있는 마지막 부분(about 주제어)을 먼저 확인하는 것이 중요합니다.

▶ 유형 1: 전화 인터뷰

Imagine that a Canadian marketing firm is doing research in your country. You have agreed to participate in a telephone interview about reading books.

캐나다 마케팅 회사가 당신의 나라에서 시장 조사를 하고 있다고 가정하세요. 당신은 독서에 관한 전화 인터뷰에 응하기로 했습니다.

▶ 유형 2 : 친구나 직장 동료와의 전화 대화

Imagine that you are talking on the telephone with a friend. You are talking about your friend's upcoming trip to your city.

당신이 친구와 전화 통화 중이라고 가정하세요. 얼마 후에 친구가 당신이 사는 도시에 방문할 예정이고, 그것에 관해 이야기하고 있습니다.

➡ 친구나 직장 동료와의 대화에서는 일상적인 소재에 대해 개인적인 느낌이나 생각을 묻는 질문들이 많습니다. 친한 지인들에게 말하듯이 자연스럽게 답변하세요.

▶ 질문 패턴

특정 주제에 관한 질문이 어떠한 패턴으로 출제되는지 파악해 두면 실전에 도움이 됩니다.

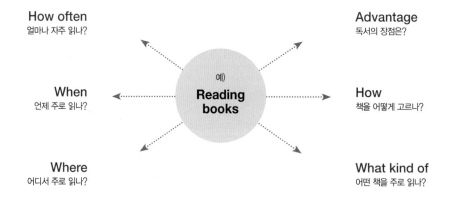

How often 얼마나 자주 읽나?	**Advantage** 독서의 장점은?
When 언제 주로 읽나?	**How** 책을 어떻게 고르나?
예) **Reading books**	
Where 어디서 주로 읽나?	**What kind of** 어떤 책을 주로 읽나?

전략 2 Questions 5, 6 답변 방식 익히기

5, 6번은 15초 동안 답변하는 문제로, 구체적 정보를 묻는 의문사 의문문이 주로 출제됩니다. 질문 두 개가 연달아 나오는 복합 유형이 자주 출제되며, 반드시 주어진 시간 내에 모든 질문에 답해야 합니다.

▶ 빈출 질문 유형 및 답변 방식

의문사 + 의문사

Q What time of the day do you usually take a break at work or school, and how long is your break?

하루 중 몇 시에 직장이나 학교에서 쉬는 시간을 갖고, 그 시간이 얼마나 됩니까?

핵심 답변　I usually take a break at around 3 P.M., for about 10 to 20 minutes.

추가 문장　I go out of the office and take a short walk.

　　　　　　3시 즈음에 10분에서 20분 정도 쉬는 시간을 갖습니다. 사무실 밖으로 나가 산책을 잠깐 합니다.

Yes/No + 의문사(Why)

Q Do you like to take package tours? Why or why not?

패키지 여행을 좋아합니까? 그 이유는 무엇인가요?

핵심 답변　Yes, I do. When you take package tours, you can visit more tourist attractions.

추가 문장　And you get to know the stories behind them.

　　　　　　네. 패키지 여행에 참여하면 더 많은 관광지를 방문할 수 있습니다. 그리고 명소들의 숨은 이야기들을 알게 됩니다.

추가 표현

이유 말하기	It's because the prices are more reasonable online.
	왜냐하면 온라인에서 가격이 더 적당하기 때문입니다.
예시 말하기	For example, I like essays and novels.
	예를 들어 저는 수필과 소설을 좋아합니다.
습관 말하기	I usually spend more than 8 hours sitting at my desk.
	저는 보통 8시간 이상을 책상에 앉아서 보냅니다.
추가하기	Also[In addition], there are many options to choose from.
	또한, 선택할 수 있는 옵션이 많이 있습니다.
경험 말하기	When I was young, I watched TV almost every night.
	어릴 때, 거의 매일 밤 TV를 봤습니다.

전략 ③ Question 7 답변 방식 익히기

7번 문제에서는 고려사항, 의견, 선택사항을 묻는 질문이 자주 출제되며, 이유를 함께 제시하라고 요구하는 경우가 많습니다. 또한 단순하게 이유나 장단점을 묻는 질문도 출제됩니다. 답변 시간 30초를 충분히 채워 말할 수 있도록 핵심 답변 이외에 추가 문장도 연습하는 것이 좋습니다.

▶ 빈출 질문 유형 및 답변 방식

고려사항 묻기

Q What do you think is the best way to find a house for sale? Why?

집을 구하는 가장 좋은 방법이 무엇이라고 생각하니? 그 이유는 무엇이니?

핵심 답변 The best way to find a house for sale is to consult a real estate agent, because they have up-to-date information about houses for sale.

추가 문장 Also, they help sellers and buyers reach a deal they are both happy with.

집을 구하는 가장 좋은 방법은 부동산업자에게 상담 받는 거야. 매물 관련 최신 정보를 갖고 있거든. 또한 매도자와 매수자 모두가 만족해 하는 거래를 할 수 있게 도와줘.

의견 묻기

Q Do you think it is important to use recycled materials? Why or why not?

재활용된 재료를 사용하는 것이 중요하다고 생각합니까? 그 이유는 무엇인가요?

핵심 답변 Yes, I think so. If we use recycled materials, we can save natural resources.

추가 문장 In addition, products made of recycled materials are cheaper than those made of new materials.

네, 그렇게 생각합니다. 재활용된 재료를 사용하면 천연자원을 아낄 수 있습니다. 게다가, 재활용된 재료로 만든 제품이 새 재료로 만든 제품보다 저렴합니다.

선택사항 묻기

Q Which of the following would you make a donation to? Why?

Libraries / Environmental organizations / Animal shelters

다음 중 어느 곳에 기부하겠습니까? 그 이유는 무엇인가요? 도서관/ 환경 단체/ 동물 보호소

핵심 답변 I would make a donation to libraries. It's because I want to help children get a better education.

추가 문장 Besides, I could donate not only money but also used books or computers.

도서관에 기부하겠습니다. 아이들이 더 좋은 교육을 받게끔 돕고 싶기 때문입니다. 게다가, 돈뿐만 아니라 중고 책이나 컴퓨터를 기부할 수도 있습니다.

이유 묻기

Q Why do you think the number of people who have pets is increasing?
왜 반려동물을 기르는 사람들의 수가 증가한다고 생각합니까?

> 핵심 답변   I think it's because more and more people are choosing to live alone.
>
> 추가 문장   I have a puppy myself and I consider him a family member.
>
> 점점 더 많은 사람들이 혼자 살려고 하기 때문입니다. 저 자신도 강아지 한 마리를 기르고 있으며, 이를 가족이라고 생각합니다.

장단점 묻기

Q What are some advantages of taking students to art galleries or concerts?
학생들을 미술관이나 콘서트에 데려가는 것의 장점은 무엇입니까?

> 핵심 답변   If you take students to art galleries or concerts, they can relax while looking at the artwork or listening to music.
>
> 추가 문장   Most students feel stressed because of their studies, and it is important for them to relieve stress.
>
> 학생들을 미술관이나 콘서트에 데려가면, 그들은 작품 주변을 걷거나 음악을 들으며 느긋하게 쉴 수 있습니다. 대부분의 학생들이 학업으로 스트레스를 받기 때문에, 스트레스를 해소하는 것이 중요합니다.

추가 표현   🎧 Part 3_09

답변 시작하기	I prefer to[would rather] travel by bus. 저는 버스로 여행하는 것을 선호합니다. One of the advantages of using a laptop computer is that I can carry it with me all the time. 노트북 사용의 장점 중 하나는 항상 가지고 다닐 수 있다는 것입니다.
이유 열거하기	First of all, I'd want to try jewelry on before I buy it. 우선, 장신구를 구매하기 전에 착용해 보고 싶을 것입니다. Another reason is that if I make a purchase at a store, I can use store credits. 또 다른 이유는, 가게에서 구매하면 포인트를 사용할 수 있습니다.
의견 마무리하기	Therefore[For these reasons], I prefer to send text messages. 그러므로[이러한 이유들로], 저는 문자 보내는 것을 선호합니다.

1.

Imagine that a railway company is doing research in your area.

You have agreed to participate in a telephone interview about travelling by train.

🔔 답변 : 15초

Question 5   How long does it take to get to the nearest train station from your house?

핵심 답변   It takes _____ to get to the nearest train station.

약 10분

추가 문장   I can _____.

거기까지 걸어가다

🔔 답변 : 15초

Question 6   How do you usually buy train tickets?

핵심 답변   I usually buy _____.

온라인으로 기차표를

추가 문장   I _____ that way since I don't have to _____ at a ticket

시간을 절약할 수 있다   줄을 서서 기다리다

counter.

🔔 답변 : 30초

Question 7   What would encourage you to take trains more often? Why?

핵심 답변   I would take trains more often if the seats _____.

편안하다

Most of them are _____, so I _____ on them

딱딱하고 좁은   앉고 싶지 않다

for a long time.

추가 문장   I wish they were _____.

더 넓고 푹신한

2.

Imagine that you are talking on the telephone with a friend.

You are talking about vacation plans.

🔔 답변 : 15초

Question 5   When was the last time you went on a vacation? Where did you go?

핵심 답변   The last time I went on a vacation _____.
작년이었다

추가 문장   I _____ my sister in Seattle and _____ for a week.
방문했다   그곳에 머물렀다

🔔 답변 : 15초

Question 6   Would you consider using a travel agency for your next trip? Why or why not?

핵심 답변   I'd rather not _____.
여행사를 이용하다

It's easy to _____ online because there are many booking sites.
여행을 예약하다

추가 문장   Also, I can get a lot of _____ on the Internet.
여행 정보

🔔 답변 : 30초

Question 7   Which of the following activities do you usually do on vacation? Why?
Visiting tourist attractions / Going to local festivals / Shopping

핵심 답변   I always _____, because I like to _____ those
관광지를 방문하다   둘러보다

places in person and learn more about their history.

추가 문장   I'm _____ local festivals or shopping.
~에 관심이 없는

유형 1 일상 생활 (1)

1. 학업 및 직업

구직	**Q** Where do you usually get information about jobs? 직업 관련 정보 얻는 곳?
	핵심 답변 on the Internet 인터넷에서
	추가 문장 easy to find useful information online (job openings, working conditions) 유용한 정보 쉽게 검색 가능 (구인 공고, 근무 조건)
근무 환경	**Q** Do you like working in an open office? Why or why not? 개방형 사무실 호/불호? 이유?
	핵심 답변 Yes, I like working in an open office. 좋아함 effectively collaborate with my colleagues, ask them for help 효과적으로 협업 가능, 도움 요청 가능
교과 외 활동	**Q** Do you think students need to do sports activities at school? 스포츠 활동 필요성?
	핵심 답변 Yes, they can stay healthy and relieve stress by playing sports. 필요: 건강 관리, 스트레스 해소
	추가 문장 learn about teamwork 팀 워크에 대해 배울 수 있음

2. 친구 및 동료

동료	**Q** Would you prefer to work with friendly co-workers or competent co-workers? 친절한 동료 vs. 업무 능력이 뛰어난 동료?
	핵심 답변 friendly co-workers 친절한 동료
	추가 문장 help each other to achieve our company's goals 회사의 목표를 달성하기 위해 협조 가능
친구의 추천	**Q** Do you ask for recommendations from your friends when choosing a movie? 친구에게 영화 추천 받는지 여부?
	핵심 답변 Yes, I do. We have the same taste in movies. 추천 받음: 영화 취향이 동일
	추가 문장 like movies that my friends recommend 추천 받은 영화에 만족
소통 방식	**Q** When you communicate with your co-workers, do you prefer to use a phone or e-mail? 동료들과 소통 방식: 전화 vs. 이메일?
	핵심 답변 better to use a phone 전화 사용 선호
	추가 문장 get faster responses from them 더 빠른 답변

3. 전화/메시지/소셜 미디어

문자	**Q** What are some difficulties of sending text messages instead of talking on the phone? 전화 통화 대신 문자를 전송하는 것의 문제점?
	핵심 답변 hard to recognize people's emotions through text messages 감정 파악이 어려움
	추가 문장 When I have an important issue, I usually talk on the phone. 중요한 사안일 경우 주로 전화 통화
소셜 미디어 이용	**Q** How often do you log on to social media? 소셜 미디어 접속 빈도?
	핵심 답변 2 or 3 times a day 하루에 두세 번
	추가 문장 usually upload a few pictures 주로 사진 업로드
연락 수단	**Q** Do you think using social media is a good way to keep in touch with your friends? Why or why not? 소셜 미디어 사용: 친구들과 연락하는 좋은 방법? 이유?
	핵심 답변 Yes, my friends and I often send messages to each other on social media. 동의: 소셜 미디어에서 친구들과 종종 메시지 교환
	can't meet in person very often 자주 만날 수가 없어서

🎤 **PRACTICE**　다음 질문에 대한 답변을 주어진 우리말에 맞게 완성해 보세요.　🎧 Part 3_11 / 해설집 p.22

---

1. **Q** Which do you prefer to do during breaks at work or school, browsing the Internet or talking with people?

　　핵심 답변 I prefer to talk with people ＿＿＿＿＿＿＿＿＿ at work.
　　　　　　　　　　　　　　　　　　　 쉬는 시간에

　　추가 문장 Actually, I always spend my break time chatting with my ＿＿＿＿＿＿＿.
　　　　　　　　　　　　　　　　　　　　　　　　　　　　　　　　　 동료들

　　　　　　　They are all ＿＿＿＿＿＿＿, so I quite like them.
　　　　　　　　　　　　　　 친절한

2. **Q** Would you consider working from home?

　　핵심 답변 Yes, I would consider ＿＿＿＿＿＿＿＿＿.
　　　　　　　　　　　　　　　　　　 재택 근무하는 것

　　추가 문장 I could ＿＿＿＿＿＿＿＿ because I wouldn't have to ＿＿＿＿＿＿.
　　　　　　　　　 시간과 돈을 절약하다　　　　　　　　　　　　　　 통근하다

3. **Q** What are the advantages of taking part in sports activities at school?

　　핵심 답변 Students can ＿＿＿＿＿＿＿＿ by taking part in sports activities.
　　　　　　　　　　　　　　　 스트레스를 해소하다

　　추가 문장 Also, they can ＿＿＿＿＿＿＿＿.
　　　　　　　　　　　　　 팀 워크에 대해 배우다

유형 2 일상 생활 (2)

1. 음식/식당

요리	**Q**	How many times a week do you cook at home? What do you usually cook? 일주일에 몇 번 요리? 요리하는 음식?
	핵심 답변	once or twice a week 일주일에 한두 번 usually cook rice and some side dishes 밥과 반찬 몇 가지
	추가 문장	look up the recipes on the Internet 인터넷에서 조리법 검색

선호 제품	**Q**	What are your favorite kinds of baked goods to buy from a café? 카페에서 구매하기 가장 좋아하는 제과류는?
	핵심 답변	sandwiches or cookies 샌드위치나 쿠키
	추가 문장	have a sandwich for lunch and cookies for dessert 점심은 샌드위치, 디저트로 쿠키

식당 선택 기준	**Q**	What would most influence your decision to try a new restaurant? 식당 선택 기준 Location / Type of food / Popularity on social media 위치/음식 종류/소셜 미디어에서 인기도
	핵심 답변	If a restaurant is really popular on social media, it makes me want to go there. 소셜 미디어에서 인기 있는 레스토랑이 있으면 가고 싶어짐
	추가 문장	After trying a new restaurant, I share my review on social media. 새로운 식당에 가본 후에 소셜 미디어에 후기 작성

2. 교통

교통 수단	**Q**	What form of transportation do you usually use to get around your city? Why? 도시에서 이용하는 교통 수단? 이유?
	핵심 답변	subway 지하철 convenient to take the subway in Seoul, an extensive network 편리. 광범위한 망

교통편 조언	**Q**	Do you think I should rent a car to look around your city? Why or why not? 도시 관광에 렌터카 필요? 이유?
	핵심 답변	No, you can use public transportation. 필요 없음. 대중 교통 이용 가능 traffic jam, not easy to find parking 교통 체증. 주차 공간 확보 어려움

편의 시설	**Q**	Would you ever consider going to a café in a train station? 기차역 내 카페 이용 의향?
	핵심 답변	Yes, it would be nice to get some coffee while waiting for my train. 기차 대기 중에 커피 마시면 좋을 것 같음
	추가 문장	feel less bored 덜 지루할 것 같음

3. 거주지

거주/이사	**Q**	How long have you lived in your current place, and do you plan on moving in the future? 거주 기간? 이사 계획?
	핵심 답변	for more than 7 years, in 2 or 3 years 7년 이상 거주, 2~3년 후에 이사 계획
	추가 문장	If I get a job in 2 or 3 years, I'll find a place near my company. 회사 근처로
쓰레기 수거	**Q**	How often is trash picked up in your area? 쓰레기 수거 빈도?
	핵심 답변	once a week, every Tuesday 일주일에 한 번 매주 화요일
	추가 문장	picked up from the dumpsters behind my apartment building 아파트 건물 뒤에 있는 쓰레기통에서 수거됨
거주 환경	**Q**	What is the weather like in your country this time of the year, and do you like it? 거주하고 있는 나라의 날씨? 좋아하는지?
	핵심 답변	warm and lovely, with a gentle breeze 따뜻하고 좋은 날씨, 부드러운 바람 Yes, I like it because I can go for a walk in the park. 좋아함. 산책 갈 수 있어서

🎤 **PRACTICE** 다음 질문에 대한 답변을 주어진 우리말에 맞게 완성해 보세요. 🎧 **Part 3_12** / 해설집 p.22

1. **Q** When was the last time you cooked, and what did you cook?

   핵심 답변 The last time I cooked was _____, and I made some _____.
                                      지난 금요일   반찬들

   추가 문장 I _____ on the Internet, and they were easy to follow.
                         조리법을 검색했다

2. **Q** Would you suggest that people take a bus to get around your city?

   핵심 답변 Yes, I would.

   추가 문장 My city has an _____ bus network. So they can go _____
                               광범위한   그들이 원하는 곳 어디든지

   by bus. It's very _____.
                      편리한

3. **Q** What is your favorite place to go in your area, and how far do you travel to go there?

   핵심 답변 My favorite place to go in my area is a _____.
                                     호수가 있는 공원

   It's very _____ where I live—it's just a five-minute walk away.
                ~에 가까운

   추가 문장 I often _____ in the park.
                    산책 가다

유형 3 취미/여가

1. 운동

공원 운동	**Q**	What are some advantages of exercising in a park? 공원 운동 장점?
	핵심 답변	get some fresh air and enjoy the beauty of nature 신선한 공기를 마시고 자연의 아름다움 감상 save money if I work out in a park 공원에서 운동하면 돈 절약
자전거 도로	**Q**	Do you think your city needs more bike lanes on the street? Why or why not? 자전거 도로 추가 필요성? 이유?
	핵심 답변	Yes, more and more people in my city ride bikes to keep in shape or to commute to work or school. 건강 관리와 통근 및 통학 목적으로 자전거 타는 사람 수 증가
체육관 선택 기준	**Q**	If you wanted to join a new gym, which of the following would most influence your decision? Variety of equipment / Cost / Location 체육관 선택 기준: 기구의 다양함/비용/위치
	핵심 답변	convenient location would be most important 편리한 위치
	추가 문장	should be close to my place so that I can go there regularly 주기적으로 갈 수 있게 가까워야 함

2. 실내 활동

독서	**Q**	Do you enjoy reading books in a library? Why or why not? 도서관에서 독서 좋아함? 이유?
	핵심 답변	Yes, I do. Libraries are usually very quiet, so I can focus on my book. 좋아함. 조용해서 책에 집중 가능
	추가 문장	use other facilities such as a copy machine or group study rooms 복사기나 그룹 스터디 룸 같은 기타 시설 사용 가능
식물 기르기	**Q**	Do you think it is easy to grow plants at home? Why or why not? 집에서 식물 기르기가 쉽다고 생각? 이유?
	핵심 답변	No, I find it difficult. It's because I'm not sure how often I should water them. 어려움. 얼마나 자주 물을 주어야 하는지 모름
	추가 문장	I'm worried that they may not be getting enough water. 식물이 충분한 수분을 섭취하지 못할까 걱정
영화 감상	**Q**	How often do you watch movies, and what kind of movies do you like? 영화 감상 빈도? 좋아하는 장르?
	핵심 답변	go to the cinema twice a month, comedy movies 한 달에 두 번 영화관, 코미디 영화
	추가 문장	Comedies make me laugh a lot, so I think watching them is a good way to relieve stress. 많이 웃을 수 있어 스트레스를 해소하는 좋은 방법이라 생각

3. 여행 / 관광

여행지 고려 사항	**Q**	What are some important factors you consider when choosing a travel destination? 여행지 선택 시 중요 고려사항?
	핵심 답변	the timing and duration of my trip, my budget 여행 시기 및 기간, 예산
	추가 문장	I wouldn't go abroad if I could only take a few days off and didn't have much money. 휴가 기간이 짧고 돈이 많이 있지 않으면 해외로 가지 않을 것
여행 수단	**Q**	If there were a bus tour of a city you were visiting for the first time, would you take it? 처음 가는 도시에서 버스 투어 할 의향?
	핵심 답변	Yes, I would take the bus tour. 있음
	추가 문장	It would be a convenient way to look around the city, because it would take me to major tourist attractions. 주요 관광지에 갈 수 있어 편리한 도시 관광 가능
축제	**Q**	Do you prefer going to festivals held during the day or at night? Why? 낮에 열리는 축제 vs. 밤에 열리는 축제? 이유?
	핵심 답변	festivals held at night 밤에 열리는 축제 I enjoy looking at the twinkling lights of nighttime festivals. 반짝이는 불빛 구경 좋아함

PART 3

🎤 PRACTICE 다음 질문에 대한 답변을 주어진 우리말에 맞게 완성해 보세요. 🎧 Part 3_13 / 해설집 p.23

1. **Q** Do you go to the gym regularly? Why or why not?

핵심 답변
No, I don't. Instead, I _____.
공원에서 운동하다

That way, I can _____ outside, and also _____.
신선한 공기를 마시다   자연의 아름다움을 감상하다

2. **Q** What are some advantages of using a travel agency when you plan a trip?

핵심 답변 One of the advantages of using a travel agency is that I can _____,
시간을 아끼다

because I don't have to spend hours on _____ best deals.
~를 검색하다

추가 문장 Travel agents do the legwork and help me plan a trip that meets _____.
나의 예산

3. **Q** Have you ever read a book in a café? Why or why not?

핵심 답변 I've never read a book in a café. I don't think I could _____ in such a place.
독서에 집중하다

추가 문장 I like to read _____.
내 방이나 도서관에서

유형 4 쇼핑

1. 쇼핑/상품

야외 시장	**Q**	What are some advantages of shopping at an outdoor market? 야외 시장 쇼핑의 장점?
	핵심 답변	haggle with vendors to get the best price, pick up a real bargain 상인들과 흥정으로 최적의 가격에 구입, 저렴하게 구입 가능 fun to see interesting items that I can't find at retail stores 소매점에서 찾을 수 없는 흥미로운 물건을 보는 재미
구매처	**Q**	Do you prefer to shop at an independent store or a large chain store? 개인 상점 vs. 대형 체인 상점?
	핵심 답변	a large chain store 대형 체인 상점
	추가 문장	They have a large selection of items that come in different sizes and colors. 다양한 크기와 색상의 물건을 제공
자판기	**Q**	What kind of products do you usually buy from vending machines? 자판기에서 주로 구매하는 상품?
	핵심 답변	There is a vending machine in my office building, and I usually buy a soft drink from it after lunch. 사무실 건물에 자판기가 있어 점심 후에 탄산 음료 구매
	추가 문장	I can even use my credit card. 신용카드로도 구매 가능

2. 온라인 쇼핑

구매 품목	**Q**	What was the last item you bought on the Internet? 인터넷에서 가장 최근에 산 물건?
	핵심 답변	a book written by my favorite author 가장 좋아하는 작가가 쓴 책
	추가 문장	got it at a discount price 할인가에 구입
온라인 구매	**Q**	What would be some challenges of buying clothes online? 온라인 의류 구매의 어려움?
	핵심 답변	I can't try them on before making a purchase. 구매 전 착용 불가
	추가 문장	I get disappointed when the item arrives and doesn't look good on me. 상품을 받고 나서 나한테 어울리지 않을 때 실망
고객 유치	**Q**	If you were running an online store, how would you encourage people to buy your products? 온라인 구매 고객 유치 방안?
	핵심 답변	offer a discount or free delivery service 할인 혹은 무료 배송 혜택 제공
	추가 문장	These kinds of sales promotions would be the most effective ways to attract customers. 고객을 유치하는 데 가장 효과적인 방법

3. 선물

선물 시기 품목	**Q** When was the last time you bought a gift for someone, and what did you give them? 마지막으로 누군가를 위해 선물을 샀던 때? 사주었던 선물? **핵심 답변** I bought some toys for my nephew last Saturday, because it was his birthday. 조카 생일이라 장난감 몇 개 선물 **추가 문장** I took him to a big toy store in a shopping mall and let him choose what he wanted. 쇼핑몰에 있는 가게에 데려가 원하는 것을 고르게 함
상품권 선물	**Q** Have you ever given a gift card to someone on a special occasion? 특별한 날에 누군가에게 상품권을 준 경험? **핵심 답변** Yes, to some of my friends for Christmas 있음. 크리스마스에 친구들에게 **추가 문장** I think it's a practical gift because the receivers can use it to buy what they actually need. 실제로 필요한 것을 살 수 있기 때문에 실용적인 선물이라고 생각
선물 포장	**Q** When you buy a present for someone, do you prefer to have it wrapped in the store or wrap it yourself? 상점에서 선물 포장 vs. 직접 포장? **핵심 답변** I'd rather have it wrapped in the store. 상점에서 포장 **추가 문장** Gift wrapping usually doesn't cost much, and the store can do a better job. 선물 포장은 대개 저렴. 상점에서 더 잘함

🎙️ **PRACTICE** 다음 질문에 대한 답변을 주어진 우리말에 맞게 완성해 보세요. 🎧 **Part 3_14** / 해설집 p.24

1. **Q** How often do you shop online, and what do you usually buy?

   핵심 답변 I shop for groceries online every week.

   추가 문장 The online store offers a _____ on any orders over $30, which I think is great.
   무료 배달 서비스

2. **Q** Do you prefer to buy clothes in-store or online? Why?

   핵심 답변 I prefer to buy clothes in-store, because I want to _____ before _____.
   입어보다 구매하기

   추가 문장 I bought a jacket online the other day, but I was _____ because it didn't
   실망한

   _____ me.
   잘 어울리다

3. **Q** If you went on a trip abroad, which of the following would you buy as a souvenir for your friends? Postcards / Tourist shirts / Keychains

   핵심 답변 I would probably buy keychains that represent the city I was visiting.

   추가 문장 It's because I want to give my friends something _____ that they can use
   실용적인

   every day.

PART 3 유형 공략하기 **89**

유형 5 인터넷/전자 기기

1. 인터넷

인터넷 사용	**Q**	How much time do you spend on the Internet per day? What do you usually do online? 하루 인터넷 사용 시간? 이용 목적?
	핵심 답변	about two hours every day 매일 약 2시간 check my e-mail and read news articles 이메일 확인, 뉴스 기사 읽기
업체 선택 기준	**Q**	If you were looking for a new Internet service provider, which of the following would be most important to you? 인터넷 서비스 공급 업체 선정 기준? Price / Download speed / The quality of customer service 요금/속도/고객 서비스 품질
	핵심 답변	download speed 다운로드 속도
	추가 문장	I often download movies to my laptop, so I'd choose the provider that offers the fastest internet service. 영화를 자주 다운로드하므로 빠른 속도를 제공하는 업체 선정
온라인 수업	**Q**	Would you consider taking online classes? Why or why not? 온라인 수업 수강 의향? 이유?
	핵심 답변	Yes, because I could take lessons anytime I want, at my own pace. 좋아함: 내 페이스에 맞춰 원하는 시간에 수강 가능
	추가 문장	Also, I could access them from anywhere. 어디에서든 이용 가능

2. 휴대용 기기

앱	**Q**	What kind of mobile apps do you use? 사용하는 앱 종류?
	핵심 답변	entertainment apps 엔터테인먼트 앱
	추가 문장	I like streaming music, watching online videos, and playing mobile games. 음악 스트리밍, 온라인 비디오 감상, 모바일 게임 하는 것을 좋아함
선호 기기	**Q**	Do you prefer to download music to your mobile phone or computer? Why? 휴대폰에 음악 다운로드 vs. 컴퓨터에 음악 다운로드? 이유?
	핵심 답변	my mobile phone, because I always listen to music on my phone. 휴대폰 선호, 항상 휴대폰으로 음악 감상
	추가 문장	I recently got a new phone with a lot of storage space, so I downloaded many songs. 최근에 저장 공간이 큰 휴대폰 새로 구매, 노래 다수 다운로드
이용 만족도	**Q**	Are you satisfied with your current mobile phone service provider? Why or why not? 현재 이용 중인 휴대폰 통신사 만족? 이유?
	핵심 답변	Yes, because they offer a plan that meets my needs. 만족, 내 필요에 맞는 요금제 제공
	추가 문장	I'm currently paying about 40 dollars per month, and I think that is reasonable. 매달 40달러 정도 지불, 가격이 적당하다고 생각

3. 전자 제품

사용 여부	**Q**	When taking pictures, do you use a digital camera? Why or why not? 사진 촬영 시 디지털 카메라 이용? 이유?
	핵심 답변	I use my phone—I can take high quality pictures with the phone camera, so I don't need a digital camera. 휴대폰 사용. 휴대폰 카메라로 양질의 사진 촬영 가능
	추가 문장	Smartphones have great built-in cameras. I think they could replace digital cameras. 스마트폰 내장 카메라가 우수하므로 대체 가능하다고 생각
전자 기기 선택 기준	**Q**	If you wanted to purchase an electronic device, what would most influence your decision? Brand name / Price / A friend's recommendation 전자 기기 구매 시 선택 기준? 브랜드명/가격/친구의 추천
	핵심 답변	brand name, I would buy a product from the leading brand. 브랜드 명. 일류 브랜드 제품 구입
	추가 문장	Products from top brands are usually expensive, but it's worth paying more, because the quality is good. 품질이 좋으므로 더 지불할 만한 가치가 있음
가전 제품	**Q**	Who usually makes decisions on household appliances in your house? Why? 가전 제품 구매 결정권자? 이유?
	핵심 답변	my mother, because she is the one who pays for them. 어머니. 비용 지불하므로
	추가 문장	She always does some research on the Internet and selects a product that has received good reviews. 인터넷 조사 후 후기가 좋은 제품 선택

🎙 **PRACTICE**   다음 질문에 대한 답변을 주어진 우리말에 맞게 완성해 보세요.   🎧 Part 3_15 / 해설집 p.25

1. **Q** When you shop for electronics, how do you decide what to buy?

핵심 답변 I always do some _____ before making a decision.
인터넷에서 조사하다

추가 문장 I try to read the _____ of different products.
후기들

2. **Q** Other than making phone calls or texting, what do you do with your phone?

핵심 답변 I _____ and _____ on my phone.
뉴스 기사를 읽다   음악을 스트리밍하다

추가 문장 I wish it had more _____ so that I could _____ to it.
저장 공간   영화를 다운받다

3. **Q** What do you think would be some advantages of taking an online course?

The biggest advantage would be that I could take the lessons _____.
내 페이스에 맞춰

핵심 답변

In addition, I could _____ them from anywhere.
이용(접속)하다

PART 3 | MINI TEST

키워드를 보고 각 질문에 알맞게 답변을 완성해서 말해 보세요.

🎧 Part 3_16 / 해설집 p.26

1. [일상 생활]

> Imagine that a British marketing firm is doing research in your country.
>
> You have agreed to participate in a telephone interview about home decorating.

🔔 답변: 15초

Question 5

Q Where do you live and how long have you lived there?

A _____ .

키워드: 서울에 있는 아파트 / 5년째 거주

🔔 답변: 15초

Question 6

Q If you could change one thing about your home, what would it be?

A _____ .

키워드: 손님을 위한 공간 / 더 큰 식사 공간

🔔 답변: 30초

Question 7

Q What's your favorite room in your home and why do you like it?

A _____

_____ .

키워드: 거실 / 크지 않지만 편안한 가구와 큰 TV가 있음 / 함께 영화를 보거나 앉아서 이야기

2. [취미 / 여가]

Imagine that a Canadian marketing firm is doing research in your country.
You have agreed to participate in a telephone interview about reading habits.

Question 5   **Q**   How many books or magazines do you purchase a year, and where do you usually buy them?

   A   _____ .

키워드: 1년에 10권에서 15권 / 인터넷에서 구입

🔔 답변: 15초

Question 6   **Q**   How much time do you spend reading per week, and when do you like to do your reading?

   A   _____ .

키워드: 무엇을 읽느냐에 따라 다름 / 보통 일주일에 7시간 / 자기 전에 한 시간 읽는 것을 좋아함

🔔 답변: 30초

Question 7   **Q**   Do you read more now than you did in the past, or do you read less? Why?

   A   _____

_____ .

키워드: 지금 더 많이 읽음 / 현 직장에서의 직책 때문에 / 재미로도 독서 / 예전보다 소설을 더 많이 읽음

3. [쇼핑]

> Imagine that you are talking on the telephone with a friend from another country who is visiting your town. You are talking about shops in your area.

🔔 답변 : 15초

Question 5

Q What hours are shops generally open in your area?

A _____.
키워드: 대부분 오전 9시에서 오후 6시까지 / 일부 식료품점은 오후 8시까지

🔔 답변 : 15초

Question 6

Q What's a good place to shop for gifts in your area, and is it easy to get there?

A _____.
키워드: 꽃집과 보석 가게 몇 군데 / 대부분이 한 중심가에 있음 / 가기가 꽤 쉬움

🔔 답변 : 30초

Question 7

Q Which of the following do you think I should buy for my family as a souvenir?
Coffee mugs / Fridge magnets / Cosmetics

A _____

_____.
키워드: 커피 머그잔 / 유용하기 때문에 / 중심가에 있는 가게에서 도시의 사진이 있는 머그잔 구매 가능

4. [인터넷 / 전자기기]

> Imagine that an English-language technology magazine is doing research in your area.
> You have agreed to participate in a telephone interview about e-books.

🔔 답변 : 15초

Question 5

Q Have you ever bought e-books instead of paper books?

A _____.

키워드: 있음 / 사실 꽤 자주 구매

🔔 답변 : 15초

Question 6

Q What do you like best about reading e-books?

A _____.

키워드: 어디서든 휴대폰으로 전자책 읽기 가능 / 무거운 종이책을 들고 다닐 필요가 없음

🔔 답변 : 30초

Question 7

Q Which of the following do you think is the best device for reading e-books?
A smartphone / A laptop computer / An e-reader

A _____

_____.

키워드: 스마트폰 / 용량이 커서 전자책 많이 다운로드 가능 / 노트북을 들고 다니거나 추가 기기를 살 필요가 없음

5. [일상 생활]

> Imagine that you are having a telephone conversation with a new co-worker or classmate.
> You are talking about eating during the work or school day.

🔔 답변: 15초

Question 5

Q From your workplace or school, how do you get to the nearest place that serves breakfast?

A _____.

키워드: 사무실 근처에 커피숍 / 걸어가서 가벼운 아침 식사

🔔 답변: 15초

Question 6

Q Do you often buy food or beverages while you are at work or school? Why or why not?

A _____.

키워드: 오후에 항상 커피 한 잔 / 휴식 필요 / 간식에는 지출하지 않으려고 노력

🔔 답변: 30초

Question 7

Q If I were going to take a friend out for lunch, what restaurant would you most recommend, and why?

A _____.

키워드: 사무실 근처 이탈리안 레스토랑 / 음식이 맛있고 가격이 적당 / 음식이 빨리 나와서 사무실에 제시간에 도착 가능

6. [취미 / 여가]

> Imagine that a friend from another country will be visiting your city.
> You are having a telephone conversation about traveling around your city.

🔔 답변 : 15초

Question 5

Q Do you know how many travelers visit your city every year?

A _____ .

키워드: 적어도 5백만 명

🔔 답변 : 15초

Question 6

Q Where can I find information about your city?

A _____ .

키워드: 자세한 정보가 있는 공식 웹사이트 / 시내 관광안내소에서 책자

🔔 답변 : 30초

Question 7

Q What is the most popular tourist attraction in your city?

A _____

_____ .

키워드: 궁궐이나 옛 마을 같은 유적지가 인기가 많음 / 여행객들이 길거리 시장에 가는 걸 좋아함

PART 3 | ACTUAL TEST

음원을 들으며 테스트해 보세요.   🎧 Part 3_17 / 해설집 p.32

1

TOEIC Speaking

Questions 5-7: Respond to questions

Directions: In this part of the test, you will answer three questions. You will have three seconds to prepare after you hear each question. You will have 15 seconds to respond to Questions 5 and 6 and 30 seconds to respond to Question 7.

TOEIC Speaking   Questions 5-7 of 11

Imagine that an American marketing company is doing research in your country. You have agreed to participate in a telephone interview about working out in the gym.

Question 5. How often do you work out in the gym and how long do you work out each time you go to the gym?

PREPARATION TIME	RESPONSE TIME
00:00:03	00:00:15

Question 6. What kind of exercise do you usually do when working out in the gym?

PREPARATION TIME	RESPONSE TIME
00:00:03	00:00:15

Question 7. Which of the following is the most important to you when you decide on a gym?

- A convenient location
- Friendly staff
- A variety of equipment

PREPARATION TIME	RESPONSE TIME
00:00:03	00:00:30

2 | TOEIC Speaking

Questions 5-7: Respond to questions

Directions: In this part of the test, you will answer three questions. You will have three seconds to prepare after you hear each question. You will have 15 seconds to respond to Questions 5 and 6 and 30 seconds to respond to Question 7.

TOEIC Speaking   Questions 5-7 of 11

Imagine that a friend of yours is considering furthering her education by going to a university. You are having a telephone conversation about education.

Question 5. When did you last take a class, and did you enjoy it?

PREPARATION TIME	RESPONSE TIME
00:00:03	00:00:15

Question 6. What was your favorite subject in school? Why?

PREPARATION TIME	RESPONSE TIME
00:00:03	00:00:15

Question 7. What is the best college or university in your area? Why do you think so?

PREPARATION TIME	RESPONSE TIME
00:00:03	00:00:30

PART 4

Questions 8-10

PART 4 | 미리보기

PART 4 시험 유형

문제 번호	문제 유형	답변 준비 시간	답변 시간	평가 항목	채점용 점수
Questions 8-10	Respond to questions using information provided 제공된 정보를 사용하여 질문에 답하기	정보 확인: 45초 준비 시간: 각 3초	8번: 15초 9번: 15초 10번: 30초	발음 억양과 강세 문법 어휘 일관성 내용의 관련성 내용의 완성도	0-3

PART 4 진행 순서

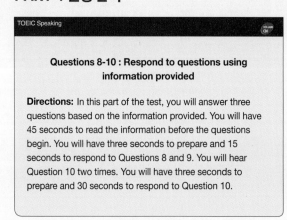

1 첫 화면에 Respond to questions using information provided 유형의 지시문이 나오며 이를 음성으로도 들려줍니다.

2 두 번째 화면에 8, 9, 10번 문제에 공통으로 적용되는 정보가 나오며 음성으로 다음과 같은 지시와 '삐' 소리가 나온 후 45초 동안 제시된 정보를 읽는 시간이 주어집니다.

"Begin preparing now." [Beep]

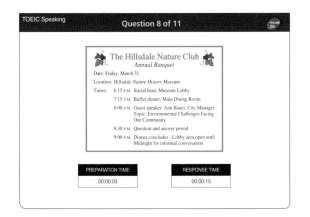

3 세 번째 화면에 내레이션과 8번 문제가 음성
으로만 나옵니다.
Narration: "Hi, this is Adam Gilbert. ..."
Question: "...What am I going to miss?"
질문이 끝나면 다음과 같은 지시와 '삐' 소리
가 나온 후, 3초의 준비 시간이 주어집니다.
"Begin preparing now." [Beep]
다음과 같은 지시와 '삐' 소리가 나오면 15초
동안 응답합니다.
"Begin speaking now." [Beep]

PART 4

4 네 번째 화면에 9번 문제가 나오면 동일한 방
식으로 15초 동안 응답합니다.

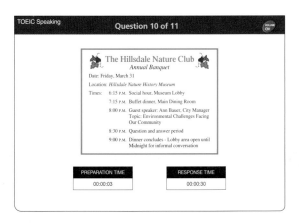

5 다섯 번째 화면에 10번 문제가 나오며 질문
은 두번 들려줍니다. 동일한 방식으로 30초
동안 응답합니다.

숫자 읽기

🎧 Part 4_01

Part 4에서 제시되는 표에는 시간, 날짜, 금액 등 숫자가 많이 나옵니다. 숫자 표현은 읽기 쉬워 보여도, 실수를 많이 하는 부분입니다. 정확히 읽는 연습이 필요합니다.

1. 시간

앞에서부터 차례로 읽어 나갑니다.

10:00 A.M.	ten A.M.	11:45 A.M.	eleven forty-five A.M.
12:00 P.M.	twelve P.M.	2:00-3:00 P.M.	from two to three P.M.

to / before(~전), past / after(~후), a quarter(15분), half(30분)를 이용하여 읽을 수도 있습니다.

10:15	a quarter past[after] ten	11:45	a quarter to[before] twelve
4:30	half past four	5:30	half past five

 half는 'l' 발음을 하지 않고, [hæf] '해ㅍ'로 발음합니다.

2. 날짜

2000년 이전 연도는 두 자리씩 끊어서 읽고, 2000년부터는 two thousand ~로 읽습니다.

1983	nineteen eighty-three
2012	two thousand twelve

월, 일, 요일 등은 쓰인 순서대로 읽으며, 일(날짜)은 서수로 읽습니다.

Feb. 1	February first
November 3	November third
May 5	May fifth
Mar. 2	March second
Oct. 12, 2000	October twelfth, two thousand
August 31	August thirty-first
Wed. Dec. 23	Wednesday, December twenty-third

 날짜 끝의 숫자에 th를 붙여 서수로 읽으며, 1, 2, 3, 5의 경우는 first, second, third, fifth로 읽습니다.

3. 금액

'$' 표시 뒤에 오는 숫자 속 '.'은 달러(dollar)와 센트(cent)의 구분입니다. 복수형은 각각 dollars, cents로 읽습니다.

$1	one dollar
$15	fifteen dollars
$230	two hundred thirty dollars
$12.50	twelve dollars and fifty cents

숫자 속 ','은 1천 단위를 구분합니다. 1천 단위로 끊어 읽어야 하며, thousand는 단수형으로만 읽습니다.

$10,000	ten thousand dollars
$1,525	one thousand five hundred and twenty-five dollars
$2,010	two thousand and ten dollars

4. 기타 숫자

할인율에서 퍼센트(%)는 단수형으로 읽습니다.

50%	fifty percent

방 번호, 비행기 편명, 건물 번지수 등은 한 자리씩 읽을 수도 있고, 두 자리씩 묶어서 읽기도 합니다.

Room 414	room four one four 또는 room four fourteen
Flight No. 785	flight number seven eight five 또는 flight number seven eighty-five
860 Jason St.	eight six oh[zero] Jason Street 또는 eight sixty Jason Street

전화번호에 있는 ' – '는 읽지 않고 한 자리씩 읽습니다.

548-0392	five four eight oh[zero] three nine two
1-800-398-9932	one eight hundred three nine eight nine nine three two

 '1-800-…' 형태는 수신자 부담 전화번호로 광고 지문에서 많이 나옵니다. one eight zero zero…보다는, one eight hundred…로 읽는 것이 자연스럽습니다.

⠿ 전치사 활용하여 읽기

🎧 Part 4_02

Part 4에서 제시된 표의 정보를 알맞은 전치사와 함께 사용하는 것이 중요합니다. 단순히 장소명, 숫자 등의 정보만 읽는 것이 아니라, 각 장소나 시간에 맞는 전치사를 정확하게 붙여서 읽어야 합니다.

1. 시간과 날짜

at   시간과 함께 쓰입니다.

at 4:30 P.M.   오후 4시 30분에   **at** noon   정오에

at the beginning[end] of the meeting   회의 시작[끝] 부분에

on   요일, 날짜, 특정한 날에 쓰입니다.

on Tuesday   화요일에   **on** May 15   5월 15일에

in   월, 연도 등에 쓰입니다.

in August   8월에   **in** 2016   2016년에

- 요일, 날짜, 연도를 같이 읽을 때는 전치사 on을 씁니다. 예) on Monday, June 4th, 2015
- every day(매일), next Thursday(다음 주 목요일에), this morning(오늘 아침에), last night(어젯밤에) 등과 같이 전치사 없이 쓰이는 시간 표현도 알아 두세요.

2. 장소

in   '~안에서'라는 뜻으로 실내 공간을 나타내거나, 도시, 국가, 주(州)와 같이 아주 넓은 면적의 장소를 나타낼 때 쓰입니다.

in Room 305   305호실에서   **in** the conference room   컨퍼런스룸에서

in Seattle   Seattle에서   **in** Italy   Italy에서

at   '~에서'라는 뜻으로 구체적인 장소 앞에 주로 쓰입니다. 주소 번지수나 건물명(학교, 병원, 회사 등) 앞에 많이 쓰입니다.

at 125 Jasper St.   Jasper 가 125번지에서   **at** Carleton Co.   Carleton 회사에서

at Mason University   Mason 대학교에서   **at** the Lincoln Art Center   Lincoln 아트센터에서

at JFK Airport   JFK 공항에서   **at** the Regal Theater   Regal 극장에서

on   길 이름이나 층수와 함께 쓰여 '~가에', '~층에'를 나타냅니다.

on Main Street   Main 가에   **on** the 5th floor   5층에

106

3. 기타 용법

from '~부터'라는 뜻으로 시작점이나 출신을 나타낼 때 많이 쓰입니다.

from New York   New York에서부터   graduate **from**   ~를 졸업하다

at   웹사이트 및 이메일 주소나 전화번호 앞에 주로 쓰입니다. 값 · 비용을 의미하는 price, cost와 함께 쓰이기도 합니다.

at www.Greeny.com   www.Greeny.com에서   **at** 555-1234   555-1234로

at extension 322   내선 번호 322로   **at** a low price   낮은 가격에

🎙 PRACTICE   숫자 읽기와 전치사 사용에 유의하며 말해 보세요.   🎧 Part 4_03 / 해설집 p.34

숫자 읽기

1. Aug. 22, 2016   _____   **2.** $3.50   _____

3. 45%   _____   **4.** 8:30–9:00 A.M.   _____

5. 151 Byron St.   _____   **6.** Room 601   _____

7. Flight No. 757   _____   **8.** $1,250   _____

전치사 사용하기

1. We are open _____10 A.M. _____ 4 P.M. every Monday.
저희는 매주 월요일에 오전 10시부터 오후 4시까지 영업합니다.

2. The store is _____ 1530 Connecticut Street _____ Baltimore.
가게는 Baltimore 시, Connecticut 가 1530번지에 있습니다.

3. He graduated _____ Alberta University _____ 2013.
그는 2013년에 Alberta 대학을 졸업했습니다.

4. There will be a reception _____ the 3rd floor _____ Conference Hall C _____ 1 P.M.
오후 1시에 3층 C 회의실에서 연회가 있을 예정입니다.

5. You will arrive _____ L.A. _____ 10 A.M. with Triumph Airlines, Flight No. 773.
당신은 오전 10시에 Triumph 항공 773편으로 L.A.에 도착할 것입니다.

전략 1 표의 내용 파악하기

Part 4에서는 표의 내용을 파악하도록 준비 시간 45초가 주어집니다. 이 시간에 표를 잘 이해하고, 어떤 질문이 나올지 추측할 수 있어야 각 문제에 대한 답을 쉽게 찾을 수 있습니다.

▶ 파악 순서

Math Teaching Seminar

STRC Smithville Teacher Resource Center

Saturday, November 10th

❶ 제목/장소/날짜

Time	Session	Presenter
9:00 A.M.-10:00 A.M.	Creative Class Presentations	Tim O'Malley
10:00 A.M.-11:00 A.M.	Managing Large Classes	Ellen Cranston
11:00 A.M.-Noon	Making Homework Interesting	Ming Lin
Noon-1:00 P.M.	Lunch	-----------
1:00 P.M.-2:00 P.M.	Computer Games for Learning Math	Jim Saunders
2:00 P.M.-3:00 P.M.	~~Fun Math~~ Canceled	~~Thomas Jones~~
3:00 P.M.-4:00 P.M.	Valuable Projects	Cecilla Perez

❷ 본문 내용

❸ 기타 정보/특이 사항

❶ **제목, 장소, 날짜:** 전체 표의 내용을 나타내는 제목, 행사 장소 및 날짜 등의 정보

❷ **본문 내용:** 시간대별 행사, 진행자 등의 정보

❸ **기타 정보/특이 사항:** 별표(*)나 취소선으로 표시되는 내용, 괄호 안에 주어진 내용 등

※ 기타 정보/특이 사항을 직접적으로 묻는 문제도 있고, 모든 세부 사항을 말해달라고 하는 문제도 있습니다. 후자의 경우 도표 본문을 토대로 주요 정보를 대답하고 나서 기타 정보/특이 사항을 추가로 덧붙이면 됩니다.

▶ 자주 나오는 설정 유형

다음과 같이 자주 나오는 설정 유형을 익혀 두면 내레이션 및 문제를 들을 때 도움이 됩니다.

- **I lost[misplaced] my schedule.** I'm hoping you can **answer some of my questions.**
- **I'm having trouble accessing my schedule,** so I was hoping you could **confirm a few details** for me.
- **I'm interested in ~,** and I'd like to **get some information about ~.**
- **I left my agenda in my office.** I was hoping you could **take a look at it** for me.
- **I don't have his[her] résumé with me,** so I was hoping you could **help me.**

1.

Hasbro Monthly Board Meeting
May 3, Conference Room 2

9:00 A.M.	Opening comments	James Graham , President
9:30 A.M.	Updates to last meeting's agenda	Russ Meier, HR director
10:30 A.M.	New business - Company trip (May 15) - Employees safety training	Laura Cole, Sales manager
11:30 A.M.	Closing comments	James Graham, President

- 회의 장소와 일자 　　　　_____
- 회사 야유회 　　　　　　_____
- James Graham이 할 일 　_____

2.

City Council Public Hearing
February 16, City Council Hall

7:00 - 7:30 P.M.	Financial reports	Samuel Pontes
7:30 - 8:00 P.M.	Parking tickets and regulations	Alice Schmidt
8:00 - 9:00 P.M.	Council assignments Budget plan (due February 28) Invitation to new City Hall (schedule not confirmed)	Kayla Rogers

---

- 공청회 개최 날짜와 장소 　_____
- 시작 시간과 종료 시간 　　_____
- 신 시청 초대 일정 　　　　_____

Part 4에서는 질문이 화면에 보이지 않는 상태에서 질문을 듣고 도표를 보며 대답해야 하므로, 의문사와 질문의 핵심어를 파악하는 것이 중요합니다. 8번 문제에서는 주로 장소, 날짜, 시간 등을 묻는 질문이 출제되며, 표 유형에 따라 금액이나 첫 일정 등을 묻는 질문도 출제됩니다. 올바른 전치사를 사용하여 각 의문사에 대한 답을 해야 합니다.

▶ **빈출 질문 유형 및 답변 방식**

Math Teaching Seminar

❶ **STRC** **Smithville Teacher Resource Center**
Saturday, November 10th

❷

Time	Session	Presenter
9:00 A.M.- 10:00 A.M.	Creative Class Presentations	Tim O'Malley
10:00 A.M.- 11:00 A.M.	Managing Large Classes	Ellen Cranston
11:00 A.M.- Noon	Making Homework Interesting	Ming Lin
Noon - 1:00 P.M.	Lunch	-----------
1:00 P.M.- 2:00 P.M.	Computer Games for Learning Math	Jim Saunders
2:00 P.M.- 3:00 P.M.	~~Fun Math~~ Canceled	~~Thomas Jones~~
3:00 P.M.- 4:00 P.M.	Valuable Projects	Cecilla Perez

❶ 날짜/ 장소	Q: **What is the date** of the seminar, and **where** will it be **held?** 세미나는 며칠에 열리고, 어디서 개최되나요?	핵심어: date, where → 표 상단의 날짜, 장소 확인
	A: The seminar will **take place on** November 10th **at** Smithville Teacher Resource Center. 세미나는 11월 10일에 Smithville 교사 지원 센터에서 열립니다.	동사: will take place will be held 날짜 앞: on 행사 장소 앞: at

❷ 시간/ 진행자	Q: **What time** does the **first session** start, and **who** is leading it? 첫 번째 세션은 몇 시에 시작하고, 누가 진행하나요?	핵심어: time, first seminar, who → 첫 행사 시작 시간, 진행자 확인
	A: The first session starts **at 9 A.M.**, and it **will be led by** Tim O'Malley. 첫 번째 세션은 오전 9시에 시작하고, Tim O'Malley 씨가 진행할 것입니다.	시작 시간 앞: at 진행자 소개: will be led by ~

전략 3 Question 9 답변 방식 익히기

🎧 Part 4_05

9번 문제에서는 일반 의문문 또는 부가 의문문 형태로 확인을 요청하는 질문이 자주 출제됩니다. 자신이 알고 있는 정보가 정확한지 확인하거나, 특정 상황이 가능한지, 혹은 문제가 되지는 않는지 묻는 내용이 대부분입니다. 이에 대해 확인해 준 후, 추가 내용을 덧붙여 말해주어야 합니다.

▶ 빈출 질문 유형 및 답변 방식

Math Teaching Seminar
STRC Smithville Teacher Resource Center
Saturday, November 10th

	Time	Session	Presenter
	9:00 A.M.-10:00 A.M.	Creative Class Presentations	Tim O'Malley
	10:00 A.M.-11:00 A.M.	Managing Large Classes	Ellen Cranston
	11:00 A.M.-Noon	Making Homework Interesting	Ming Lin
	Noon-1:00 P.M.	Lunch	-----------
	1:00 P.M.-2:00 P.M.	Computer Games for Learning Math	Jim Saunders
❶	2:00 P.M.-3:00 P.M.	~~Fun Math~~ Canceled	~~Thomas Jones~~
❷	3:00 P.M.-4:00 P.M.	Valuable Projects	Cecilla Perez

---

❶ **정보** **확인**	**Q:** I heard that **Thomas Jones** will lead a session titled **"Fun Math"** in the afternoon. **Is that correct?** Thomas Jones 씨가 오후에 '재미있는 수학' 세션을 진행할 거라고 들었습니다. 맞나요?		핵심어: Thomas Jones, Fun Math → 특이 사항, 해당 일정 확인
	A: **I'm afraid not.** That session has been **canceled.** 아닙니다. 그 세션을 취소되었어요.		틀린 정보일 경우: I'm afraid not, 올바른 내용 추가

---

❷ **문제** **상황** **확인**	**Q:** I have other plans in the evening, so I'll have to **leave at 4 P.M. Will that be a problem?** 제가 저녁에 다른 약속이 있어서, 4시에는 가야 할 것 같아요. 문제가 될까요?		핵심어: leave at 4P.M., problem → 표 하단의 종료 시간 확인
	A: **Fortunately, it won't.** The last session **finishes at 4 P.M.,** so you won't miss anything. 다행히도, 그렇지 않겠네요. 마지막 세션이 4시에 끝나서 놓치시는 건 없을 거예요.		문제가 안 될 경우: Fortunately, it won't, 근거 추가

전략 4 Question 10 답변 방식 익히기

10번 문제에서는 세부 사항을 모두 알려달라고 요청하는 질문이 주로 출제됩니다. 특정 시간대, 진행자, 주제 등과 관련된 일정, 혹은 학력/경력 관련 정보를 전부 말해달라고 하는 경우가 많습니다. 질문에 해당하는 정보를 순서대로 모두 열거하는 것이 중요하며, 각 상황에 맞는 동사구, 전치사, 연결 부사 등을 잘 활용하여 답변해야 합니다.

▶ 빈출 질문 유형 및 답변 방식

Math Teaching Seminar
STRC Smithville Teacher Resource Center
Saturday, November 10th

Time	Session	Presenter
9:00 A.M.- 10:00 A.M.	Creative Class Presentations	Tim O'Malley
10:00 A.M.- 11:00 A.M.	Managing Large Classes	Ellen Cranston
11:00 A.M.- Noon	Making Homework Interesting	Ming Lin
Noon - 1:00 P.M.	Lunch	-----------
1:00 P.M.- 2:00 P.M.	Computer Games for Learning Math	Jim Saunders
2:00 P.M.- 3:00 P.M.	~~Fun Math~~ Canceled	~~Thomas Jones~~
3:00 P.M.- 4:00 P.M.	Valuable Projects	Cecilla Perez

모든 세부 사항	**Q:** I can only attend the seminar in the morning. Can you give me **all the details** about the **sessions** that take place **before lunch**? 저는 아침에 열리는 세미나에만 참석 가능해요. 점심 전에 진행되는 세션 관련 세부 사항을 모두 알려주시겠어요?	핵심어: details, sessions, before lunch → 점심 시간 전 일정 확인
	A: First, there will be a session on creative class presentations **led by** Tim O'Malley **at 9 A.M. Second,** Ellen Cranston will **lead a session on** managing large classes **at 10 A.M. Lastly,** Ming Lin **will talk about** making homework interesting **at 11 A.M.** 우선, Tim O'Malley 씨가 진행하는 창의적 수업 발표에 관한 세미나가 오전 9시에 있습니다. 또, Ellen Cranston 씨가 오전 10시에 대규모 수업 운영에 관한 세미나를 진행합니다. 마지막으로 Ming Lin 씨가 오전 11시에 숙제를 재미있게 만들기에 관해 이야기하실 겁니다.	순서 나열: First, Second, Lastly[Finally] 주제 앞: on, about 반드시 세부 사항 모두 설명

다양한 답변 표현

Question 8

🎧 Part 4_07

행사/일정 소개하기	진행자 소개하기
행사/일정 will begin[start] at 시간, on 날짜.	A seminar on 주제 will be led by 사람.
행사/일정 is scheduled for 시간/날짜.	사람 will give a presentation on 주제.
There is 행사/일정 from 시작 시간 to 종료 시간.	사람 will give[deliver] a lecture titled 제목.

- The interview **will begin at** 9 A.M. 면접은 오전 9시에 시작할 것입니다.
- The meeting **is scheduled for** 3 P.M. tomorrow. 회의는 내일 오후 3시로 예정되어 있어요.
- Mark Stein **will give a lecture on** the domestic market. Mark Stein 씨가 국내 시장에 대해 강의할 것입니다.

Question 9

틀린 내용 확인해 주기	맞는 내용/문제 없음 확인해 주기
Actually, no[that's not correct].	Yes, that's true.
I'm afraid you're mistaken.	Yes, you're right.
I'm sorry, but you have the wrong information.	Fortunately, that won't be a problem.

- Actually, **that's not correct**. The lunch break is from 1 to 2 P.M.
  사실 그렇지 않습니다. 점심 시간은 오후 1시부터 2시까지입니다.
- **Yes, you're right.** You need to bring your ID. 네 그렇습니다. 신분증을 가져오셔야 합니다.

Question 10

자연스럽게 답변 시작하기	세부 사항 나열하기
Let me see.	There will be two 행사/일정.
Well, actually, ~.	One is A, and the other (one) is B.
According to the 표 종류, ~.	First, there is A. After that[Then], there is B.

- **Let me see...** there are three lectures after 3 P.M. 잠시만요_ 오후 3시 이후에는 3개의 강의가 있습니다.
- **There will be two** presentations at this seminar. **One is** 'Working Conditions' presented by Amanda Heinz. **The other one is** 'Labor Code,' presented by Daniel Joleys.
  이번 세미나에는 발표가 두 개 있을 예정입니다. 하나는 Amanda Heinz 씨가 발표하는 '근로 조건'입니다. 나머지 하나는 Daniel Joleys 씨가 발표하는 '노동 법규'입니다.

1.

> # Adler Fitness Partnership Workshop
> Bristol Convention Center, November 3
>
> | | |
> |---|---|
> | 9:00 - 10:00 A.M. | Workshop: Cardio & Power Training, Alan Weiss |
> | 10:00 - 11:00 A.M. | Workshop: Fitness Consultation, Darrell Morgan |
> | Noon - 2:00 P.M. | Lunch Break |
> | 2:00 - 3:00 P.M. | Workshop: Private Water Coaching, Pete Cutler |
> | 3:00 - 4:00 P.M. | Demonstration: Body Toning Exercise, Ted Davis |
> | 4:00 - 5:00 P.M. | Presentation: Programs for Restoring Muscles, Pete Cutler |

🔔 답변 : 15초

Question 8

Q _____ is this event going to be held, and _____ does it start?

A It will be held _____, and it will start _____.

🔔 답변 : 15초

Question 9

Q I have an important _____ to make at _____. _____ I do that?

A I think so. There will be a _____ from noon to 2 P.M., so you can make a phone call then.

🔔 답변 : 30초

Question 10

Q I heard _____, a famous sports coach, will be there. Can you give me _____ about the sessions he will be leading?

A First, he will lead a workshop on _____ from 2 to 3 P.M. Then, he will give a _____ on programs for restoring muscles _____ 4 _____ 5 P.M.

2.

Sunflower Hotel Restaurants

Name	Menu	Price
The Sunflower Grill	Grilled seafood / beef	$15-20
Vatos	Mexican food (including Kids Special)	$30-35 (10% discount for hotel guests)
Santorini	Greek food with free wine (temporarily under renovation)	$20-30
Zelen	Italian Buffet with pizza and pasta (including Happy Meals for kids)	$30

PART 4

🔔 답변 : 15초

Question 8

Q What is the _____ restaurant?

A The _____ restaurant is The Sunflower Grill. It serves

_____, and the prices range _____ 15 _____ 20

dollars.

🔔 답변 : 15초

Question 9

Q I heard that your _____ has recently re-opened. Is that correct?

A _____. The Greek restaurant, Santorini, is still _____.

🔔 답변 : 30초

Question 10

Q I have two _____. Can you give me all the information about the

restaurants that offer _____?

A Sure. There are _____ restaurants that offer _____. _____ is

Vatos, which serves _____ food and offers "Kids Special." The prices

range from 30 to 35 dollars, and you can get a _____. _____ is

Zelen, and it features _____ with pizza and pasta as well as "Happy

Meals" for kids. You would need to pay _____ per person.

유형 1 행사 / 개인 일정표

🎧 Part 4_9

회의, 워크숍, 세미나, 강연 등의 행사 일정이나 개인의 일정을 나타내는 다양한 일정표가 나옵니다. 주로 개최 장소와 날짜, 시간, 세부 행사(강연) 이름, 행사 진행자(강연자)의 이름이 소개됩니다.

Dalton City Design Forum
Wednesday, June 25
Registration Fee: $20 ($25 after 23)

8:00 A.M.	Opening speech	James Angel, Civil Engineer
9:00 A.M.	City planning and design	Rachel Barr, City Designer
10:00 A.M.	New transportation systems	Bradley Foster, City Official
11:00 A.M.	Preservation of historic sites	Terri Ward, History Professor
1:00 P.M.	Parks and malls	Rachel Barr, City Designer
2:00 P.M.	City transportation security	Antonio Lee, Chief of Police
3:00-4:00 P.M.	Council hearing	James Angel, Civil Engineer

• 행사명, 행사 장소, 날짜, 참가비 등

• 오전 일정: 세부 행사 시간, 내용, 종류, 진행자, 장소 등

• 오후 일정: 세부 행사 시간, 내용, 종류, 진행자, 장소 등

▶ 빈출 질문 및 답변

Question 8 시작 / 종료 시간	**Q** **What time** does the forum **start and end**? 포럼이 몇 시에 시작해서 몇 시에 끝나나요? **A** It will **start at 8 A.M. and end at 4 P.M.** 오전 8시에 시작하고, 오후 4시에 끝납니다.
Question 9 등록비 확인	**Q** I heard that the **registration fee** is **10 dollars**. Is that **right**? 등록비가 10달러라고 들었습니다. 맞습니까? **A** **I'm afraid not. The registration fee is** 20 dollars, but after June 23rd, it's 25 dollars. 유감스럽지만, 아닙니다. 등록비는 20달러지만, 6월 23일 이후에는 25달러입니다.
Question 10 특정 주제 행사 정보	**Q** I'm particularly interested in city transportation issues. Could you tell me **all the details** about the **sessions relating to transportation**? 제가 특히 도시 교통 문제에 관심이 있습니다. 교통 관련 세션에 대한 세부 사항을 모두 말씀해주시겠어요? **A** **Sure. There are two sessions** relating to transportation. The **first** session is **on** new transportation systems, and it **will be led by** Bradley Foster, a city official, **at 10 A.M. The second** session is **on** city transportation security. It **is scheduled for** 2 P.M., and it **will be led by** Antonio Lee, the chief of police. 그럼요. 교통에 관한 세션은 두 개 있습니다. 첫 번째는 새로운 교통 시스템에 관한 세션으로, 시청 공무원인 Bradley Foster 씨가 오전 10시에 진행할 예정입니다. 두 번째는 도시 교통 보안에 관한 세션입니다. 오후 2시로 예정되어 있으며, 경찰 서장인 Antonio Lee 씨가 진행할 예정입니다.

PRACTICE 질문을 듣고 빈칸을 채운 뒤, 표에서 알맞은 정보를 찾아 답변을 완성해 보세요.

🎧 **Part 4_10** / 해설집 p.38

Daily Schedule for Victoria Hing

9:30 - 11:00 A.M.	Conference call with managers
11:00 - 11:30 A.M.	Presentation on sales revenue to board members
Noon - 1:00 P.M.	Lunch with new employees
1:30 - 2:30 P.M.	Management counseling (Conference Room 2)
2:30 - 3:30 P.M.	Attend new employees' presentations
3:30 - 4:30 P.M.	Presentation on business trip to Asia

PART 4

🔔 답변 : 15초

Question 8 Q What is my _____ activity in the morning, and what time does it _____?

A Your _____ activity is a _____ with managers, and it _____.

🔔 답변 : 15초

Question 9 Q As far as I remember, I'm supposed to _____ to board members in the _____. Am I right?

A Actually, no. You're supposed to _____ to board members from _____ to _____ in the _____.

🔔 답변 : 30초

Question 10 Q I know I will spend some time with _____ tomorrow. Can you give me all the details of any activities with _____?

A Yes. First, you will have _____ from noon to 1 P.M. Also, you will _____ their _____ from 2 to 3:30 P.M.

PART 4 유형 공략하기 **117**

유형 2 출장/여행 일정표

개인이나 단체의 여행 일정표가 출제되며, 주로 교통편이나 일정에 관한 정보가 나옵니다. 출발지, 경유지, 도착지, 교통편 정보 등을 정확히 확인하고 일정상의 특이한 점이나 예외 사항 등에 주의합니다.

Adrian Pontes' Itinerary for LA Tax Service Workshop

여행 목적, 여행자 이름, 여행 장소 등

Thurs. Dec.12

8:00 A.M.	Depart North Carolina (Triumph Airlines, Flight No. 779)
11:30 A.M.	Arrive in California (Check-in to LAX Hill Hotel)
2:00 P.M.	Workshop 1 - Year-end Tax Settlements
4:00 P.M.	Workshop 2 - Foreign Taxpayer Advocate Services
6:00 P.M	Dinner with team members (LAX Hill Hotel buffet)

출발지, 도착지, 교통편, 호텔 등

일정, 시간, 장소 등

Fri. Dec.13

10:00 A.M.	Workshop 3 - Income Tax Returns
1:00 P.M.	Reception with guest speakers (Conference Hall C)
3:00 P.M.	Depart California (Triumph Airlines, Flight No. 773)

복귀 전 일정, 복귀 정보 등

▶ 빈출 질문 및 답변

Question 8 도착 시간/ 숙박 시설	**Q** When will I arrive in California and where will I stay? 제가 California에 언제 도착하며, 어디서 머물게 되나요? **A** You will **arrive in** California at 11:30 A.M. and you will **stay at** LAX Hill hotel. California에 오전 11시 30분에 도착하고, LAX Hill 호텔에 머물게 됩니다.
Question 9 문제 상황 확인	**Q** I'm thinking of visiting **a friend there on Thursday evening. Will that be a problem?** 목요일 저녁에 그곳에 사는 친구를 방문하려고 합니다. 문제 되지는 않겠죠, 그렇죠? **A** **Actually yes, that will be a problem. You are supposed to** have dinner with team members at LAX Hill Hotel that night. 실은 그렇습니다. 문제가 됩니다. 그날 밤 LAX Hill 호텔에서 팀원들과 저녁을 먹기로 되어있습니다.
Question 10 출장 일정 정보	**Q** Could you tell me **all the details** about **my schedule on December 13th before I leave California?** 12월 13일에 캘리포니아를 떠나기 전에 제 일정에 대한 세부 사항을 모두 말해줄 수 있나요? **A** Sure. **There are two scheduled events on December 13th. First, you need to take part in a workshop on** income tax returns at 10 A.M. **After that, you will attend a reception with** guest speakers **in** Conference Hall C **at** 1 P.M. 네, 12월 13일에는 두 개의 일정이 있습니다. 우선, 10시에 소득세 신고에 관한 워크숍에 참석해야 합니다. 그 이후, 1시에 C 회의장에서 초청 연사들과 함께 하는 연회에 참석하게 됩니다.

 **PRACTICE** 질문을 듣고 빈칸을 채운 뒤, 표에서 알맞은 정보를 찾아 답변을 완성해 보세요.

Part 4_12 / 해설집 p.39

Itinerary for William Smith's trip to Boston

Departure & Arrival

April 21st	8:30 A.M. Depart Denver, United Airlines, Flight 918
	12:50 P.M. Arrive in Boston (Rental car reserved)
April 24th	9:15 A.M. Depart Boston, United Airlines, Flight 733
	1:40 P.M. Arrive in Denver

Seminars

April 22nd	11:00 A.M.-12:00 P.M. Performance evaluations
April 23rd	9:00-11:00 A.M. New technology in the office

Hotel Information

Boston Plaza Hotel, 1025 Washington St.
3 nights, breakfast included

🔔 답변 : 15초

Question 8

Q _____ will I fly with when leaving for Boston, and _____ will I _____?

A You will fly with _____ and arrive in Boston _____.

🔔 답변 : 15초

Question 9

Q I want to do some _____ in Boston on April _____ before I leave. Would it be _____?

A I'm afraid _____. You are supposed to _____ Boston at _____, so you won't have time for _____.

🔔 답변 : 30초

Question 10

Q Can you give me all the details about the seminars I will _____ in Boston?

A Sure. You will _____ two seminars. First, there will be a seminar on performance evaluations _____ on April 22nd. Second, you will attend another seminar on _____ from 9 A.M. to 11 A.M. on April 23rd.

유형 3 수업/프로그램 시간표

도서관, 주민센터, 학교 등 다양한 기관에서 제공하는 수업이나 프로그램에 관한 지문이 출제됩니다. 주로 수강 기간 및 시간, 수강료, 회원 혜택 등의 정보를 묻습니다. 수업 시간이나 요일에 관한 특이 사항이 있는지 주의하여 살펴봅니다.

Sawdust Art Center: Art Classes for June

350 Main Street, Unionville

Price: $20 per class

• 수업/프로그램명
  장소/주최자 정보
• 수업/프로그램 비용

Class	Day of the Week	Time	Instructor
Oil Painting	Monday	6:00 – 8:00 P.M.	Laura Ashley
Watercolor Painting	Tuesday	6:00 – 8:00 P.M.	Edward Jones
Mosaic Portraits	Wednesday	5:00 – 7:00 P.M.	Sophie Turner
Pottery	Thursday	6:00 – 8:00 P.M.	David Lynch
Watercolor Painting	Friday	6:00 – 8:00 P.M.	Laura Ashley
Printmaking	Saturday	2:00 – 4:00 P.M.	Alex Benjamin

수업	요일	시간	강사

▶ 빈출 질문 및 답변

Question 8 위치/수강료	Q	**Where** is your center located, and **how much** does each class cost? 센터는 어디에 위치해 있으며, 각 수업의 수강료는 얼마입니까?
	A	We **are located at** 350 Main Street in Unionville, and **it costs** 20 dollars to take each class. 저희는 Unionville의 Main 가 350번지에 위치해 있고, 수업 하나를 듣는 비용은 20달러입니다.
Question 9 수업 일정 확인	Q	I'm interested in taking **the pottery class**. That's **on Tuesdays**, right? 제가 도자기 수업을 듣고 싶은데요, 그 수업은 화요일마다 있죠, 그렇죠?
	A	**I'm afraid you're mistaken.** It's held **on Thursdays** from 6 to 8 P.M. 잘못 알고 계신 것 같아요. 매주 목요일 오후 6시에서 8시까지입니다.
Question 10 특정 강사의 수업 정보	Q	One of my colleagues recommended **Laura Ashley's classes.** Can you give me **all the information** about her classes? 제 동료 중 한 명이 Laura Ashley 씨의 수업을 추천했어요. 그녀의 수업에 대한 정보를 모두 주시겠어요?
	A	**Certainly. She is teaching** two classes in June. **One is** Oil Painting, which **is held on** Mondays **from 6 to 8 P.M. The other one is** Watercolor Painting, **and it's on** Fridays **from 6 to 8** P.M. 물론이지요. Laura Ashley 씨는 두 개의 수업을 가르칠 예정입니다. 하나는 유화 수업으로 매주 월요일 6시부터 8시까지입니다. 다른 하나는 수채화 수업으로 매주 금요일 6시부터 8시까지입니다.

Summer Program

Harris Park Community Center, 110 Blue Parkway, New Orleans
August 1 – August 31
Price : $70 / class

Class	Day of the Week	Time
Guitar (for beginners)	Mondays	9:00 – 11:00 A.M.
Comic Book Illustrations (textbook provided)	Tuesdays	6:30 – 8:30 P.M.
Line Dancing	Tuesdays	3:00 – 5:00 P.M.
French (advanced)	Wednesdays	4:30 – 6:00 P.M.
Swimming	Fridays	7:00 – 9:00 P.M

🔔 답변 : 15초

Question 8　Q　What is the _____ of the community center, and when does the
　　　　　　　　　　summer program _____?

　　　　　　　　A　Harris Park Community Center is _____ 110 Blue Parkway, and the
　　　　　　　　　　summer program _____ August 1st.

🔔 답변 : 15초

Question 9　Q　I heard the _____ to take a class is _____. Is that right?

　　　　　　　　A　I'm afraid _____. It is _____.

🔔 답변 : 30초

Question 10　Q　I work until _____ on weekdays. Can you tell me all the details about
　　　　　　　　　　the classes that begin _____?

　　　　　　　　A　Sure. There are two classes that begin _____. One is _____
　　　　　　　　　　_____, which is held from 6:30 to 8:30 P.M. every _____.
　　　　　　　　　　The textbook will _____. The other one is Swimming, and it is held
　　　　　　　　　　from 7 to 9 P.M. on _____.

이력서에는 구직자의 이름과 연락처와 같은 개인 정보 이외에 지원하는 직책, 학력, 경력, 특기 사항 등이 나오며, 이와 관련된 질문이 출제됩니다. 행사 일정이나 수업 안내 유형과는 다른 형태의 문장으로 답해야 하므로, 답변 방식을 정확히 익혀 둡니다. 특히, 경력과 학력은 과거 동사를 사용해야 하는 경우가 대부분이므로 시제에 주의합니다.

Eric Fenton

5151 Langston Avenue, L.A., ericfenton05@instar.com   지원자 이름, 주소, 연락처, 이메일 등

Position Desired: Web manager

Employment: Assistant manager of systems, VEX Tech Co., 2011-present   지원 직종, 경력 등
Web design consultant, A-Space Co., 2009-2011

Education: California State University, master's degree (Computer Science), 2009
Harvey College, bachelors' degree (Information Technology), 2006

Additional Qualifications: Certification in Computer Information Systems   학력, 특기, 추천인 등
Fluent in English and Spanish

Reference: Sarah Gilmore, vice president, VEX Tech Co.

▶ 빈출 질문 및 답변

Question 8 지원자명 / 지원 직책	**Q** **What is the name** of the applicant and **what position** is he or she applying for? 지원자의 이름은 무엇이고, 어느 직책을 지원하고 있습니까? **A** The applicant's name is **Eric Fenton**, and he **is applying for the position of** web manager. 지원자의 이름은 Eric Fenton이고 그는 웹 매니저직에 지원하고 있습니다.
Question 9 직책 관련 자격 / 능력	**Q** The position he is applying for has a lot to do with computer information systems. **Will that be a problem?** 그가 지원하는 직책은 컴퓨터 정보 시스템과 관련이 많습니다. 문제가 될까요? **A** **No, it won't.** He **has a qualification in** computer information systems. 아니요, 그렇지 않을 겁니다. 그는 컴퓨터 정보 시스템 분야 자격증을 가지고 있습니다.
Question 10 학력	**Q** Could you give me all the **details** about his **educational background?** 그의 학력을 자세히 말씀해 주시겠어요? **A** **Sure.** He **graduated from** Harvey College in 2006 **with a bachelor's degree in** information technology. After that, he **got a master's degree in** computer science **at** California State University **in** 2009. 그럼요. 그는 2006년에 Harvey 대학을 졸업했고, 정보 통신 기술 전공으로 학사 학위를 받았습니다. 그 후 2009년에 California 주립대에서 컴퓨터 공학 전공으로 석사 학위를 받았습니다.

PRACTICE   질문을 듣고 빈칸을 채운 뒤, 표에서 알맞은 정보를 찾아 답변을 완성해 보세요.

🎧 Part 4_16 / 해설집 p.41

Application For Employment

Name: James Ramos   **Contact information:** 555-3434, james23@world.com

Position Desired	Sales Manager
Desired Annual Salary	$50,000
Work Experience	Assistant Sales Manager, Hudson Trade, 2013-present Sales Representative, HACP Co. 2008-2012
Education	Bachelor's degree in marketing, Paterson College, 2008
Skills & Activities	Internship program, River Plaza Hotel, France, 2006-2007 Fluent in French

🔔 답변: 15초

Question 8   Q   What _____ is he applying for, and how _____ does he want to get _____?

A   He is applying for _____, and he wants to get _____ a year.

🔔 답변: 15초

Question 9   Q   We're looking for someone who has _____ experience and is good at languages _____ English for our new project. Is he qualified for that?

A   Yes, I think so. He took part in an _____at River Plaza Hotel in France from 2006 to 2007, and he is _____ in French.

🔔 답변: 30초

Question 10   Q   Could you give me more detailed information on his _____?

A   He has worked at two different companies so far. First, he _____ HACP Corporation _____ a sales representative from 2008 to 2012. And then, he _____ at the Hudson Trade as an assistant sales manager _____ 2013.

유형 5 면접 일정표

면접 일정표에는 면접 장소와 날짜뿐 아니라 각 면접자의 이름, 면접 시간, 지원 부서나 직위 등에 대한 정보가 나옵니다. 면접이 취소된 경우나, 중간에 쉬는 시간이 있는지 잘 살펴봅니다.

Pioneer Media Interview Schedule
Reporters' Room 3, Tue. Mar. 31

회사명,
면접 장소, 일자

Time	Applicant	Position
9:00-9:30	Justin Fowler	Copy editor
9:30-10:00	Sergio Johnson	Editorial assistant
10:30-11:00	Matt Levy	PR manager
11:00-11:30	Scott Noren	Technical editor
12:30-1:00	Ernie Compton	Editorial assistant
1:00-1:30	Will Gomez	Data journalist

면접 시간   지원자 이름   지원 부서, 직위, 지원 자격 등

▶ 빈출 질문 및 답변

Question 8 면접 일정	**Q** On what date are the interviews going to be held, and what time does the first interview start? 면접은 며칠에 진행되며, 첫 번째 면접은 몇 시에 시작합니까? **A** The interviews are scheduled for Tuesday, March 31st, and the first interview starts at 9 A.M. 면접은 3월 31일 화요일로 예정되어 있습니다. 그리고 첫 번째 면접은 오전 9시에 시작됩니다.
Question 9 지원자 확인	**Q** We don't have any applicants for a technical editor position, right? 기술 편집직에 지원한 사람은 아무도 없죠, 그렇죠? **A** Actually, there is one. His name is Scott Noren. 사실은 한 사람 있습니다. 그의 이름은 Scott Noren입니다.
Question 10 면접 관련 세부 사항	**Q** I know some people are applying for the position of editorial assistant. Can you give me more details about their interviews? 몇몇 사람들이 편집 보조직에 지원한다고 알고 있습니다. 그들의 면접에 관해 더 자세히 말해주시겠어요? **A** Sure. First, there will be an interview with Sergio Johnson at 9:30 A.M. Then, we will interview Ernie Compton at 12:30 P.M. 물론이죠. 우선, 오전 9시 30분에 Sergio Johnson 씨와의 면접이 있을 것입니다. 그리고 나서, Ernie Compton 씨를 오후 12시 30분에 면접할 것입니다.

PRACTICE 질문을 듣고 빈칸을 채운 뒤, 표에서 알맞은 정보를 찾아 답변을 완성해 보세요.

Part 4_18 / 해설집 p.42

Cassell Fitness Center

Staff Interviews
Nov 5 10:00 A.M.–1:30 P.M.
Location: Room A

Time	Applicant	Position	Note
10:00 A.M.	Tom McCarthy	Front Desk staff	No relevant experience
10:30 A.M.	Janet Healy	Spinning Instructor	
11:00 A.M.	Dana Carvey	Personal Trainer	Studied sports science
11:30 A.M.	Tiffany Haddish	Program Assistant	
12:00–1:00 P.M.		Lunch Break	
1:00 P.M.	Bill Nighy	Personal Trainer	Available only on weekends

🔔 답변 : 15초

Question 8
Q _____ will the interviews be held, and _____ does the first one start?

A The interviews will be held _____ and the first one will _____ 10 A.M.

🔔 답변 : 15초

Question 9
Q We are interviewing two people for a _____ instructor position, right?

A Actually, no. There is _____ interview for a _____ instructor position. It's _____ Janet Healy at 10:30 A.M.

🔔 답변 : 30초

Question 10
Q As far as I know, we are going to interview some applicants for a _____ _____ position. Could you give me all the details about those _____?

A Sure. There are _____ for the personal trainer position. First, we will have an interview _____ Dana Carvey at 11 A.M. She _____ Sports Science. Second, we will _____ Bill Nighy at 1 P.M. According to his résumé, he can work _____.

주문서나 예약표의 경우, 시설 예약이나 항공 예약, 각종 서비스 예약표 및 물품 주문서가 자주 출제됩니다. 예약 날짜, 금액, 특별 요구 사항, 할인 혜택 등을 눈여겨보아야 합니다.

Reservation Schedule for Rose Garden Hotel Convention Hall

예약 및 주문, 이름, 장소, 연락처 등

Rose Garden Hotel, 473 Bloomfield Ave., San Diego

Dates	Event
Mon, Feb. 23	Movie premiere of *The Gift* (6:00 P.M. - 8:00 P.M.)
Tues, Feb. 24	Available
Wed, Feb. 25	NAA Board Meeting (1:00 P.M. - 4:00 P.M.)
Thurs, Feb. 26	Online Auction Seminar (9:00 A.M. - 3:00 P.M.)
Fri, Feb. 27	Available
Sat, Feb. 28	Available

세부 정보, 금액, 기간, 시간, 물량, 품목, 배송 조건 등

*Online reservations only (www.rosegarden.com)
*No reservations accepted for March and April due to renovations

추가(변동) 사항, 주문자의 특별 요청, 주문(예약) 방법 등

▶ 빈출 질문 및 답변

Question 8 위치	Q	**Where** is your hotel **located**? 호텔은 어디에 위치해 있습니까?
	A	It is **located** at 473 Bloomfield Avenue in San Diego. San Diego의 Bloomfield 가 473번지에 위치해 있습니다.

Question 9 예약 가능 여부 확인	Q	I'd like to book your convention hall for our annual meeting in February. **Can I make a reservation over the phone?** 2월에 있을 연례 회의를 위해 컨벤션 홀을 예약하고 싶습니다. 전화로 예약할 수 있을까요?
	A	I'm sorry, but we only accept online reservations. Please visit our website at www.rosegarden.com to make a reservation. 죄송하지만, 저희는 온라인 예약만 받습니다. 예약하시려면 저희 웹사이트 www.rosegarden.com을 방문해 주세요.

Question 10 예약 가능 날짜	Q	Could you please tell me **when your convention hall is available** in February? 2월에는 언제 컨벤션 홀을 이용할 수 있는지 말해주시겠어요?
	A	There are three days **available for reservation** — Tuesday, February 24th, Friday the 27th, and Saturday the 28th. 예약 가능한 날이 3일 있습니다. 2월 24일 화요일, 27일 금요일, 그리고 28일 토요일입니다.

PRACTICE 질문을 듣고 빈칸을 채운 뒤, 표에서 알맞은 정보를 찾아 답변을 완성해 보세요.

Part 4_20 / 해설집 p.43

Olivia's Flower Shop

415 Bryant St., San Francisco, CA 94102
Business hours: 11:00 A.M. – 7:00 P.M., every day

Order # 2019110205   Ordered By : Jason Blum

Item	Qty.	Price
Sunflower	1 dozen	$70
Yellow Rose	10	$30
Daisy	15	$37.50
Total: $137.50		

Payment: (   ) in advance   (✓) upon pickup

Thank you for shopping at Olivia's Flower Shop!

답변 : 15초

Question 8   Q   _____ is your flower shop, and _____ do you open?

A   We are _____ 415 Bryant Street and we open _____ 11 A.M.

_____.

답변 : 15초

Question 9   Q   I think my boss said he already _____. Is that right?

A   I'm afraid not. You're supposed to make a payment _____.

답변 : 30초

Question 10   Q   I don't know _____ flowers he ordered. Can you tell me all the

details of his _____?

A   Sure. He ordered a _____ sunflowers for 70 dollars. Also, he ordered

_____ and _____, and they are 30 dollars and 37 dollars

and 50 cents, respectively. You need to pay _____ in total.

PART 4 | MINI TEST

질문을 듣고 빈칸을 채운 뒤, 표에서 알맞은 정보를 찾아 답하세요.

🎧 Part 4_21 / 해설집 p.44

1. [행사/개인 일정표]

The Ad Academy
SMALL-BUSINESS ADVERTISING SEMINAR
Saturday, May 8

9:00 A.M.	Defining Your Business Image
9:45 A.M.	Defining the Size of Your Market
10:45 A.M.	Types of Advertising
12:00 P.M.	Lunch (several restaurants within walking distance of academy)
1:00-4:00 P.M.	Workshops (please choose one area of interest):

- Retail Goods
- Wholesale Products
- Services

Price: $50.00 per person (group rates available). Please call 555-4200 to register.

🔔 답변 : 15초

Question 8

Q Could you tell me _____ it costs to attend?

A _____ .

🔔 답변 : 15초

Question 9

Q For a big seminar like this, I guess you have _____ to choose from, right?

A _____ .

🔔 답변 : 30초

Question 10

Q Could you please tell me _____ are going to be discussed in the _____?

A _____
_____ .

2. [출장/여행 일정표]

Itinerary for Dr. Briggs

Paradise Airlines 370	Depart Denver 8:30 P.M. May 29 Arrive in Seattle 11:20 P.M. May 29
Q-trak train	Depart Seattle King Station 7:30 A.M. May 30 Arrive at Portland Union Station 11:20 A.M. May 30
Q-trak train	Depart Portland Union Station 4:40 P.M. Jun. 1 Arrive at Seattle King Station 8:10 P.M. Jun. 1
Paradise Airlines 450	Depart Seattle 3:45 P.M. Jun. 2 Arrive in Denver 6:40 P.M. Jun. 2

Hotels : Seashore Inn, May 29
Portland Palace Hotel, May 30-Jun.1
Check-in: 2 P.M.   Check-out: 12 P.M.   Late check-out charge: $10

🔔 답변 : 15초

Question 8

Q ＿＿＿＿＿＿ is Dr. Briggs scheduled to ＿＿＿＿＿＿＿＿＿?

A ＿＿＿＿＿＿＿＿＿＿＿＿＿＿＿＿＿＿.

🔔 답변 : 15초

Question 9

Q I heard we need to ＿＿＿＿＿＿＿＿ to take him to Portland from Seattle. Is that right?

A ＿＿＿＿＿＿＿＿＿＿＿＿＿＿＿＿＿.

🔔 답변 : 30초

Question 10

Q I know he will stay at Seashore Inn in Seattle, but I forgot ＿＿＿＿＿＿ he will stay in ＿＿＿＿＿＿. Can you give me all the details about his ＿＿＿＿＿＿ in Portland?

A ＿＿＿＿＿＿＿＿＿＿＿＿＿＿＿＿＿＿
＿＿＿＿＿＿＿＿＿＿＿＿＿＿＿＿＿＿.

3. [수업/프로그램 시간표]

Power Gym: Fitness Classes Schedule for July

Price: $20 per class

Class	Day of the Week	Time	Instructor
Aerobics	Mondays	12:00 P.M. – 1:00 P.M.	Barbara Berners
Cycle	Tuesdays	5:00 P.M. – 6:00 P.M.	Rory McLaren
Yoga	Wednesdays	12:00 P.M. – 1:00 P.M.	Chris Stark
Pilates	Thursdays	2:00 P.M. – 3:00 P.M.	Scott Mills
Circuits	Fridays	6:00 P.M. – 7:00 P.M.	Philip Taylor

* For more information, please visit our Web site at www.powergym.com.

🔔 답변 : 15초

Question 8

Q _____ does it cost to take a class?

A _____.

🔔 답변 : 15초

Question 9

Q I heard that there are some classes _____. Is that right?

A _____.

🔔 답변 : 30초

Question 10

Q I'm thinking of taking a class during _____. Can you give me all the information about the classes held _____?

A _____
_____.

4. [이력서/지원서]

Steve Bentley

510 Charles River St. New York
E-mail: S.bentley@bu.edu.com
Phone: 456-244-5141

Position Desired: Sous Chef at Hotel Noir

Education: Bachelor's degree in culinary arts, Boston University (2013)
Associate's degree in hospitality management, Boston Community College (2009)

Employment: Line Chef, Hotel Gresham, New York (2016-Present)
Apprentice, Grill King Restaurant, Boston (2013-2015)

Additional Qualifications: Certification in baking and pastry

References: Available upon request

🔔 답변: 15초

Question 8

Q _____ did he receive his bachelor's degree, and _____ did he earn it?

A _____.

🔔 답변: 15초

Question 9

Q We hold a dessert festival every year, so we're looking for someone who can _____ as well. Is there any _____ on Mr. Bentley's résumé that he has _____?

A _____.

🔔 답변: 30초

Question 10

Q Can you please give me all the details about his _____?

A _____
_____.

PART 4

5. [면접 일정표]

Alpha Publishing

Interview Schedule
Nov. 25, Mon., Conference Room B

Time	Name	Department	Years of Experience
10:00 A.M.	Daniel Anderson	Sales	4 years
11:00 A.M.	Gabriel Devlin	Editorial	2 years
~~12:00 P.M.~~	~~Neil Wright~~	~~Editorial~~	~~3 years~~ canceled
	Lunch		
2:00 P.M.	Liam Moore	Marketing	6 years
3:00 P.M.	Emily Lewis	Legal	6 years

🔔 답변 : 15초

Question 8　Q　_____ will the interviews be held, and _____ is the _____ interviewee?

　　　　　　　A　_____ .

🔔 답변 : 15초

Question 9　Q　As far as I remember, we have _____ for the _____ department. Is that right?

　　　　　　　A　_____ .

🔔 답변 : 30초

Question 10　Q　I think we should hire _____ staff. Can you give me all the details about the interviews with applicants who have _____ of experience?

　　　　　　　A　_____

　　　　　　　　　_____ .

6. [주문서/예약표]

Ride-on Vehicles
Car Rental Reservation

Name	Peter Wesley
Vehicle	Full-size sedan
Rate	$30/day X 7 days = $210
Pick-up	July 26, Mon, 10:00 A.M. at Ride-on Vehicles, Cleveland International Airport
Drop-off	August 1, Thurs, 3:00 P.M. at Ride-on Vehicles, Dayton International Airport

Note: Additional charges ($15) may apply for any changes to the reservation, including changes to the pick-up/drop-off date or location.

🔔 답변 : 15초

Question 8   Q   What _____ did he book?

A   _____.

🔔 답변 : 15초

Question 9   Q   I heard that if we _____ to the reservation, we have to

pay _____. Is that correct?

A   _____.

🔔 답변 : 30초

Question 10   Q   I can't remember _____ the car. Can

you give me all the details about the pick-up and drop-off?

A   _____

_____.

PART 4 | ACTUAL TEST

1

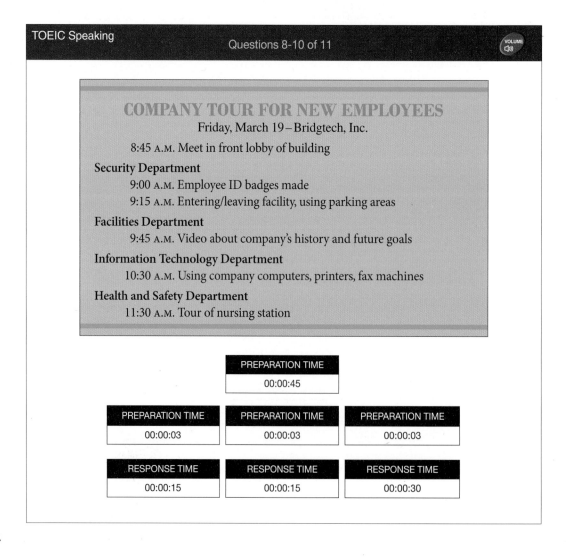

TOEIC Speaking

Questions 8-10: Respond to questions using information provided

Directions: In this part of the test, you will answer three questions based on the information provided. You will have 45 seconds to read the information before the questions begin. You will have three seconds to prepare and 15 seconds to respond to Questions 8 and 9. You will hear Question 10 two times. You will have three seconds to prepare and 30 seconds to respond to Question 10.

TOEIC Speaking   Questions 8-10 of 11

COMPANY TOUR FOR NEW EMPLOYEES
Friday, March 19 – Bridgtech, Inc.

8:45 A.M. Meet in front lobby of building

Security Department
    9:00 A.M. Employee ID badges made
    9:15 A.M. Entering/leaving facility, using parking areas

Facilities Department
    9:45 A.M. Video about company's history and future goals

Information Technology Department
    10:30 A.M. Using company computers, printers, fax machines

Health and Safety Department
    11:30 A.M. Tour of nursing station

PREPARATION TIME
00:00:45

PREPARATION TIME	PREPARATION TIME	PREPARATION TIME
00:00:03	00:00:03	00:00:03

RESPONSE TIME	RESPONSE TIME	RESPONSE TIME
00:00:15	00:00:15	00:00:30

2 | TOEIC Speaking

Questions 8-10: Respond to questions using information provided

Directions: In this part of the test, you will answer three questions based on the information provided. You will have 45 seconds to read the information before the questions begin. You will have three seconds to prepare and 15 seconds to respond to Questions 8 and 9. You will hear Question 10 two times. You will have three seconds to prepare and 30 seconds to respond to Question 10.

TOEIC Speaking

MARLTON VALLEY HOSPITAL FUND-RAISER
Clefton Riverside Hotel
May 17 (Saturday) 5:00–9:30 P.M.

5:00 P.M.   **Welcome (*Donald Porter*, Hospital President)**

5:15 P.M.   **Report: *hospital's improvement plans***
             ***(Marian Cramer*, Vice President)**
                   a. Building expansion
                   b. New equipment
                   c. Additional staff

6:00 P.M.   **Dinner (Grand Banquet Hall)**

7:30 P.M.   **Auction: *Children's art***
             (children from Children's Ward)

PREPARATION TIME
00:00:45

PREPARATION TIME	PREPARATION TIME	PREPARATION TIME
00:00:03	00:00:03	00:00:03

RESPONSE TIME	RESPONSE TIME	RESPONSE TIME
00:00:15	00:00:15	00:00:30

PART 5

Question 11